道商智慧

中国式经营的思想精髓

李海波 著

化学工业出版社

·北京·

内容提要

在人类发展的历史长河中,摆脱贫弱、实现富强始终是人们的一个美好愿望。

近年来,继"儒商"之后,"道商"这个名词逐渐闯进了人们的视野,"道商"这个特殊的、略带几丝神秘感的群体也越来越受到社会的关注和重视。在新的经济形势与商业环境中,我们该如何领悟、借鉴和运用"道"的智慧和思想,遵循"道"的规律和轨迹,来实现商业经营的大成就,这已成为众多有识之士孜孜不倦探索追寻的话题。

被誉为"道商之师"的黄老学派学者李海波,曾首创性地提出了"道商"的概念定义、传承脉络、思维模式及实用无穷的经营智慧、创新策略、形象标准,填补了国内外对系统性"道商"知识体系的研究空白。《道商智慧》一书,为我们展示了一个以"以道经商,以商显道,道商合一,富民强国"为文化理念,以"以道启心,以心启智,以智启财,以财启众,众皆归道"为历史使命的道商新形象、新体系、新智慧,具有划时代的重要意义。

如果说,各种与"儒商"相关的书,系统地形成了"中国式管理智慧"的话;那么,李海波的《道商智慧》已经拉开了"中国式经营智慧"的学习帷幕。

在新经济时代,"执古之道,以御今之有"的道商们,将凭借和依托《道德经》及道商智慧,上富其国,下富其家,构建出一个真正道商合一、德配天下的商业帝国,谱写中华民族新的辉煌,并为人类社会的文明与进步做出更大贡献!

道学之祖老子圣像（胡明军 绘）

道商始祖范蠡圣像（李明生 绘）

序

余闻：混元初判，道演先天。极天所覆，极地所载，莫不因道而立，因道而生，故道为天地之根源，万物之本始。追忆古今：圣真妙道，百千万年，圣圣心传，师师密授，不著世象，有知之而修行者，谓之真人。

道通万物，而"商"岂独而异乎？蜀中李海波者，受太上之法，习黄老之术，崇留侯之风，慕陶朱之能，潜心抱道，腹隐良谋，每道与商合，与人谋策，多善。于而立之年，先以"势"兴势，阐"有为""进取"之法；后有《道商智慧》出炉，示"无为""抱守"之妙。其间多有道德真言，商贾心法，经营妙策，管理良方。其言，有经可论；其法，有章可循；其策，有功可考；其方，有绩可验。经商者若能得之、识之、宝之、用之，必成大器。

太上曰："仙道贵生，益生曰祥。"又言："上善若水。"经商创业，讲究生财有道，希望生意兴隆。商家交易，信奉见水求财，通达四海三江。趋利逐利，虽为商人之心，然并非商人之性。太上曰，"天之道，利而不害；圣人之道，为而不争"，此为商圣之商德，不可不知。否则，为商失道，为富不仁，必将"金玉满堂，莫之能守"。天网恢恢，天道循环，诚不欺人！

《道商智慧》一书：有道，其道至易至简；有德，其德至真至诚；有法，其法相生相抱；有术，其术见奇见正；有丹，其丹超脱天地；有养，其养形神合一；有境，其境玄意高远；有人，其人活血活肉……道不远人，所言远者，非大道也；道不避世，所言避者，非正道也。以道经商，以商显道，道商合一，利物益生，太上无量度人之心传旨趣也！

谨以此是为序，以阐《道商智慧》玄微之一二。

桃源山人　谢先铭

目 录

第一章 总篇

第一节 紫气东来话老子 / 002
第二节 尊道贵德法自然 / 006
第三节 三生万物演百家 / 009
第四节 汉唐神韵贯古今 / 015
第五节 千古扁舟风流客 / 019
第六节 以道经商说道商 / 023
第七节 创意为王智本家 / 027
第八节 东学西渐龙飞天 / 031
第九节 道德之光王天下 / 036

第二章 道篇

第一节 众妙之门　大道总纲 / 042
第二节 通玄之要　静观玄览 / 048
第三节 进退之径　证道程序 / 052
第四节 天地之始　无极图说 / 057
第五节 万物之母　有极图说 / 064
第六节 负阴抱阳　太极图说 / 069
第七节 中正之极　中极图说 / 076
第八节 和谐德交　真一图说 / 083
第九节 丹成九转　大成图说 / 091

第三章　德篇

第一节　上德无德　是以有德 / 100
第二节　孔德之容　唯道是从 / 103
第三节　上善若水　以其善下 / 108
第四节　吾道三宝　贵身轻物 / 112
第五节　知人者智　自知者明 / 116
第六节　信言不美　美言不信 / 120
第七节　宜重戒轻　宜静戒躁 / 124
第八节　报怨以德　利而不害 / 127
第九节　知足不辱　知止不殆 / 131

第四章　法篇

第一节　观天之道　执天之行 / 136
第二节　为学日益　为道日损 / 139
第三节　道生德蓄　随物成势 / 142
第四节　得时则驾　失时则潜 / 147
第五节　以退为进　以曲就直 / 150
第六节　见小曰明　守柔曰强 / 153
第七节　为之未有　治之未乱 / 157
第八节　图难于易　守一通万 / 160
第九节　慎终如始　永无败事 / 163

第五章　术篇

第一节　无中生有式 / 168
第二节　化朽为奇式 / 172
第三节　借虚入实式 / 175
第四节　倒行逆施式 / 179
第五节　分合有道式 / 182
第六节　以小博大式 / 185
第七节　转危为机式 / 188
第八节　由此入彼式 / 191
第九节　物我两忘式 / 194

第六章　丹篇

第一节　定位创新　安身立命 / 200
第二节　战略创新　铸鼎置炉 / 204
第三节　生态创新　运风调火 / 211
第四节　融资创新　采药添物 / 215
第五节　管理创新　导引周流 / 218
第六节　营销创新　七环九转 / 224
第七节　品牌创新　圣胎出游 / 231
第八节　文化创新　神虚合道 / 238
第九节　上史经营　长生不去 / 243

第七章 境篇

第一节 大智若愚 / 252

第二节 大巧若拙 / 256

第三节 大勇若怯 / 259

第四节 大白若辱 / 262

第五节 大成若缺 / 265

第六节 大方无隅 / 268

第七节 大用无用 / 271

第八节 大为无为 / 274

第九节 大名无名 / 277

附录 养生篇

第一节 四时养生法 / 282

第二节 情志养生法 / 285

第三节 存思养生法 / 289

第四节 服气养生法 / 293

第五节 导引养生法 / 296

第六节 静坐养生法 / 300

第七节 睡眠养生法 / 303

第八节 膳食养生法 / 306

第九节 生活养生法 / 309

第一章　总篇

第一节　紫气东来话老子

在中国文化中,"紫气东来"是一个表示祥瑞的成语,跟这个成语有关的故事和人物,便是中国伟大的思想家,道家学派的创始人老子。

老子,姓李名耳,字伯阳,又称聃,诞生于春秋时期楚国苦县厉乡曲仁里(今之安徽涡阳县,另说是河南鹿邑县)。老子是我国春秋时期一位伟大的思想家、哲学家、道德家,曾在周王朝担任守藏室史官,用今天的话说,就是周天子的中央政府高级顾问兼国家图书馆馆长。

由于古代学在官府,再加上老子学问渊博,声名远播,因而天下学子争相宗之为师,或受业其门,或辗转相传。据史料记载,孔子曾五次去周朝的国都,向老子问道,并用"龙"来盛赞他,庄子将他称为"古之博大真人"。

司马迁在《史记·老子列传》中说:

"孔子适周,将问礼于老子。老子曰:'子所言者,其人与骨皆已朽矣,独其言在耳。且君子得其时,则驾。不得其时,则蓬累而行。吾闻之:良贾深藏若虚,君子盛德若愚。去子之骄气与多欲,态色与淫志,是皆无益于子之身。吾所以告子,若是而已。'"

在太史公的记载中，我们看到了当年的孔子，作为一名适逢乱世的热血青年，他看到周礼的废弃，世道的衰落，礼义道德荡然无存，尔虞我诈，民不聊生。在这种时代背景下，君不仁，臣不义，社会风气每况愈下。于是孔子胸怀文艺复兴的宏伟目标，千里迢迢地从鲁国赶去洛邑，拜见了老子并向老子咨询：如何才能恢复周朝的"礼制"至昔日的盛世？

老子接见了孔子。但是他却站在宏观的角度，用发展的眼光明确地告诉孔子：周礼的衰落，是社会发展时代变迁的必然结果，现在，连那些制定"礼制"的人都不复存在了，我们还停留、倒退回去，逆天下潮流而动，又能产生什么实际的意义和价值呢？

同时，老子针对当时孔子的状态，给出了几条真诚的建议。首先，我们应该顺应时机，时机来了，就要把握和发展，积极有为；时机不到，就应该韬息与等待，甚至隐藏无为，卑微低调做人，而不能不遵循规则地强行和冒进。其次，"良贾深藏若虚，君子盛德若愚"。要学会隐藏自己的实力，韬光自己的智慧。最后，你还应当把自身修养中的不利因素去掉，如"骄气、多欲、态色、淫志"，这些都不利于你未来的发展。

当孔子离开洛邑时，老子特意为他送行。老子对孔子说："我听说，富贵者赠送人以财物，仁人者赠送人以格言。我不能富贵，所以我只有赠送你以嘉言。"老子告诫孔子："聪明深察而近于死者，好议人者也；博辩广大危其身者，发人之恶者也；为人子者，毋以有己；为人臣者，毋以有己。"（《史记·孔子世家》）。意思是：一个聪明深察的人之所以变成失败者，就是因为他喜好议论别人的是非；一个博辩广大的人之所以危害其本身者，就是因为他喜好揭发别人的罪过。为人子者不要只知有己，为人臣者也不要只知有己。

孔子西行洛邑拜见老子，对自己人生境界的提升及中华文化的传承具有非凡意义。中国历史上两位思想巨人的相会，是仁者的沟通、智者的激荡、圣者的交流。老子"因应变化于无为"的深远妙道，对孔子内心深处产生了真正的撼动。也曾周游列国、见多识广的孔子，面对着博古通今，不可窥测的掌握天下学术思想前沿的老子，恍惚之中，似乎看到了传说中那变化无穷，"乘风云而上天"的神龙，让他连续三天"神错而不知其所居也"，并由衷地发出了赞美老子的"犹龙"之叹。

孔子回去后，不但虚心接受老子的教诲"子绝四：毋意、毋必、毋固、毋我"

(《论语·子罕》），也在自己的人生中领悟深思，积极践行。他从老子"良贾深藏若虚，君子盛德若愚"的教诲中，悟到了"聪明睿智，守之以愚；功被天下，守之以让；勇力振世，守之以怯；富有四海，守之以谦"，并称这是"损之又损之道"。

从伟大"首都"回来之后，孔子见识增长了、学问广博了、境界提高了、智慧通达了。作为天下第一学问大家老子的真传弟子和朋友，孔子的命运也改变了。《孔子家语·观周》说：孔子"自周反鲁，道弥尊矣。远方弟子之进，盖三千焉。""镀金"归来后的孔子，一时间迅速成为广受尊重的学问家。前来求学的人络绎不绝，甚至包括此前不愿意屈尊前来的卿大夫的子弟们。面对着三千之众的弟子，孔子发自内心地为自己的老师打出了这样一句广告语——朝闻道，夕死可矣！

老子"居周之久，见周之衰，乃遂去"。学问广博、闻名天下的王室顾问老子将要退休归隐的消息传开后，这在教育极不发达的春秋时代，可谓一件极具轰动效应的大事。一些无缘接受老子教化，困惑人生方向，渴望求道开智的中下层贵族及希望改变自己命运的布衣百姓，自然不会放过这样好的学习机会。

当时，周王朝有一位贤大夫叫尹喜，他自幼遍览古籍，精通历法，善观天文，习占星之术，能知前古而见未来。在周昭王年间，尹喜通过观察天上星斗的运行轨迹，知道有圣人将要经过函谷关。于是，他便辞去朝官职务，主动请求到函谷关去当关令，并在关旁结草为楼，称之为楼观，每天在那里观察天象。

有一天夜里，尹喜在楼观上凝视，忽见东方紫云聚集，长达三万里，形状犹如飞龙，由东向西滚滚而来，十分惊喜，自语道："紫气东来三万里，圣人西行经此地，青牛驾车载老翁，藏形匿迹混元气。"便立刻召见守关兵卒说："若有老翁从东来，乘青牛，切勿放行，立即禀报。"同时，尹喜自己也天天沐浴，日日斋戒，净身等待，并派人清扫道路四十里，夹道焚香，以迎圣人。

到了某一天，果然见一老者，天庭饱满，鹤发童颜，两耳垂肩，眉长三寸，目光炯炯射人。青牛嘀嗒嘀嗒，迈着有节奏的步伐一路而来；老者坐在牛背上，逍遥自在，悠然自得。尹喜看见后，赶紧迎上前去，再三稽首参拜："圣人来矣，有请！"

老子在函谷关住下后，尹喜在老子前执以弟子之礼，不时请问道要。并言："子将隐矣，强为我著书！"老子见尹喜心慈人善，气质纯清，鉴于他的诚意恳请，便将自己一生修道的心得和古代流传下来的修道经验，以及我国历代盛衰存亡、世人祸福寿夭的经验教训，对照当时人们已掌握的科学文化，以人之道比较天之道，综合考察，进行总结，为尹喜著书上下篇五千余言后，飘然而去。

太史公评价老子说："老子修道德，其学以自隐无名为务。""老子，隐君子也。"在三教圣人中，孔子为了传播他的学说，曾周游列国，广收门徒，被尊为"万世师表"。释迦牟尼为了弘扬他的佛法真谛，也曾"转法轮四十九年"。只有老子，他"无为自化"，任何看似有效的传播工作都没有进行，只是在隐居前，将书稿往尹喜那里随意一放。然而，《道德经》从问世一直到现在，却拥有过数以千计的注释者，以及400多个不同的版本，并被翻译成30多种文字，影响遍及世界。其传播之广、影响之深，让人叹为神奇！

老子最后去了哪里？最后又收了什么弟子？发生了什么故事？连司马迁都感到扑朔迷离，"莫知其所终"。

虽然"莫知其所终"，但从古迄今，在中国每一个时代、每一种阶层、每一类人群、每一处地域，几乎都有关于老子的传说故事。道家奉他为创始人，道教奉他为祖师，学术界称他为"双父"（中国哲学之父、世界哲学之父）。在宗教信仰者的心里，老子是天地间逍遥自在、三清化一、法力无边的神仙，是居住于三十三天之上最高的上清宫太上老君。在学者的眼里，老子是中国最早的、最伟大的哲学家与思想家之一，如著名学者萧焜焘说："**李耳的思想意境之高超，洞意世情之深邃，远远超过孔丘。老子是中国第一个真正的哲学家，《道德经》是一部不朽的哲学全书。**"

第二节　尊道贵德法自然

作为中国春秋战国时期最具思想创造性的哲学家、思想家，道家学派的创始人，老子在综合继承中国殷商以前文化传统的基础上，以"道"为核心概念，以"尊道贵德、清静无为、道法自然"为基本原则，创建了中国思想史上第一个系统地探讨世界存在始源问题的哲学理论体系。

道家学派在中国哲学史上，第一次把"道"当作世界的本原，并提出了一个以"道"为中心的宇宙本体论哲学，将"道"作为道家思想文化体系中的最高范畴，这是道家哲学最主要的核心思想，为所有的道家学者所推崇。

"道"是老子提出的哲学概念，可以说不管道家内部各个学者之间的思想文化的差距有多大，他们都是围绕"道"这一核心范畴来展开的，而且合于"道"是所有道家追求的终极目标。《道德经》说："道生一，一生二，二生三，三生万物。"既然"道"是世界的根本，天下万物都来自道，从"道"中产生，最后又回复到"道"，那么"道"到底是指什么呢？

关于"道"，老子曾作过多种解释，在《道德经》一书中，"道"共出现了73次之多。有学者认为老子的"道"，大致有三方面的含义：① 道为无形无象的"无"；② 道是普遍法则；③ 道为混成之物。而陈鼓应教授则认为《道德经》中的道有三种含义，即实存意义的"道"、规律性的"道"、生活准则的"道"。

一、"道"是宇宙的本体，万物的根源

老子认为，有了"道"，就有了世界的原始统一体。《道德经》说："有物混成，先天地生，寂兮寥兮，独立而不改，周行而不殆，可以为天地母，吾不知其名，字之曰道。""道"是先天地而生的无形的存在，它具有"独立而不改"的永恒本性；是"周行而不殆"的运动实体，它可以成为天地的产生者。

那么，"道"的含义又是什么呢？"道"是无形的，它"惟恍惟惚""惚兮恍兮"，超越了我们的感知范围。正因为如此，道才能够超脱万物的侵扰，成为永久的存在，不会因为外物的变化而消亡。但与此同时，"道"也有实有性，并非完全的虚空和虚幻。"其中有象""其中有物""其中有精""其中有信"，虽然超越了感觉，却是真实的存在。作为一个运动的实体，"道"正是由于其运动性和变化性，才产生了宇宙万物。

二、"道"是支配自然中事物运动变化的普遍规律

道家智慧最鲜明的特点就在于对人世间一切利害关系转化的深刻洞察。老子指出："反者道之动。""反"就是事物运动的总规律。无论是在社会中还是在自然界，都存在着大量的矛盾，诸如大小、高下、生死、贵贱、难易、进退、盈虚、古今、祸福、有无、刚柔、正奇、君民等。"反者道之动"的"反"字，就是对这些矛盾抽象的概括，首先指事物都是以相反相成的状态存在的，并且相互转化，任何一个事物，一旦离开了它的对立面，另一面也将不复存在。

同时，老子不但看到了万物自身存在着矛盾，也看到了任何矛盾的双方无不向其反方向转化。他说："物或损之而益，或益之而损""祸兮福之所倚，福兮祸之所伏"。所谓"物极必反"，这是不可抗拒的客观规律。其次指事物运动的方向具有循环性，事物从一定的起点出发，经过一段运动过程后，又返本复初，回到起点。事物就是这样周而复始地运动变化着。

三、"道"是人类的生活方式和处世方法

作为宇宙本体和普遍规律的"道",它的最终落脚点是政治原则和人生实践。作为生活准则的"道",包含有丰富的内容。老子所主张的致虚、守静、柔弱、不争、居下、处后、慈、俭、朴等观念和原则,都属于这一内容。

老子站在人生的边缘,带着超越的眼光审视人生理想与现实的荒谬和矛盾,批判人类自身理智的浅薄和愚蠢,以"道"的观点来看世界,得出了"人法地,地法天,天法道,道法自然"的"自然无为"的结论。自然无为,就是让事物依照自身的状况去自由发展,而不要以外在的力量去干预它、约束它。这是道家思想的本质,是老子提供给统治者为政方略的基本原则,也是人生处世的基本方法。

本着"自然无为"的原则,老子提出了贵柔、守弱、不争等人生观点。《道德经》说:"弱者道之用",认为柔弱是"道"的作用。老子强调柔弱胜刚强,所谓"将欲歙之,必固张之;将欲弱之,必固强之;将欲废之,必固兴之;将欲夺之,必固与之",在"知其雄,守其雌"的前提下,如何实现以弱胜强、以柔克刚以及以少胜多,对于政治斗争、军事斗争和商业竞争而言,具有不可忽视的影响力。

老子作为道家学派的创始人,通过对春秋末年、战国初年的哲学进行理论总结,提出了"道"作为最高实体范畴,用以标志世界万物产生的总根源及其变化规律,扬弃了"天命""天志""以天为宗"的世界观,突破了原始的五材、五行学说和六气、二气的局限;提出了"静观""玄览"的认识方式,既区别于孔子的先验论,又不同于墨子的经验论,启迪人们对认识新途径的探索;总结了春秋以来的阴阳常变、和同、一两等思想,提出了"反者道之动"的辩证法思想。这使他的哲学同儒、墨显学同时发展,并深刻地影响了后来的很多思想家。

以"道"为核心的道家文化,不但对中华民族的形成、壮大,对中华文明的延绵、丰富,对中国人精神的净化和升华,都起到过无与伦比的作用,更以其博大精深的思想性而影响改变着世界,备受全球的重视与瞩目。

在德国哲学大师黑格尔的心目中,中国古代只有一位哲学家,那就是老子。德国古典哲学家谢林盛赞,"道家学说是最遥远的东方人的思想和发明"。尼采把《道德经》比作"一个永不枯竭的井泉,尽是宝藏。放下汲桶,唾手可得"。

第三节　三生万物演百家

老子《道德经》问世的时候，社会上还没有诸子百家。

老子归隐后不久，由于兵乱，周室典藏分散民间，不复综窥全貌。在这一时期里，各家学子都在老子的基础上，从自己的立场出发，各执一端，各任其说，逞干世之术于当时。孔子、墨子、孙子、孟子、庄子、韩非子、鬼谷子等诸子并作，道家、儒家、墨家、兵家、法家、纵横家等百家蜂起，出现了中国文化上的第一个高峰。并且由此奠定了中华文化的基本框架，为中华文化的发展奠定了坚实的基础。

孔子是儒家学派的始祖，比老子小20岁。据《史记》和有关史料记载，孔子曾面对面地向老子求教过，问礼问道，达五次之多。

儒家的后学虽然无法亲身聆听老子的谆谆之教，但受到老子思想的影响是显而易见的。荀子作为先秦儒家思想的集大成者，其思想体系的建构明显受到了《道德经》的影响。传统儒家主张"死生有命，富贵在天"，其核心是把"天"看作主宰人类命运的神秘力量。荀子用道家的天道自然观对这一传统儒学观点进行了改造，提出了唯物主义的自然观，他吸收了老子"道法自然"和黄老学派的"精气"说，否定了传统儒家的"天命"观念，将儒家有意志的"天"，改为自然之天、物质之天。

先秦诸子中，受《道德经》影响最大的当数法家。法家的代表人物申不害和韩非都"本于黄老"。对此，司马迁有一段评语："申子卑卑，施之于名实，韩子引绳墨，切事情，明是非，其极惨礉少恩，皆原于道德之意，而老子深远矣。"虽然申韩的境界远不如老子，但他们也是"原于道德"的。

韩非为人口吃，说话不利落，但善于著书，很是崇拜老子。在《韩非子》一书中有两篇是直接关于《道德经》的，即《解老》和《喻老》，这是流传至今最早的解释《道德经》的文字。其中《喻老》就是用很多政治权术的小故事来解释老子，大谈如何在政治舞台上施展柔弱胜刚强的谋略权术。遗憾的是韩非最后就死于自己同门师兄弟李斯的阴谋权术下，看来他还是没有真正读懂老子的思想。

受老子影响至深的，还有诸如以孙子为代表的兵家。孙子是军事家，但他特别告诫不要随便动刀兵，他觉得兵事不祥，于是提出了"上兵伐谋""不战而屈人之兵"的重要观点，希望能够尽量用政治解决问题。老子曾讲道："以正治国，以奇用兵，以无事取天下。"孙子继承了老子这个观点，提出了"以正合，以奇胜"的主张。老子认为"上善若水""天下莫柔弱于水，而攻坚强者莫之能胜，以其无以易之。弱之胜强，柔之胜刚，天下莫不知，莫能行"。《孙子兵法·虚实第六》也阐述了"夫兵形象水，水之形，避高而趋下；兵之形，避实而击虚"等观点。

在诸子百家之中，道家文化堪称对后世影响最大的学说之一。需要说明的是，道家是在老子之后创立的一个哲学流派，道家之名始见于汉代学者司马谈《论六家要旨》。由于继承了老子的"道"作为其学说的核心，所以称之为道家；又因创始人老子既谈道又论德，道、德一体，所以又被称为"道德家"。

著名哲学家张岱年说："道家，其理论之湛深，思想之缜密，实超过了儒墨两家。"在先秦诸子中，道家对当时的思想文化产生了巨大的影响，成为能够与儒、墨抗衡的显学。由于当时社会上一些著名人物对"道"与无为思想的理解不同，道家内部开始发生衍生和演化，并形成了老庄学派、杨朱学派和黄老学派等不同派别，将老子的道学推向了另外一个发展高峰。

老庄学派

老庄学派代表人物是老子、庄子、列子、关尹等，代表作是《道德经》《庄子》《列子》。

庄子，名周，宋国蒙（今河南商丘东北）人。他在家乡做过管理漆园的小吏，曾与魏相惠施交游，拒绝楚威王的聘请，过着清贫的隐居生活。庄子是先秦道家思想的集大成者，他继承了老子的"虚无"思想，认为"道"是"虚无"的实体，能生成天地与万物。庄子认为作为宇宙万物根源的"道"是一种阴阳之气，所谓"通天下一气耳，圣人故贵一"（《庄子·知北游篇》）。世界上原来没有什么事物，后来由"道"派生出天地，生出帝王，生出一切事物，生出真伪和是非。

庄子说："道恶乎隐而有真伪？言恶乎隐而有是非？道恶乎往而不存？言恶乎存而不可？道隐于小成，言隐于荣华。"就是说，真伪和是非等观念的产生，意味着"道"的完整性遭到破坏；只有持有局部见解（"小成"）的人，才看不见"道"而谈论真伪；只有喜好争辩（"荣华"）的人，才不理解素朴之言而谈论是非。因此你有你的是非，他有他的是非，是非总是讲不清的，甚至连你、我、彼、此也是分辨不清的。"是亦彼也，彼亦是也，彼亦一是非，此亦一是非。""是亦一无穷，非亦一无穷也。"在庄子看来，决定是非是不可能的，因为不存在一个客观的、共同的标准。他认为事物的性质都是相对的，例如一件东西的分散对另一件东西来说是合成，一件东西的合成对另一件东西来说是毁损，无论合成和毁损，从"道"来看都是一样的。而庄子学说的最后归宿，是达到人生逍遥的目的，游心于物外，不为世俗所累。

按照司马迁的说法，庄子及其学说思想，"其要本归于老子之言"，在继承老子学说的同时，他又大大发展了老子的思想，成为道家的一个高峰。

列子，名御寇，郑国人。他是战国前期的著名道家，继承和发展了老子学说，又成为庄子所推崇的前辈，是道家中首先推崇"黄帝之治"的大师。《汉书·艺文志》所著录的《列子》八篇，经"永嘉之乱"以后，渡江带到南方的，只留存《杨朱》《说符》两篇。

列子不但在理论上继承和阐发了道家学说，而且还实践了他的道家修养。《吕氏春秋》上说："列子贵虚。"《列子·天瑞篇》解释"贵虚"，就是"静也虚也，得其居矣"。也就是要自己修养到忘记自身的形骸，好像已经驾空乘风而行，列子把这样的境界叫作"履虚乘风"。卢重玄《列子解》说："列子所以乘风，为能忘其身也。"就是要通过本人的长期学习修养，达到"忘其身"的境界。

杨朱学派

杨朱,又称阳子居或阳生,魏国人。他本人是位隐士,有关他的生平及著作,目前已无法详知。

老子主张"身重物轻",杨朱发展了老子的这个思想观点,形成了"贵己""为我"的学术主张。据说在战国时期,杨朱的影响力非常大,孟子在世时,曾说当时人们发表言论,不是拥护墨子,就是拥护杨朱,其思想与墨学并为显学。杨朱认为,必须"知生之暂来,知死之暂往",从而"乐生",以"存我为贵"。既不能"损一毫而利天下",也不能"悉天下奉一身",如此"天下治矣"。不能为贪羡"寿""名""位""货"所累,从而"全生",使"君臣皆安,物我兼利"(《列子·杨朱篇》)。如何实现"全性保真,不以物累形"(《淮南子·氾论篇》),这是杨朱学派的思想核心。

由于"为我"的观点和墨子的主张"兼爱"正好相反,杨朱的思想主张曾遭到过孟子的激烈批评。孟子说,杨朱主张"为我",连"拔一毛而利天下"都不干(《孟子·尽心上篇》),将杨朱描绘成完全自私自利的人,其实是对杨朱"为我""贵己"本意的曲解。

子华子和詹何两人是杨朱思想的继承者,他们主张节制情欲,讲究养生之道,防止疾病的发生,尽其天年。认为生命比"爵为天子""富有天下"要宝贵(《吕氏春秋·重己篇》);"道之真,以持身;其余绪,以为国家"(《吕氏春秋·贵生篇》),把个人利益看得重于国家利益。子华子主张使"六欲皆得其宜",他认为使"六欲皆得其宜"的是"全生",只有部分得其宜的是"亏生",至于"死",只是回复到未生以前的无知状态。如果六欲不能得其宜,受尽委屈和侮辱而活下去,这叫作"迫生"。人生在世界上,最好是"全生",其次是"亏生",再其次是"死","迫生"是不如"死"的(《吕氏春秋·贵生篇》引《子华子》)。詹何是主张"重生"而"轻利"的(《吕氏春秋·审为篇》)。他们并不是纵欲恣情的享乐派,而是想通过"全性保真"来达到无为而治的目的。《吕氏春秋》的《重己》《贵生》《本性》《情欲》《尽数》等篇,即采自子华子、詹何等人的学说。

黄老学派

黄老之学,是大约在公元前 4 世纪中叶,从老子学说中分化出来的一个新的道家学派。

黄老学派的代表人物是宋钘、尹文、慎到、彭蒙、田骈等人，其代表作是一系列的辉煌巨著，如《鹖冠子》《管子》《吕氏春秋》《淮南子》等。此外，王充的《论衡》也是黄老道家的名著，《史记·乐毅列传赞》中曾具体列出了稷下黄老之学的传承系谱。

齐宣王时（前319~前301在位），黄老学就已盛行于世。据《史记·田敬仲完世家》记载："宣王喜文学游说之上，自如邹衍、淳于髡、田骈、接子、慎到、环渊之徒七十六人，皆赐列第，为上大夫，不治而议论。是以齐稷下学士复盛，且数百千人。"其中田骈、接子、慎到、环渊等人"皆学黄老道德之术，因发明序其指意。故慎到著十二论，环渊著上下篇，而田骈、接子皆有所论焉"（《史记·孟子荀卿列传》）。

汉初，以黄老学派为代表的道家思想占据了历史舞台。当时社会初定，国家需要安宁，经济需要恢复与发展，人民需要休养生息。黄老学适应社会的需要，主张无为而治，得到汉初统治者的重视。汉文帝、景帝、窦太后及陈平、曹参、田叔等大臣等都以黄老学作为治国的指导思想。著名的学者司马谈亦推崇"黄老之术"。淮南王刘安主持编纂的《淮南子》一书，是对汉初黄老学的理论总结。

黄老学派继承了道家的无为政治，同时又吸取了儒家礼义仁爱的思想、名家的形名思想、法家的法治思想等，从而融合了道家与儒、墨、名、法诸家的学说。他们强调的无为大多是指去掉机诈巧伪，因循自然，具有了积极进取的精神，所以司马谈在《论六家要旨》中称："道家使人精神专一，动合无形，赡足万物。其为术也，因阴阳之大顺，采儒墨之善，撮名法之要，与时迁移，应物变化，立俗施事，无所不宜，指约而易操，事少而功多。"（《史记·太史公自序》）。

黄老道学这门学术体系到底是由哪一位高人创立的？由于文献的湮没，后世人对其创立者和传承体系、学术主张一直语焉不详。最能代表黄老道学的是黄老帛书，它们在1973年被发现于长沙马王堆汉墓中，包括《老子》帛书乙本之前的《经法》《十六纪》《称》及《道源》四篇，内有黄帝之学，外与《老子》相合。

今天，越来越多的学者坚持认为，黄老学派的创立者极有可能与道商始祖范蠡有关。如陈鼓应先生在《先秦道家研究的新方向》一文中阐述说："帛书《黄帝四经》引用范蠡的言论达十七八条之多，从其中的思想线索，便可看出范蠡可能是由老学发展到黄老之学的关键人物……且"圣人因天""必顺天道""知天地之恒制"的论点,以及"赢缩转化"之道和推天道以明人事的思维方式等重要论题,都显示出范蠡上承老子思想而下开黄老学之先河。""老子思想的入齐,范公有可能是第一个重要的老学的传播者。"

西汉皇位传至武帝刘彻时,有一个大儒叫董仲舒,他建议武帝弃黄老之术而用儒家之学,从此形成了独尊儒术的局面。然而,就是这位董仲舒,在他的思想中却可以屡屡窥见老子的影子。董仲舒所著《春秋繁露·离合根第十八》中说:"为人主者,以'无为'为道,以不私为宝……此人主所以法无之行也。"该书《保位权第二十》上又说:"为人君者,居无为之位,行不言之教。寂而无声,静而无形。"这些话都可以从《老子》中找到根源。

东汉末年,道家的某些思想为农民起义所用,遂深入社会的下层,演变为道教,试图以一种超人间超现实的力量来改造世界,包括求得人的永生,老子因此被尊为教主。魏晋时期儒道合流,又演化为"玄学",奉《周易》《老子》(《道德经》)《庄子》为"三玄"。玄学家大多是当时的名士,如何晏、王弼、阮籍、嵇康、向秀、郭象等,他们以出身门第、文才行止和虚无玄远的"清谈"相标榜,成为一时的风气。

魏晋以后,道家的发展仍不绝如缕,虽然再没有出现和形成有影响力的学派,也没有再出现杰出的道家学者,但历代注释老庄之书者,不乏其人。直到"五四运动"后期,一些学者在讨论儒道等中国思想流派在整个中国文化体系中的地位时,亦强调了道家之学是其他诸子之学的"纲领"。如陈鼓应教授就认为:如果抛弃历史和学派的成见,实事求是地看待中国哲学发展史,那我们就必须承认,中国哲学实际上是一系列的以道家思想为主干,道、儒、墨、法诸家互补发展的历史。

第四节　汉唐神韵贯古今

《汉书·艺文志》云："道家者流，盖出于史官，历记成败存亡祸福古今之道，然后知秉要执本，清虚以自守，卑弱以自持，此君人南面之术也。"

道家之源本出自史官，为"君人南面之术"，即君主治国的学说。所谓"史官"，也就是王室内负责记载成败存亡祸福古今之道的人。黄老之学祖述黄帝和老子。据史书记载，史官之职由黄帝时就开始设立，因此道家学说的起源，足以远溯黄帝，这也体现了道家文化是中国上古文化正统的传承观念。

道家的主要理论精华体现在哪里呢？司马谈综观了道家理论后，在《论六家要旨》中专论了道家并加以精确的概括，分出道家无为学派的老子和有为学派的黄帝，并称"黄老"。所以，"黄老"后来成为了道家的共称。

王充在《论衡》中说："黄者，黄帝也。老者，老子也。"黄老之学的根源，可以追溯到春秋战国时期的齐国稷下学派，他们将传说中的黄帝与老子相配，同尊为道家创始人。至战国秦汉之际，黄老道学在社会上的影响力已经非常大了。《史记·五帝本纪》说："百家言黄帝，其文不雅训。"《汉书·武帝纪》说："绌黄老刑名，百家之言。"《史记·孟子荀卿列传》说："先序今以上至黄帝，学者所共术。"

黄老学派以"道"为"君人南面之术"，以民为本、无为而治的基础是文武并用、以德辅法，因形正名、循名责实。道商始祖范蠡以其承传开创的道学思想体系，不仅辅助勾践开创了"於是越王内修其德，外布其道，君不名教，臣不名谋，民不名使，官不名事。国中荡荡无有政令"的无为而治之先河，帮助越国实现了"内实府库，垦其田畴，民富国强，众安道泰"的举国共富盛景。在先秦时代，黄老道学也创下了"一枝独盛，压倒百家"的繁荣，成为诸子百家中最人多、势众、成果丰的学派，并创造和催生了中国历史上曾让全世界惊讶赞叹的汉唐盛世。

当暴秦灭亡，汉朝建国之初，面临的是一个经济凋敝、民不聊生的烂摊子。据记载，汉初时天下发生大饥荒，"凡米石五千"，人吃人不是稀罕事，百姓死亡过半。汉高祖刘邦下令百姓可以出卖自己的孩子，到四川乞食。当时天下初定，百姓家园被毁，无处栖身，"自天子不能具醇驷，而将相或乘牛车"。面对着凄凉残破的社会景象，如何尽快地医治战争创伤，使流民安定下来，恢复生产，重建家园，解决百姓的温饱，充实空虚的府库，成为统治者迫切需要解决的问题。

在这个时候，刘邦的谋臣陆贾向他献《新语》十二篇，建议他用道家"无为而治"的思想治国。刘邦阅后，连连称善。刘邦对黄老之术的态度，直接影响了后继帝王的治国方略，惠帝、文帝、景帝都是黄老之术的信奉者，推行"无为而治"的治国方针。根据司马迁的记载，汉惠帝实行"无为而治"，吕后专权时期"政不出房户"。当时天下太平，河清海晏，"刑罚罕用"，犯罪的人十分稀少，老百姓男耕女织，丰衣足食。

汉文帝是个喜好黄老之学，崇尚清静无为的皇帝。他生活俭朴，在位二十三年，宫室苑囿，车骑服御，无所增益，而且做事总从有利于百姓的角度考虑。有一次他要造露台，召工匠核算，造价需要百金。文帝说："百金，相当于中等人家十户的家产。"遂放弃了筑露台的打算。他经常身着绨衣，以示俭朴。为自己造陵墓，下令皆用瓦器，不得以金、银、铜、锡为装饰；依山筑陵，不起坟堆。在政治上轻徭薄赋，裁减刑律，不动干戈。

受文帝和母亲窦太后的影响，景帝也崇奉黄老，在位期间推行无为而治的方针。司马贞说："景帝即位，因修静默，勉人于农，率下以德。"由此可见，景帝也是崇尚清静无为的。

汉初将相名臣奉行黄老之术的，首推曹参。惠帝元年，曹参为齐国之相，为了治理齐国，他重金请来善黄老之术的胶西盖公，盖公对曹参说，"治道贵清静，而民自定"（《史记·曹相国世家》）。曹参以此而行，齐国大盛。丞相萧何去世，曹参代之为相，上任后完全遵循前任萧何的旧制，一无更改。当时有一民谣说："萧何为法，讲若画一，曹参代之，守而勿失，载其清靖，民以宁一。"

从汉初到汉武帝即位的近七十年时间里，因为君臣共同推行无为而治、与民休息的黄老政治，国家呈现了太平景象，出现了所谓的"文景盛世"。据记载，文帝、景帝时期，老百姓家家富足，都城和偏远之地府库都装得满满的。京师之钱累巨万，穿钱的绳子腐烂了，钱散乱都无法数清。太仓之粟，陈陈相因，充溢露积于外，至腐烂不可食。众庶街巷有马，阡陌之间成群。富足的生活使人人自爱而避免犯法。这种辉煌盛景，在世界上任何一个国家都难以看到。

司马迁专门在《史记·乐毅列传》中对黄老道学的传承脉络作了整理："乐臣公学黄帝、老子，其本师号曰河上丈人，不知其所出。河上丈人教安期生，安期生教毛翕公，毛翕公教乐瑕公，乐瑕公教乐臣公，乐臣公教盖公。盖公教于高密、胶西，为曹相国师。"清人孙星衍在《问字堂集》中说："黄老之学存于文子，两汉用以治世，当时诸臣皆能道其说，故其书最显。"

到了唐朝，统治者尊李姓老子为皇祖，老子及黄老道学思想受到了空前的尊崇。唐高祖武德年间，不仅为老子立庙，还规定三教次序以道为先。唐太宗李世民登基后，大力发扬"尊祖作风"。他在贞观十一年所下的《道士女冠在僧尼之上诏》中明确表示，"柱下为帝室先系"，老子是唐宗室的先祖。李世民说："夫安人（民）宁国，惟在于君。君无为则人乐，君多欲则人苦。朕所以抑情损欲，克己自励耳"；"夫君者，俭以养性，静以修身。俭则人不劳，静则下不扰。"明确以不劳民不扰民为大唐王朝的执治原则。

唐玄宗是个敢作敢为的皇帝，他在尊崇老子这个问题上也不遗余力，可谓到了登峰造极的地步。首先，玄宗皇帝尊《老子》为《道德经》，令崇玄学的生徒学习，并把《道德经》列为贡举策试的经典之一，位列六经之上，居百家之首。其次，不断地给老子封爵加号，如"大圣祖玄元皇帝""圣祖大道玄元皇帝""大圣祖高上金阙玄元天皇大帝"，并在各地兴建老子庙。同时，唐玄宗还亲自为《道德经》作注，这本《御注道德经》是目前所能见到的第一个皇帝注本。唐玄宗注《道德经》是为了宣传老子学说，所以在他注好后，令天下臣民，必须家藏一本，以行政手段推广《道德经》，这也是老子之学第一次受到这样的"款待"。

由于唐朝君主对于黄老道学的重视和推行，大唐帝国在中国古代史上曾经出现了光辉灿烂的一段时光，并以自己的绚丽光彩照耀了整个世界。

盛唐时期的中国，国富兵强，出现了路不拾遗、夜不闭户，从长安到东海岸边可以不带一分钱，不背任何粮食，人们和谐相处、友爱互助，而且是百国来朝的贞观之治和开元盛世。国都长安是当时世界上规模最为宏大的城市，是整个世界的经济和文化中心之一，世界各国的国君、使臣、客商、僧侣、学生、工匠、医生、胡姬纷至沓来。他们只要进入了大唐的领土，看到那些车水马龙的繁华都市，无不由衷赞叹。

英国史学家赫·乔·韦尔斯在其名著《世界史纲》中写道："在唐初诸帝时代，中国的温文有礼、文化腾达和威力远被，同西方世界的腐败、混乱和分裂对照是那样的鲜明……在唐朝，中国的极盛时代……中国呈现了繁荣、幸福和文艺活跃的景象远在任何同时代国家的前头。"

直到今天，一些西方国家都习惯于将中国人称作"唐人"，而将华人聚居处称为"唐人街"。这都是在纪念大唐的辉煌。

第五节　千古扁舟风流客

老子《道德经》说："功成、名遂、身退，天之道。"唐代大诗人李白在《悲行歌》中写道："范子何曾爱五湖，功成名遂身自退。"这个范子是谁？他就是老子道学第三代传人，中国"道商"的始祖范蠡。

范蠡，字少伯，公元前 520 年出生于楚国宛邑（今河南南阳）。作为一名农村待业青年，范蠡虽生活在"衰贱"之家，却聪明颖悟，博闻强识，精通"六艺"，抱负远大。在"生""养"自我内势的过程中，他苦读了《书》《易》《诗》等大量的书籍，学到了许多历史知识和治国安邦的理论；不仅弄通了风后的《握奇经》，还潜心钻研了姜太公大力发展农业、手工业和商业的策略。当时著名的经济学家计然到南阳云游时，范蠡也拜他为师，学习经济知识和经商技巧。

计然又是谁呢？《汉书·艺文志》道家类著录《文子》九篇，班固在其条文下注明："老子弟子，与孔子同时。"北魏李暹作《文子注》，传曰："姓辛，……号曰计然。范蠡师事之。本受业于老子。"

作为中国传统经济学的鼻祖，计然是老子道学的正宗传人，也是中国历史上一位了不起的经济思想巨匠与商业哲学大师，还是诸子百家中"计然家"的形象代言人。计然学道早通，他以老子道学思想为总纲，又游学各地，糅合他言。经过自己的融会贯通，遂别生新义，甚至超过了自己的老师，故而在老子门下众弟子中，得道尤高。

青少年时代的范蠡，在文子计然的悉心栽培下，他深刻地认识到，"圣人不耻身之贱，恶道之不行也；不忧命之短，忧百姓之穷也"。而真正的富国强兵之道，则是"广乎其若谷者，不敢盛盈也。进不敢行者，退不敢先也"。"视民所不足及其有余，为之命以利之，而来诸侯，守法度，任贤使能，偿其成事，传其验而已。如此则邦富兵强而不衰矣"。无论是以道治国还是经商，都要以百姓心为心，以天下公心为心，不要自满自恃。根据百姓的缺乏和盈余，帮助和诱导他们进行生产，积累财富。然而，在当时贵胄专权、政治紊乱的楚国，有天纵之才的范蠡也难为世人所识，故而他常常被人误称"狂人""疯子"。直到宛令文种拜访，二人结为挚友，共同离楚赴越，共创大业。

周景王二十四年，吴国和越国发生了樵李之战，吴王阖闾阵亡，因此两国结怨，连年战乱不休。两年后，阖闾之子夫差为报父仇与越国在夫椒（今江苏太湖中洞庭山）决战，越王勾践大败，仅剩5000兵卒逃入会稽山，范蠡遂于勾践穷途末路之际，为越王献"卑辞厚礼，乞吴存越"之策。他向勾践概述"越必兴、吴必败"之断言，进谏："屈身以事吴王，徐图转机"。《越绝书》记载："是时勾践失众，栖于会稽之山，更用种、蠡之策，得以存。……后遂师二人，竟以禽吴。"

为了帮助越国转危为安，范蠡亲自陪同勾践夫妇在吴国为奴三年，"忍以持志，因而砺坚，君后勿悲，臣与共勉"！在君臣韬光示弱，解除了吴王夫差的戒心归国后，身兼越国相国与上将军二职的范蠡与越王勾践深谋二十余年，向勾践献上了七条"计然之策"，最终辅佐一个濒临灭亡的诸侯国实现了复兴之梦，成为春秋霸主。

当政治生涯正值巅峰时刻，范蠡急流勇退，乘舟浮海到达齐国海滨后，变姓名为鸱夷子皮，带领儿子和门徒在海边结庐而居，初涉商海开始创业。年过半百的范蠡通过苦力勤身，父子治产，进行垦荒耕作，兼营渔盐业、副业和经商贸易。没过几年，就积累了巨万家产。由于范蠡过人的商业智慧和社会影响力，受到了齐平公与田常的联合邀请再次出任齐相。在齐国的三年任满后，范蠡喟然感叹："居官致于卿相，治家能致千金；对于一个白手起家的布衣来讲，已经到了极点。久受尊名，恐怕不是吉祥的征兆。"于是，他再次急流勇退，向齐王归还了相印，散尽家财给知交和老乡，举家迁居至"东邻齐鲁、西接秦郑、北通晋燕、南连楚越"，位于"天下之中"的陶地。范蠡以陶朱公的化名，重操"计然之术"以治产，没出几年，经商积资又成巨富。"十九年中三致千金，再分散与贫交疏昆弟"。在世界商业史上创下了十九年中连续三次裸捐的最高纪录，让秦相李斯发出了"千载之下，孰可比伦"的感慨。

老子的道学思想成就了范蠡，而范蠡无疑是老子思想最完美的诠释者。范蠡一生奉行老子道学思想，遵循着"知常容，容乃公，公乃全，全乃天，天乃道，道乃久，没身不殆"的准则，追求着唯道是从、大道为公的大成境界，其进退取予无不洋溢道德玄风。在后世学者的眼里，范蠡俨然成了老子的化身。如葛洪在《神仙传》中"老子条"就记录称："或云，（老子）在越为范蠡，在齐为鸱夷子，在吴为陶朱公……"

《史记·货殖列传》载："后年衰老而听子孙，子孙修业而息之，遂至巨万。"范蠡后来年老力衰，就把经营产业的事情完全交给了子孙，自己安享晚年。在子孙们的经营下，范家的产业有了更大规模的发展，积累的家族财富更加庞大。

范蠡前半生以战止战，建立经世之功；后半生以道经商，广行济民之德。在他的商业经营生涯中，除了由楚至越，由越至齐，再由齐入陶地的著名"三迁"外，范蠡还去过很多地方。在今天，浙江的绍兴、诸暨、宁波、桐庐、富阳、永嘉，江苏的无锡、宜兴；山东的临淄、肥城、定陶、枣庄；河南的南阳、卢氏、嵩县；河北的蠡县，江西的婺源，湖南的华容，安徽的涡阳，甚至国际大都市上海，都曾留下了丰富而动人的与范蠡相关的史料典故和民间传说。他不但是思想家、政治家、军事家、经济学家、慈善家、商业家、建筑设计大师，还是中国辞官下海经商第一人、中国多元化集团经营第一人、中国思想扶贫第一人、中国商业创新第一人、中国慈善第一人、中国第一位旅游达人……

千古扁舟风流客，中华道商第一人。在中国的经济思想史上，范蠡是商人心中崇拜的偶像，是商之圣者，是令世人向往钦敬的文财神，也是中国财神信仰中唯一一位靠智慧而经商发财的财神。人们把经商事业称为"陶朱事业"，把世代经商为业或买卖公道称为"陶朱遗风"，而范蠡的言论成为商人们尊奉的信条。明清年间，人们把范蠡的《致富奇书》《陶朱公术》加以发挥、充实、演绎、细化，撰写出了《理财致富十二法则》《理财致富十二戒律》《商场教训》《经商十八法》等，并统称为"商人之宝"。

在近代，中国最大的民族资本家、民族实业家、慈善家荣德生先生曾在《乐农自订行年纪事》中说:"陶朱公商学,购进如草莽,贵出如粪土,我以勤俭为生,附以平心,守古语,所以经营之事业,利多害少,随意指挥。""推而社会至省,省至国,国至国际,均密察盈虚消长,记之于心,对市面升沉,颇有会通。"据说,无锡鼋头渚上的"陶朱阁",就是当年的无锡商会为奉祀范蠡神位而出资修建的。

　　日本青森中央学院大学副校长、世界著名经济学者酒井甫先生,是公认的日本经济学界研究范蠡的第一人。酒井甫先生曾说:"我从事范蠡研究已有四十余载。范蠡真是太伟大了,不论我到世界上哪一个国家讲学,都要引用中国商圣范蠡的例子。"酒井甫先生在总结范蠡经营思想的基础上,还成功研究设计出"金玉良言星云图",在日本经济学界引起了很大的反响。

酒井甫先生的金玉良言星云图

第六节　以道经商说道商

人的进步是以头脑为标志的。要想商业经营成功，必须生财有道、致富有道、经营有道。有道的商人，就是2500年前老子口中的"良贾"；在今天，我们称之为"道商"。

要了解道商的概念与定义，我们首先来认识什么是商人。

"商人"一词的起源与中国历史上的商朝有关。传说中，商族是高辛氏的后裔，居黄河下游。商族人的祖先契，是一位杰出的军事领袖，由于他跟随大禹治水，功不可没，后受封于商地，成为商族人"天命玄鸟，降而生商"的玄王。六世之后，聪明多谋的王亥"立皂牢，服马牛，以为民利"，他把经过训练的牛拉着车驮着货物，沿着黄河北岸到各诸侯国去做买卖。在外族人心目中，做买卖的就是"商人"。

商族是一个非常重视贩运贸易的部族，在当时，操纵商业活动的贵族们顺着商王朝建立驿传制度所开辟的驿路，驱使着大批商业奴隶，"通川谷，达陵陆""大车以载，利有攸往"，在商业运输和货物贩卖中盈利丰厚。正因为商业贸易的高度发展，商朝也博得了"商邑翼翼，四方之极"之美名。武王伐纣后，殷商的遗民被周公迁移至洛阳，由于失去土地无以为生，再加上政治管制，这些商民们只好依靠买卖维持生计，久而久之，"商人"便不再是一个专用的族名或地名，而演变成一种职业的代称，做买卖的职业也被称为"商业"。

《周礼·天官·大宰》载："以九职任万民……六曰商贾，阜通货贿。"最初，人们把做贩运贸易的叫作"商"，坐售货物的叫作"贾"，即所谓"行曰商，处曰贾者"。虽然商人为中国古代社会"士农工商"四民之一，他们善于"观凶饥，审国变，察其四时而监其乡之货，以知其市之贾"，但是一直没有相应的社会地位。甚至韩非子在他的《五蠹》中将工商之民称为"五蠹"之一，是社会的蛀虫，这是极不公正的。在现代社会，商人虽然早已摆脱了"五蠹"之名，但是"无商不奸，无奸不商"却似乎成了笼罩在商人身上的一个挥之不去的品牌阴影。

当"道商"这个名词逐渐闯入人们的视野后，"道商"这个特殊的、略带几丝神秘感的群体也越来越受到社会的关注和重视，围绕"道商"这个较为模糊的概念，也引发了不少的争议和质疑。在一些人的印象中，几千年来一直推崇"清静无为""遁世不争"的道家，实在难以跟唯利是图的商人、尔虞我诈的商业产生关联。作为中国人最高信仰的"道"，与古代社会中位处"贱业"的商业二者相结合，是概念炒作还是贱卖信仰？同时，也有人简单地将道商与道教、方术或劝善性质的道德说教联系起来，认为道商理应是道教的附属品，是宗教信仰被世俗化的表现形式之一。

要解决上述的争议和质疑，我们必须首先为"道商"正名。

早在2009年，中国经济出版社出版的《道商》一书中，对"道商"就给出了这样的定义——"道商就是秉承'道'的思想与精神，运用'道'的规律与力量去经商创业，实现人生大成的智慧商人"。

道商就是以"道"的规律来指导商业经营的成功，同时道商又通过自己的身体力行，去发现这些符合于"道"的规律的绿色商业智慧，再通过整理与传播，最终实现和诠释"道通万物""道生万物"的思想型与实践型兼容合一的商人。

道商的理念：以道经商，以商显道，道商合一，富民强国。

道商的使命：以道启心，以心启智，以智启财，以财启众，众皆归道。

中国人把商业经营行为称为"做生意"，把"商人"称为生意人。将商业交易的行为冠以"生意"之名绝对是大智慧。因为，"生意"的概念本来源于道家哲学。生意，不仅仅是一种以获取利益为目的的商业活动，更隐含了阴阳运动，万物生发，彼此共赢，互惠互利的"生生不息"财源滚滚之意趣、意境。

"和气生财"，是中国商人终生坚守的准则。什么是"和气"呢？在老子看来，宇宙间一切事物，都具有阴阳、有无、正反的两面。"故有无之相生，难易之相成，长短之相刑，高下之相盈，音声之相和，先后之相随"。这个规律，就是"道"，故"恒也"。无论是宇宙的演化，还是事物的发展，人生的进阶，财富的累积，都要彼此互利、阴阳共济、虚实结合，才能够产生持久无穷的妙用，这就是"万物负阴而抱阳，冲气以为和"。

什么是"道"呢？我们来看汉字里的"道"字。"道"字，左边一个"走"字旁，表示行动与前进；右边一个"首"字，表示大脑和思想。如何"观天之道"？必须通过大脑之"首"，去观察、发现、分析、领悟和认识宇宙自然运行的法则和规律。然后，按照这个法则和规律去执行和实施，依靠思维来指挥行动，借助于思想来推动发展。如果把思想和行动这两点把握好、协调好，具备知行合一的复合智慧，那么成功之"道"的全部奥妙，已经全备、说尽了。

在道商的定义中，"道"的思想与精神体现在哪些方面？这主要集中在老子所阐述的清静、无为、自然、和谐、柔弱、不争、处卑、善下、重势、贵德、乐生、创新等观点上。"道"的规律与力量又主要体现在哪些方面呢？简单来说，其一就是"道生一，一生二，二生三，三生万物"，以及"道生之，德蓄之，物形之，势成之"的万物生成论；其二就是"天下万物生于有，有生于无""万物负阴而抱阳"的阴阳辨证论；其三就是"大曰逝，逝曰远，远曰反""反者道之动，弱者道之用"的阴阳转化论；其四就是"冲气以为和""知足不辱，知止不殆""多言数穷，不如守中"的中和节制论。

那什么样的境界算得上是"人生大成"呢？老子同样有自己的观点阐述。首先是"保生"，保护自己不受任何意外伤害。《道德经》中说："含德之厚，比於赤子。毒虫不螫，猛兽不据，攫鸟不搏。""陆行不遇兕虎，入军不被甲兵。"也就是说避祸保生，走出伤害的陷阱和误区是首要任务。其次是"长生"。老子提出了"以其不自生，故能长生""无死地"的观点。最后是"永生"。老子认为"死而不亡谓之寿"，生命是短暂的，聚散是必然的，倘若我们不幸失去了肉身，但是活着之时的精神气节和丰功伟绩足以让"子孙祭祀不辍"，这才是道家所推崇的人生最高成就。如果我们从没有领悟"道"的思想与精神，也从不运用"道"的规律与力量，却妄图基业长青永保富贵，这无异于痴人说梦，在盲目"贪生""厚生"的同时，必将过早"丧生"。

难怪有外国企业家宣称："在中国做生意，要懂老子。"其实老子的"道"不仅仅是在中国通用，更是放之四海而皆准的真理大道。美国麻省理工学院教授、"学习型组织"的创始人彼得·圣吉就十分推崇老子在《道德经》中所提倡的领导哲学；曾担任财富五百强公司高级执行官的詹姆斯把《道德经》尊为新世纪的商业理论。日本学者伊藤肇曾经指出："日本企业家只要稍有水准的，无不熟读《论语》和《道德经》，孔老的教训给他们的激励，影响之巨，实例多得不胜枚举"……

在位居世界500强的日本松下公司的花园里，塑有一尊老子的铜像，下面石座上刻着中文："道可道，非常道（《道德经》开篇第一句）。"松下商业帝国的缔造者，被誉为日本"经营之神"的松下幸之助在回答"你的经营秘诀是什么"时，强调说："我并没有什么秘诀，我经营的唯一方法是经常顺应自然的法则去做事。"松下幸之助的这种理念实际上是从另一个方面对老子的"无为而治，道法自然"一说的充分肯定。

老子及其"道"文化，作为人类思想智慧的宝贵遗产，为我们如何在现代社会中快乐生存、和谐发展，提供了宝贵的精神启迪和良好的现实意义，正受到海内外各界人士的高度重视并积极推行。

2015年5月，国际道商文化研究院在"上海首届道商产业发展论坛"上发布了"道商"的国际通行英文名词——"Daosun"。该词由"dao"和"sun"两部分组成，"dao"代表以老子《道德经》为代表的道学思想体系，"sun"的英文字意为太阳、阳光、中心人物。在汉语拼音中，"sun"读音为"孙"，寓意为道的子孙、龙的传人、道学文化的衍生者与创新者、未来商业思想体系发展的中心枢纽与灵魂人物。

"Daosun"（道商），是道学文化的传承者与传播者，是那些能够以个人人格魅力和智慧思想来凝聚创造财富、运转使用财富，并通过财富的力量来帮助和成就他人的"传承人"。

第七节　创意为王智本家

创新是一个民族进步的灵魂。如何"提高自主创新能力，建设创新型国家"，这是当前中国国家发展战略的核心，也是提高综合国力的关键。

创新的本质是创意。追溯创意经济产生的渊源，著名德国经济史及经济思想家熊·彼得在1912年就指出，"现在经济发展的根本动力不是资本和劳动力，而是创新"。近年来，以创意为主导、文化产业发展为特征的创意经济作为一种新的经济形态，正以不可阻挡的力量影响着世界各国的社会发展。"创意资本"作为继物质资本、土地资本、人力资本和社会资本之后的第五种资本要素，正逐步成为推动经济发展的核心要素。

创意并不是凭空而来的。经济学家保罗·罗默早就认为，"伟大的进步总是来源于思想。但是思想并不是从天上掉下来的，而是来自于人的头脑"。一个项目、一种策略，是否具有创意，是否具有新意，关键在于我们能否打破固有的思维模式，"出有入无"地走向广阔的创意思维领域，悟出万事万物都存在一种相似的"共性"——道。

司马迁的《史记》称，道家"以虚无为本，以因循为用。无成势，无常形，故能究万物之情。不为物先，不为物后，故能为万物主"。在老子的思想智慧中，大道无形、大象无形。这里的"无"并非没有和不存在，而是无所不包、无所不容、无穷无尽、不可描述的"大有"与"万有"。虽然大道的本体是空虚而无形的，然而无形的大道却具有无穷无尽之功用。《道德经》告诉我们："道冲而用之或不盈，渊兮，似万物之宗。""天地之间，其犹橐龠乎，虚而不屈，动而愈出，多言数穷，不如守中。"在老子道学思想体系中非常强调"虚无"的妙用，并认为只有"虚无"才能够化生和孕育最大的"实有"。我们一旦有幸进入"上善若水"的大道众妙之门，创意智慧必将源源不断、绵绵不竭，无时无处无物不存。

宇宙万物皆太极，一阴一阳之谓道。创意思维的生发，创意经济的推动，无不在"负阴抱阳"的冲和交演中，遵循着"道生之，德蓄之，物形之，势成之"的规律进行演变推进。

《道德经·第二章》讲："故有无之相生。"从道商思维来看，人类经济社会正在经历四个时代——农业经济时代、工业经济时代、信息经济时代、创意经济时代。这四大时代的发展转化完美体现了道的阴阳交演规律，即从小到大、由动入静、由粗转精、从低就高、化坤为乾、从体力到智能、从物质到思想、从重有形到重无形……

在农业经济时代，以地主阶级为代表，谁拥有土地谁就拥有财富，"普天之下，莫非王土，率土之滨，莫非王臣"。随着瓦特蒸汽机的发明，人类社会进入工业经济时代，以"资本主义"工业化最为典型，以拥有自然资源和机器为拥有财富的象征，这期间诞生了拥有石油资源的洛克菲勒家族与拥有汽车制造生产线的福特家族。自互联网诞生后，人类开始进入信息经济时代，进入重视知识的"知本主义"时代。在信息经济时代，知识就是财富，资讯就是财富，财富的拥有者必须有与众不同的思考方式，以及精深的专业知识与广博的相关行业知识……这些都一再证明信息化时代财富拥有者的特征。

事物发展的规律就是极则反、极则变。"大曰逝，逝曰远，远曰反。""反者道之动。"当纯物质的文明发展到极限，世人就要通过市场经济，通过文化与精神的消费来满足其深层次的需求。约翰·霍金斯在《创意经济》一书中明确指出，"我确信，在 21 世纪，一个国家只有设法将个体作为具有思想和创造力的人融入其经济体系，才能获得成功"。"在这种经济中，大部分人在大部分时间依靠创意而非地产或资本赚取大部分收入"。

《道德经》中关于推动创意经济发展的创意思维培育智慧，可谓俯首可视。

如："见小曰明，守柔曰强，用其光，复归其明，无遗身殃，是为袭常。"创意要善于从小处入手，以小博大。有媒体这样告诉公众："什么叫作创意呢？你可以生产鞋子，但是，你生产一万只鞋子的利润，不如我设计一双鞋子的利润。"这和比尔·盖茨的说法有着异曲同工之妙："创意具有裂变效应，一盎司创意能够带来无以数计的商业利益、商业奇迹。"

在创意经济时代，高明的经营者们都能极目思远，向虚空求实有，在无中创生机。丹麦著名未来学家罗夫·钱森告诉我们："继信息社会之后，人类正在迈入梦想社会。我们将从重视信息过渡到重视想象。""当我们在购物时，事实上我们在商品内寻找故事、友情、关怀、生活方式和品性。我们是在购买感情。"……真正的道商，往往善于从"虚构"出发，然后创造"事实"。

创意在于打破常规思维定式，而进行出奇制胜的逆反思维。《道德经·第三十六章》："将欲弛之，必故张之；将欲弱之，必故强之；将欲废之，必故兴之；将欲夺之，必故与之。是谓微明。柔胜刚，弱胜强。鱼不可脱于渊，国之利器不可以示人。"而如何培育逆反思维，则须具备"上德不德，是以有德；下德不失德，是以无德"的开放式心境（《道德经·第三十八章》）。

《道德经》还强调创意思维不可缺少的平衡之美，如："知其雄，守其雌，为天下溪；知其白，守其黑，为天下式；知其荣，守其辱，为天下谷。""天之道，其犹张弓乎？高者抑之，下者举之；有余者损之，不足者补之。天之道，损有余而补不足。"

资本的时代已经过去，一个强调虚空智慧、推崇创新美感、注重文化艺术对经济支持的"创意经济"时代已经来临。在新的商业经济游戏规则下，最终的胜出者必定是那些具备人文气质和偏执精神"像做艺术品一样来做产品"的公司。苹果电脑原首席执行官史蒂夫·乔布斯告诉我们："光有科技是不够的。科技要和人文、艺术结婚，才能产生让我们的心为之歌唱的结果。"美、情感、艺术、个性正在成为创意经济的引领者。

如果我们从老子《道德经》的"虚无生妙有"智慧中，领悟"创意经济"的本质，在一个想象力无边界的无形时代，遵循老子"天下有始，以为天下母。既得其母，以知其子；既知其子，复守其母，没身不殆"的"守母存子"教诲，必定可以摆脱西方企业"体力劳动者"的卑贱身份，从"中国制造"到"中国智造"，以心智王天下，以创意王天下，构建以道兴商的"商业帝国"。

创意经济时代的智本家，就是道商的代名词。

今天，用"道"的哲学框架来强化商业理论的合理性，用"德"的标准体系来规范商业目标的功利性，用"术"的策略思维来打破商业创新的边界性，将中国传统商业理论带入一个全新而又完整、系统的思想体系中，使之明朗化、层次化、标准化、时代化，成为"中国道商"知识体系的首要任务。

第八节　东学西渐龙飞天

"道商"作为老子、范蠡一脉相承的道学思想子体系，它的核心要义来源于以《道德经》为纲领的道学思想体系中。

对大多数人而言，"道商"仍属新事物和新名词，尚未真正走进社会大众的视野中。然而，《道德经》自7世纪最早传于印度，再传经日本等国，于16世纪进入西方世界后，道学思想早已引起了西方人的兴趣，并产生了广泛的影响。

《纽约时报》曾经做过一个关于世界上销量最大的图书调查，结果是《圣经》和《道德经》排名前列。目前，《道德经》的外文版已经达到数百种，在美国、日本、英国、法国、瑞典、西班牙、泰国、菲律宾、韩国和新加坡等国家，老子的书一版再版，销量很大，甚至还专门成立了研究老子及道家思想的半官方和民间的学术研究机构。

老子思想对世界哲学界影响巨大。德国哲学家黑格尔读过老子的著作，对老子极为赞赏，他的辩证法就受到老子对立转化思想的影响。马克思继承和发扬了黑格尔的辩证法，创造了唯物辩证法，从而形成了科学的思想方法，在人类历史上发挥了巨大作用。哲学家温第施曼把《道德经》看作是人类原发性智慧的重大著作，它不但是道家和中国的一部圣书，而且是整个人类的一部圣书。现代哲学家海德格尔认为老子与自己的思想很吻合，他将老子"孰能浊以静之徐清，孰能安以动之徐生"的字句挂于墙、悬于壁，一派老子忠实信徒的模样。英国著名哲学家罗素到中国访问时，有人向他介绍《道德经》中几段文字后，他极为惊叹，认为两千多年前能有这么深邃的思想，简直不可思议。英国著名历史学家阿诺德·汤因比在《人类与大地母亲》一书中对老子也作过高度评价，他说："在人类生存的任何地方，道家都是最早的一种哲学。"

西方的一些政治家对老子的政治思想表现出极大的兴趣。1988 年美国总统里根在国情咨文中，引用老子的名言"治大国若烹小鲜"来阐述治国方略。在他出任美国总统期间，奇迹般地迅速扭转了美国经济乃至国运的颓势，降低了一度高达两位数的通货膨胀率，使美国经济出现了朝鲜战争以来最高的增长率。从此，里根不但赢得了"美国最敬爱的总统"之名，而且美国人对道家及道学的兴趣也由此大增。于是在美国掀起了一股宣传、介绍、研究老子的热潮，甚至连美国科学院的一间办公室墙壁上都写着"无为而治"四个大字。

1911 年，德国汉学家卫礼贤首次把老子的《道德经》译成德文发表，以此为契机，德国学界掀起了一场旷日持久的老子研究热潮。德国社会学家马克斯·韦伯在《儒教与道教》一书中指出："在中国历史上，每当道家（道教）思想被认可的时期（例如唐初），经济的发展是较好的，社会是丰衣足食的。道家重生，不仅体现在看重个体生命，也体现在看重社会整体的生计发展。"德国前总理施罗德大声呼吁："每个德国家庭买一本中国的《道德经》，以帮助解决人们思想上的困惑。"德国诗人柯拉邦德则号召德国人应当按照"神圣的道家精神"生活，争做"欧洲的中国人"。

老子道学思想在俄罗斯的影响更大。1842 年俄国汉学家傅邱林在《祖国之子》杂志上发表了《老子及其学说》一文，文中多处引证《道德经》原文。傅邱林指出，由于老子的继承者"渐渐脱离了老子的思想方式，构成了新的原理"而创立了道教。

在俄罗斯总统梅德韦杰夫看来，中国文化的代表应是老子，而不是孔子。2008 年，梅德韦杰夫当选俄罗斯总统后第一次访问中国。他在为北大学生作演讲时，第一次引用《道德经》中的名句"使我介然有知，行于大道，唯施是畏"，竟让不少北大中文系的师生都一时找不到出处。据其助手称，在梅德韦杰夫的书房中，老子的《道德经》占据了非常重要的地位。在跟经济学家和企业家交谈时，梅德韦杰夫会如数家珍地谈论起老子的哲学思想。

在科技界，研究中国科技史的英国著名科学家李约瑟博士在谈到道家对中国古代科技的贡献时说："中国如果没有道家，就像大树没有根一样。"他在对中国古代科技作了广泛而深入的研究之后，特别推崇道家的发明创造，认为道家是"内在的而未诞生的最充分意义上的科学"。我国科学史专家董光璧认为，李约瑟对人类思想史的最大贡献在于，他发现了道家思想的世界意义。李约瑟不仅提出了新道家的理论纲要，而且通过他的著作影响了不少学者。英国学者坦普尔在李约瑟博士的指导下，撰成了一本名为《中国——发现和发明的国度》的书，其中肯定了中国的一百个"世界第一"。他指出：中国古代除印刷术、造纸术、指南针、火药等"四大发明"外，还有九十多种世界首创的科技成果，如水下鱼雷、多级火箭、载人飞行、枪炮、白兰地，甚至蒸汽机的核心设计，也同中国人的智慧分不开。这一百个"世界第一"，是我们民族智慧的象征，其中道家的智慧尤其值得重视。

著名数学家陈省身说："1943年，我在美国认识了爱因斯坦，他书架上的书并不多，但有一本很吸引我，是老子的《道德经》德文译本。西方有思想的科学家，大多喜欢老庄哲学，崇尚道法自然。"美国科学家威尔·杜兰在《世界文明史》的一卷下册（东方出版社1999年1月）说："或许除了《道德经》外，我们将要焚毁所有的书籍，而在道德经中寻得智慧的摘要。"

最能说明道家思想对西方科学家影响的是诺贝尔物理学奖获得者、日本著名物理学家汤川秀树对老庄的喜爱和评价。他在中学时就接触到老庄哲学，在以后的理论物理学研究中还用它来启迪思想。1968年，汤川秀树写下《老年期思想的现代性》一文，其中对于"返老还童"的阐述，不仅包含对他个人而且也包含对古老的中国文化的现代性的评价："当重温中国的古典著作时，最使我惊奇的是，两千多年前的中国古代思想家们竟能在那么早的年代就摆脱了各种原始成见。印度、犹太民族以及希腊都很早从原始愚昧状态中摆脱出来。但是，我觉得中国人是这些人中最早进入精神成年时期的人……而老子则似乎用惊人的洞察力看透个体的人和整个人类的最终命运。"

美国物理学家卡普拉著有《物理学之道》，他在这本书中企图说明东方古典哲学的科学精神和现代物理学的变革趋向相一致。他曾高度评价道家："在伟大的精神传统中，在我看来，道家提供了关于生态智慧的最深刻、最完美的说明，这种说明强调一切现象的基本同一和在自然的循环过程中个人和社会的嵌入。"针对西方人常常把道家的"无为"解释为"消极",卡普拉认为这是非常错误的。他认为,"无为"不是戒绝活动,而是戒绝某类活动。道家区分了两种活动:与自然和谐的活动和反自然的活动,"无为"是戒绝反自然的活动。另外一位美国物理学家惠勒正在提倡一种"质朴性原理",他解释"质朴性"时认为,它与老子"无"的含义有相似性。而华裔诺贝尔奖获得者李政道在观察物质微观世界时,竟然也从《道德经》里寻找到了理论根据——量子力学中一条很基本的"测不准原理"与老子所说"道可道,非常道"颇有相合之处。

在西方经济学界,一直就存在研究中国古典思想的传统。法国经济学家魁奈最先吸取了老子的"无为"思想,第一个把"无为"译成"自由放任",并创立了依赖自然法则的重农经济学。1764年2月至1766年10月,亚当·斯密进行了为期3年的欧洲大陆之行。他在法国逗留了10个月,期间会见了魁奈、杜尔哥等许多法国著名的思想家,在这些接触中,加深了对经济学的认识,并着手制订《国富论》的写作计划。《国富论》曾大量引用中国文献,以致英格兰著名经济学家L·Young认为,亚当·斯密的自由经济思想,可能来源于司马迁的《史记·货殖列传》中"低流之水"的市场机制。而当代自由经济的鼻祖哈耶克更是将老子奉为"思想教父",认为《道德经》中"我无为,而民自化;我好静,而民自正"两句话是对自发秩序理论最经典的描述。

英国当代哲学家克拉克说过:"现代经济自由市场的原理就是源自《老子》的无为而治。"他还认为:"道家在西方的发展可能与佛教、印度教不同,它不会表现为宗教运动,而会体现在挑战过头的启蒙理性精神、非此即彼的简单化思维原则,提供新话语、新洞识、新范式,影响西方人的思维方式以及个人选择与生活方式,替代唯物主义与彼岸宗教信仰并引导我们树立生态化精神的态度,有助于西方人灵肉二元论的克服和整体精神态度的转变,道家治疗性的哲学对西方人有关真理观、自我、性别认同等的反思有积极作用,对诊治西方虚无主义的顽症具有显著疗效。"

1999年诺贝尔奖得主,享有"欧元之父"称号的加裔美籍教授罗伯特·蒙代尔说:"中国人相信的是道,这种道教的思想实际上在中国的三种主要的思想流派中都存在。道是宇宙运行的方式,是自然的规律,是一种统一的和自发的行动。世界万物和每一种变化都有它内在的必然性,都是部分的协同的合作来促进一个整体。"

　　以老子为代表的道家思想对西方的文化艺术也产生了重要的影响。从俄罗斯作家托尔斯泰到美国现代派剧作家卡金·奥尼尔，都十分推崇老子的思想。奥尼尔曾在加利福尼亚建造了一座住宅并命名为"道庐"，以示他对老子思想的景仰。驰誉世界的音乐指挥大师祖宾·梅塔几十年读老子不辍，在世界各国演出的旅途中，身边都必带一本《道德经》。

　　在美国最大的购物网站亚马逊（amazon.com）的图书搜索一栏，输入 Dao、Tao、Taoist 等这些与"道"有关的英文单词，竟然会得到近 8 万个搜索结果，其中绝大多数都是英文著作。从物理学之道、科学之道，到艺术之道、两性之道、瑜伽之道，甚至还有儿童读物，道家的思想元素已融入美国人的生活和思想之中。学者路易斯·康加迪（Louis Komjathy）在书中这样写道："道家思想在美国人的认识里，已经超越了其道教的宗教背景，追随的是《道德经》的传统。因此不会对西方的主流基督教产生威胁，也更容易被西方人所接受。"

　　当然，推动道家思想在美国传播的因素很多。除了 20 世纪 60 年代后西方社会兴起的绿色环保风潮外，道家思想注重"内外双修"的实用性及它在身体保养方面的指导作用，也被看作是一种"生活的哲学"，而与气功、风水学、太极拳这些富有中国传统特色的运动紧密联系在一起。

　　作为中华民族的优秀文化遗产，老子的《道德经》及其道家文化思想，不但从古延续至今，从中国传到了国际，突破了时空和民族的界限，冲破了当代所谓"神学""哲学""科学"的范畴，而且被还原到了原始的道的领域，而和其光、同其尘。道家思想的广博性与实用性，已越来越引起世人的瞩目，使人们更加感受到它的博大精深、玄妙绝伦，从而须臾不能离。

第九节　道德之光王天下

老子文化是塑造中华民族精神的源头活水。虽然汉武帝"罢黜百家"后，居统治地位的思想一直是儒学，但道家学说却没有像其他诸子那样被冷落，自韩非《解老》之后，注释老子的著作达 3000 余家，这很能说明这部书的学术和社会价值。虽然老子距今已 2500 多年，但是他在《道德经》中所宣扬的思想，至今仍影响着现代人的方方面面。

中华文明崇尚尊道贵德。一个国家、一个民族的强盛，总是以文化兴盛为支撑的，中华民族的伟大复兴需要以中华文化发展繁荣为条件。对历史文化特别是先人传承下来的道德规范，要坚持古为今用、推陈出新，有鉴别地加以对待，有扬弃地予以继承。

2000 年来，《道德经》作为老子的思想遗产和道家的精髓，其蕴含的丰富哲理和智慧思维，一直是治国安邦的经典思想。老子文化所开启的众妙之门，使得中华民族具有独特的世界观和方法论。在治国及政治方面，老子认为"无为而治""治大国若烹小鲜"；在社会生活方面，老子提出，"千里之行，始于足下""天网恢恢，疏而不漏""信言不美，美言不信"；在个人修养方面，老子也有众多名言，如"知人者智，自知者明""上善若水""大巧若拙""大器晚成""功遂身退""不出于户，以知天下"等；在人际交往上，老子提出"抱怨以德"等观点。

很多人崇尚自然，谦下贵柔，虑事长远，随遇而安，庄敬坦泰，荣辱不惊，立足全局，视野辽阔，具有海纳百川的宽广胸襟，都是深受老子辩证思想的潜移默化而形成的。

《道德经》告诉我们："民之难治，以其智多。故以智治国者，国之贼；不以智治国，国之福。知此两者，亦稽式。常知稽式，是谓玄德。玄德深矣、远矣、与物反矣。然后乃至大顺。"在国家治理和社会管理中，要实现治道的最高境界——大顺，就必须掌握"稽式"，知道如何治理社会的最高法则。在老子看来，治理的法则一种是非道的行为，叫以智治国；一种是符合于道的行为，叫不以智治国。这两种法则在社会中极其普遍。我们能掌握治理的最高法则，就通达了"道"的玄德。

一个国家摆脱贫困落后的"亚健康"状态，从经济发展和社会生活的无序、失序走向文明有序的富足与强大，这个过程被称为治理。新儒学创立者牟宗三先生认为，"有无限的妙用才能应付这千差万别的世界，所以道家的学问以前叫'帝王之学'。要做王者师，一定要学道家。""尤其是担当大事的人需要这套学问，所以是帝王之学。"然而，大国治理，最忌折腾无度，反复无常。如何避免折腾呢？老子"天人合一"的思想理念、"道法自然"的处事原则、"无为而治"的行为方式，都是我们走向更高层次文明社会的医世良方。

"为而不争"，是老子"不以智治国"思想的重要内容。2011年，联合国秘书长潘基文在联大会议上引用《道德经》原文"天之道，利而不害；圣人之道，为而不争"章句，强调在这个面临气候变化、金融危机等全球挑战的时代，应将这种不朽的智慧应用到今天的工作中，在百家争鸣的思想中，找到行动上的统一性。

人类历史的发展不断证明，《道德经》及道家思想是真正的救世学说。老子提出："政，善治。"治道，首先要具备管理、治理、统御的功能。这就需要对"道术""道法"的学习掌握，在通达理解运用"道"的"法"和"术"后，处理问题善于抓住核心，以高瞻远瞩的战略思维去掌控全局，以有的放矢的政策法令去调整控制，使治理的机构和组织从无序走向有序。庄子在认真研究了道法儒墨名阴阳各派学说后认为，天下学问本出于一源。庄子在《天下》篇中指出，古之所谓道术者，是完备的学问，足以"配神明，醇天地，育万物，和天下，泽及百姓，明于本数，系于末度，六通四辟，小大精粗，其运无乎不在。"而"道术"概念的最早提出，那要追溯到越国复兴前期，身为相国的范蠡给勾践的国家富强提案中，就旗帜鲜明地提出了"左道右术，去末取实"的思想纲领。今天，在全球话语权争夺的时代背景下，我们将战略方向摆在第一位，这是"道"的层面。而创新理念、内容、体裁、形式、方法、手段、业态、体制、机制等，主动借助新媒体传播优势，推动自身的稳步快速发展。则属于"术"的内容设计。

其次，治道还要具备治疗、修复、修缮的功能。身为治理者，在面对纷繁复杂甚至千疮百孔的低迷形势下，要具备整理、顺理和治疗、修复能力，掌握有治理和治疗政治时局与经济困局的决策艺术、管理艺术。俄罗斯领导人梅德韦杰夫多次公开宣称：《道德经》是他处理国内事务时的重要参考。2011年12月22日，梅德韦杰夫在向俄联邦议会两院发表年度国情咨文，就国内政治体制改革、经济发展模式、民主制度建设等一系列问题阐述了观点。他在提到政治体制改革时，引用了中国古代哲学家老子的话"政善治，事善能，动善时"，表明政策要具有连续性，并根据国情和客观情况制定政策。在梅德韦杰夫看来，金融危机的产生正是源出于某些资本拥有者贪得无厌，缺乏道德。他认为，全球应当遵循中国古代伟大哲学家和思想家老子的教诲来应对世界金融危机。而道商的出现，将帮助我们重塑道德价值，正视商业伦理，促使企业家身上流淌健康、道德的血液。真正意义上的道商，不但是治贫、治贪的良贾，更是治世、医世的良医。

在道家文化素材中，黄帝有华胥之梦，庄周有化蝶之梦，今天提倡的"中国梦"其实也是建立在大量吸收中华历史文化精华的基础上。什么是中国梦呢？就是实现中华民族伟大复兴，就是中华民族近代以来最伟大的梦想。这个梦想，凝聚了几代中国人的夙愿，体现了中华民族和中国人民的整体利益，是每一个中华儿女的共同期盼。中国梦与黄老道学思想体系中的大同梦、富强梦、幸福梦、和平梦有着诸多的相似之处。老子认为："图难于其易，为大于其细。天下难事，必作于易；天下大事，必作于细。"如何才能实现中国梦呢？这需要执政者必须夙夜在公、勤勉工作，要具备"如履薄冰，如临深渊"的自觉，要有"治大国若烹小鲜"的态度，对于违背道德，脱离民心的假大空现象，我们要坚决抵制。老子告诉我们，"大丈夫居其厚，不处其薄；居其实，不处其华"。"处上而民不重，处前而民不害。"只有干在实处，才能走在前列。只有直面困难、勇往直前，实打实地稳步推进，中国梦的实现必不会太久远。

在老子的眼里，"以道莅天下，其鬼不神；非其鬼不神，其神亦不伤人。两不相伤，故德交焉。"老子之道，不但可以化胡成佛，更能贯穿东西方文化，凝聚海内外人心，调和阴阳分歧，消弭政治、战争、宗教、种族、人文等多方矛盾，在全球范围内树立起既古老又全新的"尊道贵德""济世利人"价值观。

我们深信：道德之光王天下！道家文化确实具有影响人类前进方向的积极意义。

第二章　道篇

第一节 众妙之门 大道总纲

道家之学，高深莫测，或隐或显。老子的《道德经》，作为一部博大精深的阐述真理大道的"天书"，对我国古代的三教九流、诸子百家，甚至三百六十行，都产生过深远的影响，时至今日仍然起着无可限量的作用。

但是，老子的智慧，是否真的就为社会大众所理解和领悟，并成功运用于人生万事中呢？老子在《道德经》第七十章中曾无不遗憾地说："吾言甚易知，甚易行。天下莫能知，莫能行。"即便是智慧如圣人孔子，在面对老子时也都不知该如何适从，而徒发"犹龙之叹"。这是为什么呢？真是世人的执着不悟，还是老子的故作高深呢？我们该如何理解并领悟这"玄之又玄"的《道德经》学说，而进入"众妙之门"呢？

清代薛雪曾说："不根于虚静者，即是邪术；不归于易简者，即是旁门。"大道的根本本是"至简至易"，但是世人常常执迷于小术，追崇于复杂，往往喜欢哗众取宠华而不实的所谓"秘法"，而忽略漠视事物最本质的运动规律，迷而不悟。

《道德经》总共81章5000余言，开篇第一章第一句就是：**"道，可道，非常道；名，可名，非常名。"** 智慧高深的老子，为什么会把这一句话放在开篇以开宗明义，我想意义应该是深刻的。但是，这个"道，可道，非常道"，究竟该作何理解呢？遗憾的是，翻阅遍尽市面上流传的《道德经》译本，大部分的学者都将此句解释为:"所谓道,是不可以言说的;如果能够用来解释清楚,那就不是真正的道了。"让人一开始读来,就坠入云雾之中,辗转流浪,不知所云。

试问:如果依此来解释和理解老子之"道",既然"道"是不可以言说和解释的,那么老子又何苦饶舌,以五千言而阐"道德"真意呢?既然"凡是能够用来解释清楚的就不是真正的道",那老子在此之后的所有观点阐发,包括从道的本体论、规律论、生成论、思维论、实践论的所有延伸,及此后2500年来的千家注老,又何必多此一举呢?这里面,肯定有大玄机、大伏笔。或者说,从我们接触老子学说开始,就顺着前人注解者所谓的"一贯正确"思路,误读了老子的智慧。顺着这个解读下去,即使有所得,也仅仅是得到老子智慧的皮毛,而根本难以窥其堂奥。

"道,可道,非常道"。其实这句话,应该是深刻领悟老子道学的"大道总纲""玄妙之门"。如果我们能够把这句话中蕴含的道理弄明白,就会顿时云散雾消,获得道学的真知灼见,从而执一通万,一理通百理通,天下无理不通。假如我们在这个进入老子道学的"山门"处,就被老子故意布下的"八卦阵"所惑,不得明师指引,误入旁门邪路,则有可能终生观道如见神龙,不知其首尾,难同其变化了。因为老子早就看穿了大多数世人往往总是自以为是,执着于自己小的聪明技巧。

所以,在进入老子真正的智慧思想前,我们有必要以"绝圣弃智""虚心弱志"的若水心态,摒弃自己对《道德经》的陈见旧识。因为有可能你此前掌握的对"道,可道,非常道"的理解都是不完全正确的,虽然所有的权威专家都在如此解读,但老子早就说了——"言者不知"。

在道商体系中,对于"道,可道,非常道"的理解和诠释,其实是有着另外一番与众不同的独特说"道"的,这就是:"道,可道,非常道。"这六字也可以概括为道商三易——**不易、变易、交易**。我们要成为一名拥有"道学思想与精神"和掌握"道学规律与力量"的智慧商人,必须深刻理解和真实领悟"三易"。

不易:即"道"。它是宇宙万事万物不变的根本性质,是先天地而生的具有终极意义的真实存在;它是客观世界的真相、变化的源头,具有"独立而不改"的永恒的、固定的、不变的本性。

变易： 即"可道"。它是人与事物在形态或状态上产生的新的变化。《易·乾》曰："乾道变化，各正性命。"变是渐变、量变的意思，当旧事物由小到大发展到盛极的过程，也就是"变"的过程。易，亦为"化"，是渐变之后的质变与改观，也就是新事物产生的过程。

老子是中国历史上第一位哲学家和思想家，他在发现和揭示出"道"的"不易"的规律后，又针对道的"不易"提出了他带有辩证思维的反对观点——"可道"？是不是整个世界和事物都不会产生任何变化迁移呢？肯定不是。这个世界唯一不变的真理其实就是变化。老子通过观天之道与执古之道，看到了一切事物都是在川流不息的变化中，相互激荡、相互制约，既相反又相成，还相返。

道者，与时迁移，应物变化。老子通过"可道"的反问，督促和激发求道者对于原本"不易"的"道"进行深思与反思。一个"可道"，揭示出了先天的"道"在后天的客观环境中，其实是时时刻刻都在酝酿和产生新的"变化"与"易变"的。恩格斯认为："呈现在我们眼前的，是一幅由种种联系和相互作用无穷无尽地交织起来的画面，其中没有任何东西是不动的和不变的，而是一切都在运动、变化、产生和消失。"变易决定着发展，万事万物都在变易之中，这个道的变易转化与发展运动，其实是有章可循、有法可依，"周行而不殆"的。变易是矛盾的主体，是运动的轨迹，是明中之晦，是危中之机，是结果的原因，是创新的演变，是思维的终极目的，是世界的结局。

交易： 即"非常道"。它是阴阳有无的对流交换所导致的人与事、物的结局。所谓"非常道"，即不是最原始本真的"道"，已非真正意义上的"道"了。事物一旦在发展运动中产生出"由本到末""由表及里""由小到大""由弱到强""由一到万"的各种变易，最后"不易"也就被"交易"所替代和覆盖。正如老子所说，"智慧出，有大伪"。"道"也顺理成章地成了变质、变味的"非常道"。

所以，我们在读到《道德经》中其他章节时，就会发现为什么老子总是反对智慧、反对圣人、反对仁义、反对有为……老子反对智慧，并不是他反对智慧本身，只是因为有了智慧（道），就会产生变易而出现"大伪"（非常道）。老子反对圣人，也并不是反对圣人本身（道），只是因为圣人不死，就会"大盗不止"，一切欺世盗名之徒就会借助于圣人的名义行肮脏之事（非常道）。老子反对仁义，也并不是反对仁义本身（道），只因为仁义一出，就会产生变易，从而滋生虚假道德

（非常道）。老子反对有为，也并不是反对有为本身（道），而是因为在追求有为的过程中，就会很容易偏离有为的本身而产生妄为与乱为（非常道）。

大智大慧的老子，在《道德经》的开篇第一句，仅仅用了六个字——"道，可道，非常道"，就高度宏观正确无误地概括揭示了宇宙万物（时、空、天、地、人、文、事、物、灵）大自然的总规律、总法则、总纲要。

道不同，难为谋。在时空的变化交流中，因循天时、因地制宜是我们不断获得成功的指导思想。时变世变，我们唯一要做的就是与变化同变，而千万不能墨守成规，盲目照搬，错拿他人、他国的成功经验当真经法宝。

《列子·说符》篇讲了一则故事，他通过施氏、孟氏两家子弟求仕的不同结果说明了"道，可道，非常道"的微妙智慧。事物在变化，人的对策也应作出相应变化；否则，即使知识渊博、才智超人，也会遭受挫折或失败。

鲁国的施氏有两个儿子，其中一个爱好学术，另一个爱好兵法。爱好学术的儿子用文学之道去求得齐侯任用，齐侯接纳了他，让他做诸位公子的老师。爱好兵法的儿子到了楚国，用以武强国的方法向楚王求职，楚王非常喜欢他，让他担任军正之职。他们的俸禄让他们家里发了财，他们的爵位使他们的亲族显耀。

施氏的邻居孟氏，同样有两个儿子，他们所学的也和施氏的儿子相同，但却被贫困的生活弄得非常窘迫，对施家的富有很羡慕，因此便跟随施氏请教升官发财的窍门。施氏的两个儿子把实情告诉了孟氏。孟氏的儿子便一个跑到秦国去，以学术去向秦王寻求官职，秦王说："如今各诸侯国靠武力争霸，他们所努力从事的是练兵和聚粮罢了。如果用仁义道德来治理我们的国家，这是亡国之道。"结果将他处以宫刑，驱逐出境。孟氏的另一个儿子跑到卫国，用兵法来求得卫侯任用，卫侯说："我的国家是个弱小的国家，而又夹在大国中间。对于大国我们只有侍奉它，对于小国我们则安抚它，这才是求得平安的策略。如果依靠用兵的权谋，灭亡的日子也就不远了。如果让你好好地回去，你跑到别的国家去，对我的后患可不小。"于是将孟氏的这个儿子砍了脚再送回鲁国。

孟氏的两个儿子回来后，孟氏父子都跑到施氏家里捶着胸来责骂施氏。

施氏说："凡事抓住了时机便会发达，错过机会便会招致灭亡。你们的学业和我们相同，但结果大不一样，这是因为你们运用不合时宜，不是你们的行为有什么错误。况且天下的事理没有总是这样的，也没有总不是这样的。以前采用的东西，现在有的已经抛弃了；现在丢弃的东西，后世可能又会加以使用。这种用与不用，是没有一定的。抓住时机，见机行事，灵活地处理问题，才算聪明。如果你智力不够，即使像孔丘那样渊博，像吕尚那样富有谋术，又怎么能不处处碰壁呢？"

孟氏父子听了，心情开朗，消除了怒气，说："我们懂了，你不必再讲了。"

在经营管理中，我们也要学会在"变易"中谋求治理方案。

在中国历史上的三国时期，当刘备集团入蜀之初，法正就曾劝诸葛亮要学习"高祖入关，约法三章""缓刑驰禁，以慰其望"，即应先施恩惠，放宽刑罚，以收人心。在法正看来，这就是治理之"道"。但诸葛亮通过对蜀地形势的深入分析，却得出了与法正相反的结论。他在著名的《答法正书》中指出，刘备入蜀与当年高祖入咸阳所面临的是两种完全不同的时代背景。秦朝政苛，高祖法宽，故能顺应人民的意愿，从而促进国家的安定和生产的发展。但蜀中的原统治者刘璋原本就暗弱，以致形成了德政不举、威刑不肃，蜀中豪强专权自恣的散漫局面，如再对他们一味施行恩惠，只会纵容姑息，促使其气焰越来越烈，不晓得什么是君臣之道了。对此，只能以"威之以法""限之以爵"的"非常道"，来顺应时势的变易，这样才能使人们感到恩惠之不易、禄位之可贵，从而令上下有节、人人守法，以达到社会安定、国家大治之目的，复归于"道"。

因此，诸葛亮对蜀中反叛势力的镇压毫不手软，对一些违纪官员的处理也十分果断。而蜀国经过诸葛亮这样一番严刑峻法治理之后，不但没有发生动乱，反而出现了"吏不容奸，人怀自厉，道不拾遗，强不侵弱，风化肃然"（陈寿语）的社会景象。而对诸葛亮本人，也是"邦域之内，咸畏而爱之，刑政虽峻而无怨者"。

"是"，可以说"是"，但不是不变的"是"，商业社会的尔虞我诈口蜜腹剑，管理系统的阳奉阴违欺上瞒下，这种"非常是"，太多了。"好"，可以说是"好"，但不是不变的"好"，今天我们沾沾自喜的各种核心理论领先学说，项目资源技术优势，有可能瞬息之间就会在变局中遭遇淘汰和替换。"财富"，可以说是"财富"，但不是不变的"财富"，古往今来多少富豪巨商：金玉满堂，莫之能守，人在天堂，钱在银行。所以，为道商者，在于顺应时势、适应变化、掌握规律，勿贪勿执，从而正视财富、驾驭财富、超脱财富，最终获得流芳百世而不去的"大财富"，完成由财奴、财迷到财主、财神的转化，这才是正道。

道书上说:"一言半句便通玄,何须丹经千万卷;人若不为形所累,眼前便是大罗天。""道,可道,非常道",这么浅显而又朴素的辩证法真理,只可惜世上没有几个人真正知道,不能很好去参悟,却偏执于"不可说,说出即非道"的玄虚之中,迷而不悟。难怪老子会摇头感慨"知我者稀"。而我们一旦懂得了老子道学的**"不易——变易——交易"**规律,就会获得"万物之奥""善人之宝"。所以,老子在《道德经》第六十二章指出:"故立天子,置三公,虽有拱璧以先驷马,不如坐进此道。"

因为,掌握和拥有真理,才是我们获得长久性成功的无价之宝!

第二节　通玄之要　静观玄览

老子学说的核心是"道"。"道"是超时空的永恒存在，是天地万物的根源，整个世界万事万物都是从"道"派生出来的。那么，我们该如何才能认识到老子的"道"，并且掌握道的变化规律，最后复归于自然，与道齐一呢？

作为人类辩证思维的鼻祖，老子是可与苏格拉底、柏拉图比肩的哲学之父。老子认为要认识事物，必须根据事物的本来面貌，不能有任何附加，这个思想正好与恩格斯的观点类似。恩格斯说，**"唯物论的自然观不过是对自然界本来面目的朴素的了解，不附加以任何外来的成分"**（《自然辩证法》）。而老子对"道"的认识方法就是通过"静观""玄览"，最后达到"玄同"的境界。

历代道教的宗教活动场所都叫作观，而不叫作寺或庙，其实这是很有意义的。一部《道德经》开宗明义："无，名天地之始；有，名万物之母。故常无欲以观其妙，常有欲以观其徼。""观"字的原意是"看"，写法是"见"与"雚"合成的，见表示"看见"，"雚"原来是一只鸟的象形，可能是苍鹭，因此"观"就是观察鸟的飞行的形态，以测吉凶的意思。在《周易·系辞》就曾记载，圣人"仰则观象于天，俯则观法于地，观鸟兽之文与地之宜，近取诸身，远取诸物，于是始作八卦"。道家讲解的是"圣王之道"，所以不但善于对自然之天道进行"观测"，同时也善于从社会之人道进行"观察"。老子在《道德经》第五十四章中说，"**以身观**

身,以家观家,以乡观乡,以天下观天下"。就是说,认识一身,必须从一身来观察、了解,认识一家、一国以至天下,都不能离开这个原则。

要想真正地认识自己和天地,需要一种反观内省的大智慧。据说,当年孔子虽有弟子三千,但是他到五十一岁时仍然感觉自己未闻"大道",于是率弟子南下拜见老子。老子问他:"你得'道'了吗?"孔子摇了摇头,说:"还没有。"老子问:"你向何处寻求至道,又用何种方法去寻求呢?"孔子说:"我从数术来寻求,花费了五年的时间,没有得'道';又从阴阳来寻求,用了十二年的时间,仍未求得。"

听罢孔子的一番话,老子深有感触地说:"这就对了。'道'是无影无形、无踪无迹的,它不像有形的财宝,可以凭借各种有形的手段搜寻出来。如果'道'像有形的财宝可以奉献的话,人们都会将'道'奉献给君王,邀功请赏;如果'道'是可以用来进奉的话,人们都会将'道'进奉给自己的双亲;如果道是可以告知的话,人们都会将'道'告知于自己的兄弟;如果'道'是可以用来赠予的话,人们都会将它赠予自己的子孙。但这只是假设,不可能实现的。'道'是只可意会、不可言传的,所以体道的关键在于你内心有没有悟性。如果没有悟性,即使听圣人讲道,也如过耳之风,不能存留在心中。悟性之外,还要与外界相印证。心中有了悟性,得不到外界的响应,圣人不会将道告诉旁人;如果某人心中没有悟性,只是从外面听到一些表面知识,圣人也不会传道于他的。"

老子在这次与孔子探讨求道的方法时,提出了一个"中无主而不止,外无正而不行",内外结合方能体道的问题。即既要有"道心",有悟性,又要与外界的环境相印证,这样的人才能寻到至道。

作为普通人,我们很难认识自己,因为老子认为"五色令人目盲,五音令人耳聋,五味令人口爽,驰骋畋猎令人心发狂,难得之货令人行妨"。在这里,"五色""五音""五味""驰骋畋猎""难得之货"成了戕害"目""耳""口""心""行"的祸害,杂多的现象世界变为自由和天性的障碍。我们只有通过塞兑闭门,"静观""玄览",才能避免各种自身障碍,不受私心物欲的遮蔽,领悟了解自己的全貌,发现自己的本真,最后获得"不出户,知天下"的玄智。

该如何"静观"呢?老子在《道德经》中说:"致虚极、守静笃、万物并作、吾以观复、夫物芸芸,各复归其根。归根曰静、是谓复命、复命曰常、知常曰明、不知常，妄作凶。"要想得"道"，必须在万有世界纷繁复杂的变化中，把握其"不变"的原则、规律——道，也叫"常""母"。作为认知主体的人把握了事物的规律，掌握了事物的"道"，就能根据具体的自然本性随圆就曲，"图难于其易；为大于其细"。以成就人生事业，而不是肆意妄为，适得其反。

老子通过"静观"，看到了道的"不易"与万物齐一的本质。道与万事万物俱往而不还，物或隳或成，而道依然不变。这就是在纷纷扰扰现象世界背后永恒不变的平静。道有盈虚，但本身既不盈也不虚；道有衰杀，但本身既不衰也不杀；道有本末，但本身既非本也非末；道有积散，但本身既不积也不散。而庄子则继承了老子这个观点，他认为"故曰通天下一气耳，圣人故贵一"。在庄子看来，"道"就是一，即一个整体，"其分也，成也；其成也，毁也。凡物，无成与毁，复通为一"。道家通过静观，达到消除自我认识的局限性与知识的片面性，从而接近真正的自然与真理。

道家认为，心灵的虚寂状态最容易引起智慧思维。而几乎所有的中国哲学流派都认为，对于本体的"道""无""太极""仁""诚"，不能依靠语言、概念、逻辑推理、认知方法，而只能靠感官、直觉、顿悟加以把握。因此，人们要尽可能地摆脱欲望、烦恼的困扰，保持心境的平和、宁静，要获得人生智慧的真实呈现，都离不开静思冥想的"静观"。宋人程颢有诗云："万物静观皆自得"，而苏轼对于老子的静观也有着极深的体验，他对静观颇多妙论，除"静故了群动，空故纳万境"外，还有"处静而观动，则万物之情毕陈于前"（《朝辞赴定州论事状》），"居默处，而观万物之变，尽其自然之理"（《上曾丞相书》）。

道家认识自然，不但通过"静观"来认识道的不易，获得"感而遂通"的唯心认识，还善于通过"玄览"来认识道的变易，而了解变化、顺应变化。老子说："大曰逝，逝曰远，远曰反。"宇宙是逝逝不已、无穷往复的历程。庄子云："万化而未始有极也。"自然万物，一切都在变动流转之中，无一刻停息。而变化是普遍的，是没有终极的。认识个别、具体事物，老子认为可以通过和它相关的概念（名），但认识最终目的是在于认识世界发生变化的总规律，即"道"，就不能用一般的方法。一般事物可以通过学习，日积月累，耳闻目见，去增加知识，即老子说的"为学日益"；如果要认识事物最高的原理，则必须从复杂多样的耳闻目睹的感觉经验中解脱出来，要站得更高，才能看得更远。

老子主张"涤除玄览"。"涤除"即否定、排开杂念，挣脱知识、教条的系缚；"览"同样有观的意思。而为什么叫"玄览"呢？这个"玄"字，一方面可以理解为"深远""深入"，即思维要有深度和广度；另一方面"玄"还通"旋"，表示一种旋转、变化的状态。老子的意思是，我们认识总规律和认识一般事物的方法应该不同，不但要通过"静观"向心灵深处悟道，获得灵感和智慧，更要掌握事物变易的规律，与变同变。所以，即使在"静观"中，老子也没有让人如一潭死水般地脱离事物的变化规律去"观"，而是要求面对"万物并作"的现象世界时，要做到"吾以观其复"，看透事物的循环变化规律。

道家尤其对循环的现象感兴趣，如四季的往复和生死的交替，以及宇宙和生物现象中一切周而复始的变化。由于道家醉心于对自然的研究，所以他们经常被变化的问题所困扰。按照现代的中文，"变"意谓逐渐的变化，变形或化生；而"化"是骤然的，以及内在的改变或变质。变可以指天气的变化、昆虫的化生，或人的个性渐渐地变化；化可以指溶化、熔化或融化等，也指内在的腐化。变多指形之改变，化多指质之变化。在道家看来，道"无弃于人""无弃于物"，无论是多么肮脏、多么可厌，甚至微不足道的东西都在道家"玄览"的研究领域之内。譬如看起来毫无价值的矿物，野生的植物，动物，人体各部和人类的产品等——也在道家研究的范围之内。

通过对自然现象和社会现象的"玄览"，老子看到"道"的一个最突出的特性就是"反"。如《道德经》第四十章说"反者道之动"，即事物发展到一定极点后就会走向反面，所以在得道后，我们就要善用"反"这一规律，实现"道"用。老子在《道德经》第五十八章还说："祸兮福之所倚，福兮祸之所伏，孰知其极？其无正也。正复为奇，善复为妖，人之迷其日固久……""道"的这些变易的规律和法则，既相反又相成。到最后老子得出一个结论，在纷争杂乱的"有为"社会中要"持盈""保泰"，既要保持现有事物的稳定状态，不致发展得过头而走向反面，又要善于在可控制的范围内容纳对立面的存在。

在老子的认识论中，既体现了重视向心灵深处寻求和开发智慧的代表唯心主义的"静观"，又不失掌握和顺应事物变化运动规律的充满辩证唯物主义的"玄览"（通玄达变）。难怪美国物理学家卡普拉会说：**"道家提供了最深刻并且最完美的生态智慧。"** 日本诺贝尔奖获得者、科学家汤川秀树告诉我们：**"老子似乎用惊人的洞察力看透个体的人和整个人类的最终命运。"**

第三节　进退之径　证道程序

　　《道德经》第五十三章说："使我介然有知，行于大道，唯施是畏。"通过对"道，可道，非常道"这个大道总纲的认识，我们掌握了"不易——变易——交易"的规律，懂得了"静观""玄览"的认识方法，于是就具备了真知灼见，在踏上真理的大道上，我将谨小慎微，避免误入歧途邪路。

　　自古以来，"求道者成千上万，得道者寥寥无几"。在求道的过程中为何如此艰辛，究竟有哪些歧途邪路存在呢？智慧的老子又一次抓住了主要矛盾，一针见血地指出——"大道甚夷，而民好径"。本来大道十分平坦和简捷，遗憾的是世人偏偏都喜好耍小聪明、善于卖弄小智慧，宁愿放弃平坦的正道，而追求曲径小路。所谓"世人好小术，不审道深浅"，正是此理。

　　明白了大道总纲和通玄之要，就好比已经看见了大道殿堂内的无价珍宝，和知道可以采用什么方法去亲近大道。但是，我们该通过什么样的步骤，需要跨越几步台阶，才能登堂入室，步入大道的堂奥呢？在《道德经》中，同样存在着一个贯穿道家思想全旨的"三步走"法则。那就是：

　　"有为——无为——无不为"；

　　"有争——无争——无不争"；

　　"有私——无私——成其私"；

"有法——无法——无无法";

"有用——无用——无无用";

"自然——逆自然——大自然"。

……

在老子《道德经》一书中，曾多次提到"无为"。例如："是以圣人居无为之事，行不言之教""为无为，则无不治""道常无为，而无不为""是以圣人不行而知，不见而明，不为而成"。老子也多次提到"不争"。例如："夫唯不争，故无尤""善战者不怒，善胜敌者不争""夫唯不争，故天下莫能与之争""天之道，利而不害；圣人之道，为而不争"。

老子"无为"，难道是真的劝人要无所作为吗？老子"不争"，难道是真的要人放弃"争取"吗？历史上某些对老子学说一知半解的所谓"学者"，断章取义地抓住了老子劝人"无为"和"不争"的论言，肆意地指责并攻击老子和道家学说"消极""倒退"，实在是非常无知和可笑。

太史公在《史记·老子列传》中曾一言道出，"老子，隐君子也"。司马迁笔下的老子，"其学以自隐无名为务"。老子，不但其历史人生处于半隐半显，让人深感扑朔迷离的状态，在其著作《道德经》中，更是善于隐其真实思想，而"非以明民，将以愚之"，用隐晦之言而示愚，让人在品读间而多思悟。

老子在《道德经》中仅谈"无为"的妙处，因为无为可以通向无不为。但是，老子却隐藏了无为的前提避而不谈，这个无为的前提就是有为。老子谈到"不争"，并非叫人真正不争，因为"夫唯不争，故天下莫能与之争"，不争是为了更好地争。但是，老子在"不争"这个概念上也隐藏和省略了一个前提，那就是"有争"。

为什么老子要省略和隐藏这个"有为""有争"的前提呢？原来，老子学说本来就是"君人南面之术"，他针对的对象并非普通大众，而是"侯王"和"圣人"这些拥有特殊身份的成功人士。因为老子在《道德经》中多次提到："侯王若能守之，万物将自宾""侯王若能守，万物将自化""侯王得一以为天下贞"；或"是以圣人无为故无败，无执故无失""是以圣人为而不恃，功成而不居""是以圣人去甚、去奢、去泰"……

对于"侯王"和"圣人"而言，他们已经"为"过了，也"争"过了，根据道的循环规律，如果此时不知节制和转换，就很可能招来失败。因为有无相生，高下相盈，祸福相随，成败相连。但是对于普通人来说，你连"有为""有争"都没有经历，连人生第一步都没有跨出，有什么资格去奢谈"无为"和"不争"呢？所以，老子讲"无为"，讲"不争"，是有客观前提存在的，而这个客观前提，却往往被我们的解读者所忽视。

要想进入老子"无为"的道德真意，必须先经历"有为"的考验。这个"有为"的阶段，正如孟子在《孟子·告子下》中所言说的那样："天将降大任于斯人也，必先苦其心志，劳其筋骨，饿其体肤，空乏其身，行拂乱其所为。"道家认为，一个胸怀大志的可塑之才，要想获得人生的成功，得到他理想中的"道"，必须历经许多的苦难、险阻、磨难、考验，甚至要忍受非人的摧残，才能蜕去"凡骨俗胎"而成真。

道书上讲"有志则有磨"，尤其对有雄心大志的人而言，更是如此。从前，舜的神经病父亲把他困在了井里想要害死他；伊尹是个背鼎做饭的厨师，他在向成汤讲做饭技巧时才受到重用；傅说是个打土墙的奴隶；管仲曾经被齐桓公囚禁；百里奚曾经给人喂过牛；孔子曾经被困于陈、蔡两个诸侯国……这些被我们所称道的大人物，哪一个不曾经历苦难呢？孔子常年在外周游列国讲学，家里的烟囱都没有变黑的时候；而墨子家的坐席同样没有变暖的时候。所以，求道之人，"九魔（磨）十难，愈磨愈进，若逐萌退志，则此身休向今生度矣"。这个经历磨难的过程，就是"有为"的阶段。

如何做到"无为"呢？老子的"无为"是以道法自然为哲学基础，含有"因循自然"的意思。我们在"有为"的同时，不能依仗一己之见而贸然作为，必须把人的作为与"任自然"结合起来，顺应规律、等待时机。在接受天将降大任以"考验"的同时，如果能够"动心忍性"，则"曾益其所不能"。

当年智谋之祖姜太公，半生寒微，择主不遇，飘游不定，但他却能动心忍性，观察风云，在"无为"中等待时机。果然，上天不负有心人，太公在八十高龄而终遇明主，辅佐姬昌，以求兴周。后来武王伐纣，尊姜太公为军师，牧野大战，灭商盛周，立了首功，分封行赏时，被封为齐国君主。史称："太公至国，修政，因其俗，简其礼，通商工之业，便鱼盐之利，而人民多归齐，齐为大国。"（《史记·齐太公世家》），由于姜太公治国有方，创建了泱泱大国，由此奠定了齐国霸业的基础。试想，武略超群的姜太公如果没有"直钩钓渭水之鱼"的"无为"，又哪里会有最后分封天下为君为王的"无不为"呢？

万丈高楼平地起，我们要想进入老子"无为"的道德真意，必须先经历"有为"的过程；我们要成为"圣人不积""良贾若虚"的道商，也只有像范蠡父子一样，凭借着"苦力勤身"的辛勤劳动与艰苦创业，甚至还要面临"天降大任"所附加的诸多苦难、险阻考验后，才能渐达财富的积累而功成名就，富甲天下。最后，财散天下，道济苍生，蜕去"凡骨俗胎"而逍遥五湖，名成道商。

老子讲"不争"，其前提是已经"有争"过了，而"不争"的最终目的，是"天下莫能与之争"，其深意乃是不争今日之利而争万世，不争当前之利而争天下。当年，楚汉相争，张良、萧何与韩信，共同辅佐刘邦夺取天下。有一次，当刘邦被项羽围困在荥阳，韩信在东边打下了齐国后，不但不来增援，反而派人来向刘邦提出要求，希望同意他自立为"假齐王"。面对韩信"争"的无礼要求，刘邦当即大怒，想马上派兵去攻打韩信。这个时候，身为谋士的张良在桌子底下踢了刘邦一脚，用眼神告诉刘邦，在这危急关头，不如就同意韩信立为假齐王，稳住他，以防小不忍生大变。这一脚下来，刘邦马上领悟到了"不争"的智慧，立刻改口骂道："他韩信大丈夫南征北战，出生入死，要做就做个真王，哪有做假王之理，封他为齐王！"立刻派张良带上印信，前往齐国，封韩信为齐王。刘邦通过"不争"，有效地稳定了军心，控制了复杂局势，使韩信断了非分之想而帮助其大争天下，最后"天下莫能与之争"，而成千古一帝。

道家贵生，重视生命与个体。老子讲"无私"，并不是要让人彻底断绝私心欲望，而是劝告世人不要贪图眼前的"小"私，只有着眼于大局长远，才能"成其私"。因为有舍就有得，无执故无失，如果一味执着于眼前蝇头私利，则必将"为者败之，执者失之"，反而丧失了成其私的基础。

老子也讲"道法自然"，这个"法自然"的道，应该是老子所推崇的最高意义的"道"，而所法的"自然"，也是真正的和谐的"大自然"。世俗之人忙忙碌碌，不知大道法则而盲从听命于自然，生长壮老死，谁也无法避免和扭转，虽然名曰"自然"，可惜并没有得到"自然"之机，难以超出数理，获得对人生和命运的主控性。所以，真正的得道之人，必须在尊重"自然"的前提下，以"反者道之动""弱者道之用"的规律去进行颠倒逆施，最终由人道而见天道，扭转乾坤，入于造化，而成大"自然"，与天地同其寿。

如果我们能够秉持"三步走"的法则，来规划自己的人生，循道而进，就能避免歪路、邪路，而直入大道门庭，得到这万物之奥、万珍之宝、万尊之贵的大成功之"道"。所以，老子说："圣人被褐而怀玉。"（《道德经·第七十章》）你别看圣人身披粗麻衣服，人很平常，怀中却藏有宝玉，心不平常啊！就好像道家的大宗师庄子，虽然一生寂寞"无为"，穷困潦倒，但他却用他的大道，帮助世人超脱俗世的纷扰与限制，使人的精神世界得到彻底解放，而"为"之于千古，影响千古。

第四节　天地之始　无极图说

关于道的本原，在中国的诸子百家中，其他学派并没有加以探究，但道家却做了深入的探索。老子是生成论者，他对宇宙的生成过程有一个"道生一，一生二，二生三，三生万物"的摹状素描。即道生出元气，元气又生出阴阳二气，阴阳二气相互交合又生出天地人，最后天地人又生出了万物。

我是谁？我从哪里来？我要到哪里去？这是西方哲学家苦苦冥思的人生终极问题。道家认为，万事万物都是由"道"演化而生的，有了"道"，就有了世界的原始统一体。在老子看来，"道"是宇宙万物大自然的总规律、总根据，万事万物都是由"道"演化而生的。老子的这套生成论体系，从根本上否定了上天在自然界的最高主宰和神的权威，而把万物化生看成自然过程，并且在中国哲学史上第一个摆脱了宗教和神话的束缚，从哲学的角度思考世界起源问题和存在问题。

道家认为，有形的事物是从无形的事物产生出来的，那么有形的天地万物是怎样演变产生的呢？列子告诉我们："昔者圣人因阴阳以统天地。夫有形者生于无形，则天地安从生？故曰：有太易，有太初，有太始，有太素……清轻者上为天，浊重者下为地，冲和气者为人；故天地含精，万物化生。"天地万物的产生过程，历经**"太易——太初——太始——太素"**四个阶段，形成"浑沦"，再从视之不见、听之不闻、循之不得的"易"衍变为有形的"一"。一是形状变化的开始，清轻之气上浮成为天，浊重之气下沉成为地，中和之气便成为人，所以天地蕴含着精华，万物由此变化而生。

庄子同老子一样，也以"道"作为天地万物的本原，但他在宇宙生成论中又有所发挥，对道的性质和作用表述得更加明确。"有先天地生者物耶？物物者非物。**物出，不得先物也，犹其有物也。犹其有物也，无已**"（《庄子·知北游》）。就是说，有形的万物乃至五行之实，阴阳之气，都摆脱不了具体实物性，都还是"不得先物"而存在的有限之物。只有使万物成为万物（物物者）的那个"非物"的绝对——道，才能先于物而存在并成为万物的本根。所以，庄子得出的宇宙生成模式是"非物"——天地——万物。由于"万物出乎无有，有不能以有为有，必出乎无有"（《庄子·庚桑楚》），所以宇宙生成模式又可以表述为**"无——有——万物"**。可见，庄子的这种认识和老子"道"的本义是一脉相承的，只不过论述更加形象化和逻辑化。

庄子之后，西汉时期著名思想家，隐士严君平在老子"道生一，一生二，二生三，三生万物"的生成思想下，又构建了一幅他独创的宇宙生成图式**"道——德——神明——太和——形（万物）"**。在这个图式中，"道"为演化的第一阶段，它是虚之又虚的，即绝对的虚无。而宇宙演化的第二阶段就是"德"，它的特点是"虚而实，无而有"，也就是说德对于道来说不是绝对的虚无，它处在无与有之间，对道来说它是有，对神明来说它是无。宇宙演化的第三阶段是"神明"，它是阴阳对立的潜在阶段。宇宙演化的第四阶段是太和，它是无形的气的阶段，由气再进行演化，就形成了天地万物。在严君平的宇宙生成图式中，德即相当于老子的一，神明相当于二，太和相当于三，由三而生万物（形）。

在当代，谢先铭、李海波二位道学学者，根据老子《道德经》"无，名天地之始；有，名万物之母"，"天下万物生于有，有生于无"，"有无之相生"及"道生一，一生二，二生三，三生万物"的道生万物、万物复归于道的相关描述，整理得出一套全新的大道生成模式，即**"无极图——有极图——太极图——中极图——真一图——大成图"**。这套大道生成模式图在"道商体系"中，也叫"六图思维模式"。

在他们看来：大"道"不生不灭，无来无去、无始无终，就是"无极图"，也表示"不易"的道。而"有极图"则是将人心作用于"道"，这个人心之道就有了是非对错的标准,"道"就发生了"交易",变成了"非常道",非常道可以看作是"一"。有无相生,天下万事万物因为有了人"心"而变化,于是一切都呈现出"太极图"的变易状态,这个太极图,就是"可道",也就是"二"。一切两元两极的事物,都会在发展变化中,产生冲和而达到暂时的平衡状态,在平衡状态中孕育新的能量再进行"变易",而代表冲和与平衡的"中极图"就可以表示为"三"。所有的圣贤王者,都是在知阳守阴、出有入无的变易中,返本归元,道德合一而悟道、得道,这个所得之"道"就是真一图。唯有得道的圣王,才可以"三生万物",实现大成。所以,"大成图"也就是万物图。

在**"无极图——有极图——太极图——中极图——真一图——大成图"**的思维模式中,"无极图"代表真正的无为,即一无所有。"有极图"代表有为,但是因为未有悟道,在"太极图"的作用下,这个有为的阶段,更多的属于妄为。经历成败祸福的磨砺后,人开始悟道向"中极图"求玄,褪去了粗暴和野蛮的"有为"而变得更加圆融柔顺,这个过程,我们就把它叫作"无为",所以"中极图"更多体现的是妥协之道。通过妥协,达到和谐,和谐就是"真一图"。最后,立足于和谐,执"两"用"中",则实现人生大成,达到"无为而无所不为"的大境界,以"一"而通"万"。

谢先铭、李海波二位学者的这套大道生成模式图,从纯哲学概念的圈子走出,将道与人生完美结合并加以诠释,饱含着黄老道学因循自然、道用天下的富有指导性的实践论真知。

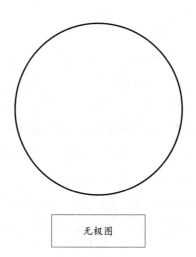

无极图

老子说:"天下万物生于有,有生于无。"所以,在道的生成演化中,"无",名为天地之始。那什么是"无极图"呢?无者没有,极者极限,没有到了极点,用图象表示就是"〇",用名称强名则是无极图。

无极之境,为虚无之道体,玄灵之气形,宇宙万物之起源,天地自然之始祖,也就是虚空、虚无、道。因为"道本无也,以有言者非道也;道本虚也,以实言者非道也"。大道本无,但是为了传播的方便,不得不"强名"为无极图。所以,无极图也可以看作是:道德之母、天地之始;谋略之祖、数术之宗;万物之根、生命之本;有为之先、无为之初;入圣之径、机关之窍;造化之源、众妙之门……

老子在《道德经》第二十五章说:"有物混成,先天地生。寂兮寥兮,独立而不改,周行而不殆,可以为天下母。吾不知其名,字之曰道,强为之名曰大。"道书《灵宝毕法》上说:"道不分之则无数,无数道之源也;道不变之则无象,无象道之本也;道不列之则无位,无位道之真也;道不散之则无质,无质道之妙也。大道无形,大道无名。"大道虽然无形,却生育天地;大道虽然无名,却长养万物;大道虽然无情,却运行日月。这个先天地而生的"无极图",就像母体的子宫一样,是个母性图,在这个"无"中孕育着最大的"有"。

无极图,一切皆无。这个无,是站在一个长久的、全局的、整体的智慧高度来看待的,因为宇宙万物本如"一"。无极图代表一种整体观,是对世界和事物科学的、整体的、客观的、公正的、正确的认识。一切与无极图背离的认识,其正确性都是片面的、太极的、相对的、个别的、局部的、微观的、有限的,都会随着时间和空间的变易而转化。

无极图,无对错之分。"天行有常,不为尧存,不为桀亡""窃钩者诛,窃国者侯"。偷一个钩子,就是小偷,就要受到惩罚。而赵匡胤易周为宋,却贵为太祖。谁对谁错?谁是谁非呢?"无极图"不回避一切,不批判一切,却包容和生发一切。只有当一切遵循于道、顺应于道、不离于道,我们的事业才会长久,所以真正的"上德"在世人眼中,都是近似于"无德",而那些看起来"不失德"的人,殊不知在执着于"道德"这个概念本身的同时,已经背离和失去了"道德"的真意。

无极图,无大小之分。在《庄子》一书中,曾记载了这样一个寓言故事:宋国有个善于制作防止冻疮药的人,世世代代以漂絮为业。有一个外乡人听说了这件事，愿意用百两黄金买下药的配方。他召集全族人共同商量："我们世世代代漂絮，也得不到几两金子，现在把药方卖给他就可以得到百两金子，就卖给他吧。"于是外乡客就得到了这个药方，便去游说吴王。越国对吴国用兵，吴王就派他去率领军队。冬天，与越人进行水战，吴国军队用这种药事先预防了冻疮，把越国的军队打得大败，最后这个献药方的人得到了吴王划封的一块赏地。能使手不生冻疮的药方是一样的，有人用这个药方得到了封地，有人拥有药方却还是不免于漂絮。大用？小用？在于以道心识别而得妙用。

无极图，也没有敌我之分。人要求利，这是有极图。熙熙攘攘，利来利往，大家都是一个有极图，都想努力地寻求自己的利益点，都在挤破脑袋进入核心利益圈。求利就有竞争者，就有敌我之分。如果我们能进入无极图的思维观，以"后其身""外其身"的心态进行整体观，就可以发现：原来，在求利上，只有永恒的利益（道），却没有永恒的朋友，也没有永恒的敌人（非常道）。为什么呢？今天的朋友，明天可能会因为利益，而变成敌人；此地的敌人，有可能因为利益的关系，在彼地合作成朋友。一切都是在"可道"的变易之中。

无极图，也没有方术之分。为什么没有方法和技术呢？因为无极图是"无所不包，无所不含"。一切的法和术，都是由"道"而生，由智慧而生，由思想而生。所谓"善谋者，草木皆兵"，在进入"无极图"的大思维中，我们就能做到"全球思想一体化""古今思想一体化"，从而古为今用，放眼未来；洋为中用，以夷制夷。以无法为有法，以无术为有术，以无为御有为，随其机变而生万法，从多角度全方位去整合资源与技术，获取利益最大化。所以，大智大慧的老子认为，"绝圣弃智，民利百倍"。只有摒弃小聪明小方法，我们才可以获得大智慧大境界。

正因为无极图无情无思、无善无恶、无利无害、无上无下、无前无后。所以我们把无极图也称为：精神图、公心图、逍遥图、无为图、虚无图、无所事事图、功成身退图……

无极图的思想，在道家大宗师庄子那里也得到了完美诠释。庄子说，"至人无己，神人无功，圣人无名"。至人、神人、圣人三者的名称虽然不同，实质内容却是一样的。"无己"即忘却自己的形骸与智虑，与宇宙万物合而为"一"；"无功"即自然无为；"无名"即不为虚名等俗世价值观所牵绊。只有做到这样的三"无"，才能破除自我中心，使人从故步自封、自我局限的狭隘心境中解脱出来，获得心灵的自由与解放。

同样，无极图的思想，也符合诸子百家学派中墨家学派的"兼爱""无私""尚同"的说法和"天下为公"的思想。老子认为："吾所以有大患者，乃吾有身，及吾无身，吾有何患？"大患，指各种各样层出不穷的麻烦。这个大患来自哪里呢？"为吾有身"，是因为我们有"有极"的心，因为我们的欲望太重，杂念太多。如何才能无患呢？当我们进入无极图的思想境界中，不要光为自己考虑，不要只为自己的小利益求利，而应该注重整体的发展，把自己的私心投入到公心中来。而墨子继承和借鉴了老子的"兼爱"思想，他认为，天下之所以大乱，是因为人的自私自利，要利己必定损人，从父子、兄弟到君臣和国与国之间都是因为利己而互损。假如人与人相爱，"则不相贼"。

学道者在于修心，"心态大于技巧""心有多大，世界就有多宽广""心生万法生，心灭万法灭"。所以，欲进入无极图，首先在于调整心态，归于"虚无"之零。"上善若水"，大海之所以能够成为百谷王者，是因为总是把自己放到很虚无的位置。面对无极图，我们要以自己的虚无之心，像海绵一样，吸收百家所长，为而不争，必然可以"无中生有"，去迎接更多的实有，最终成就自己的大有。

欲求大成功者，如果只有有极进取心，没有无极大境界，是难以有大成的。刘邦，沛县丰邑人，本是一个不学无术的小混混，可是时来运转，他却摇身一变，成为西汉王朝的开国皇帝。真的是运气好吗？还是别有玄机？

据说，刘邦年轻时就胸怀大志，喜欢广交朋友。但是由于根基浅薄，直到三十岁时，才当上秦朝沛县的泗水亭长，相当于一个乡镇级派出所所长。秦二世元年（前209年）七月，陈胜吴广首倡起义，天下纷纷响应。起义浪潮很快波及沛县，刘邦与萧何、曹参等一起杀死了沛县县令，正式宣布起义。

当时，由于刘邦势弱，在战争初期的形势对他非常不利，公元前205年的彭城一战中，汉军死伤二十多万人，刘邦只率数十骑突围，连家属都成了楚霸王项羽的俘虏。刘邦虽然"无用"和"无能"，但是他善于重用贤士，善于集中大家的智慧，刘邦用人的基本政策是：凡是能为他的政治目标出力献策的，不管其出身经历如何，他都量才录用，并按功劳大小封爵授官。最后终于从劣势转化为优势，垓下一战，歼灭楚军，迫使项羽自杀于乌江，最后统一了中国。

刘邦称帝后不久，在洛阳南宫的一次宴会上问群臣："我为什么能够得到天下，项羽为什么会失去天下？"文臣武将纷纷发言，各抒己见，但刘邦却认为都不得关键。最后刘邦自己说："你们只知其一，不知其二。运筹帷幄之中，决胜千里之外，我不如张良；治理国家，稳定后方，安抚百姓，源源不断地供给军饷，我不如萧何；统率百万大军，攻城略地，战无不胜，我不如韩信。这三个人，都是当今豪杰，天下奇才，我能重用他们，这就是我能够得到天下的缘故。项羽只有一个范增，尚且不能重用，这就是项羽失败的原因。"群臣听了心服口服，纷纷下座拜伏。

刘邦为什么能成功？因为他是无极图，啥都不懂，但是他懂得如何自守无极而御有极。汉初三杰——萧何、张良、韩信，个个都是有极图。但是这三个有极图，如果不遇到刘邦这个无极图，不能跟刘邦的无极图投合，实现有无投合，各得其位，我看"三杰"一生，亦恐难有大成。

道家之学，本来是"执古之道，御今之有"，是对历史成败经验的总结。我们从历代的史书和名著中，也都能够对无极图有正确的认识。譬如《水浒传》中的宋江，《三国演义》中的刘备，《西游记》中的唐僧，无一不是"无能""无用"之辈，却偏偏好似应了"傻人有傻福"这句名言般，为王为帝，终成正果。其实，这就是道的伟大，无极的玄妙。

大用无用，大为无为，大功无功，大德无德。世之道商者，若能无所其极而达"不知有之"之境，自然成其"太上"尊位。

第五节　万物之母　有极图说

有极图

　　有极图，就是"有"到极点图。自从"道"生了"一"后，无极图也就因"数"而生了，虽然无极图名为无极，但却是无所不包、无所不含之象。所以，在道的生成演化中，先是"有生于无"，有极图从无极图的大元始中得以孕养和生育；然后，"有无相生"，有极图和无极图合抱促进，形成了太极，这就是"一生二"。太极分阴阳，阴阳者，无极、有极也。

　　自从盘古开天地，天地就分化为二极，天极为阳上浮归于无极，地极为阴下沉归于有极，是以天地定位，易行其中。有极图也好，无极图也罢，都是根生于太极图，无极图得太极全体，其象明；有极图是太极所含之体，其象晦；太极浑涵则阴阳合，太极散著则阴阳分，分则各执一极。

有极图，人心图。凡人一定要用有极图来起心动念，特别是年轻人一定要尽量只争朝夕，勇争有极。世上无难事，只怕有心人。人人皆有心，有心人就是心藏有极图的人，有极图之心是私心、个人心、功利心、企图心、进取心、事业心、攀比心、竞争心。俗话说：人心所向，事业兴旺；黄金有价情无价，有钱难买一颗心；得人心者得天下！有极观告诉我们：我命在我，不在天地！人的命运当由自己掌握和主导。一切成果，皆由心生；一切功名，皆由心求。有心即有思、有思即有路、有路即有线、有线即有为。顺着这条线，你就走上了成功的"高速公路"，进而创造人间奇迹。

有极图，有为图。讲运动、讲变化，不到无极不罢休。天行健，君子以自强不息。人的心，高过蓝天深似海，生命不息，奋斗不止；越有越奔，越有越进，永远不知道止境。一旦进入实有和拥有的有极图状态，一旦进入以自我为中心的思维领地，常人往往是难以罢手驻足的。"只有偏执狂才能胜利！""把错误坚持到底就是真理！"这些都是有极图的口号。

有极图，欲望图。人之所以为人，是因为有欲望存在，人类的各种需求和欲望，引发了人类复杂的经济生活，从而产生了庞大、层次复杂的经济链。西方经济学的主要创始人亚当·斯密认为："正是那些自私自利的商人，才促成了社会的繁荣和进步。"人的欲望是有层次的递进式的，马斯洛的《动机与人格》这本书里，把人的欲望分为五个层次：基本生理需要、安全需要、归属和爱的（社会）需要、尊重需要、自我实现需要。无论哲学家、心理学家们都把人的欲望分成几种，有一点是众所周知的，即人的欲望需要得到满足，是欲望驱动下的有极图推

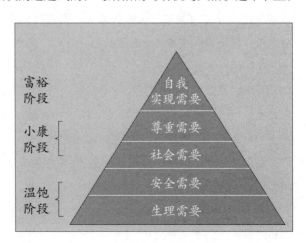

动了社会的发展创新和人类的文明进步。

有极图的理论,在道家内部主要体现在杨朱学派中。杨朱是老子的弟子,也是中国最先主张个人主义的思想家。他在继承老子学说的同时,有感于动乱的环境,苦恼于越来越大的社会压力,于是扬弃老子学说中的部分内容,朝着"贵己""重身"的方向不断深化,发展成以"为我"为中心的思想体系。杨朱认为,每个人都是自私自利的,因此要绝对保护好自己,不受别人侵犯。假如每个人都保护好自己,就自然会没有人受到侵犯,于是人与人之间就相安无事,社会也就天下太平了。杨朱"为我"的人生,当然不是圣贤的人生,也不是胸怀全局、放眼世界的人生,但却是千万普通人的人生。战国初年,杨朱的这套"为我"的思想,曾风靡一时。但是,他的"为我"学说,却站在普通人的立场,对帝王的欲望形成了制约,终如昙花一现,后继无人。

2006年的胡润百富榜中,时年49岁的"废纸大王"、东莞玖龙纸业老板张茵成为中国第一位女首富,财富达到270亿元。2008年"两会"期间,张茵以全国政协委员的身份提交了三个提案,其中包括"建议取消无限期劳动合同""为月入10万的'打工皇帝'减税""为进口节能设备免税"等,被舆论称为站在富人的立场上说话,引起了极大争议。有人批评张茵提案的立场过分狭隘,认为"政协是属于各界群众的代表,应该先天下之忧而忧、后天下之乐而乐,才是真正代表群众的心声";但亦有支持者认为,张茵作为成功企业家,当然有权就企业关注的事务发言,即使她只是维护一个阶层的利益,一样亦应拥有发言权,以利发挥各阶层利益的平衡。从"有极图"的立场来看,张茵的提案无可厚非,无非是站在"为我"的立场,提出的代表着自身利益性的"贵己"观点。

在中国诸子百家,有极图的思想集中体现在法家的学说中。法家认为人都有"好利恶害"或者"就利避害"的本性。百姓都是自私自利的愚蠢之徒,官吏则各牟私利。近者如夫妻、亲者如父子都不可信赖。像管子就说过,商人日夜兼程,赶千里路也不觉得远,是因为利益在前边吸引他。打鱼的人不怕危险,逆流而航行,百里之远也不在意,也是追求打鱼的利益。有了这种相同的思想,所以商鞅才得出结论:"人生有好恶,故民可治也。"因此,法家学说认为君王不能依靠"仁义、道德"进行统治,而必须采用奖罚,以法律进行统治。统治者为维护自己的专制统治,可以不择手段。

法家这种纯功利主义的思想体系，在战国时代那种"捐礼让而贵战争，弃仁义而用诈谲，苟以取强而已矣"的殊死竞争的斗争情况下，确是相当实用。当时秦国全面接受了法家学说，先后重用法家代表人物商鞅、李斯为相，建设了一个法家政权，并最终成为中国大一统的中央政权。而兵家的孙子在《孙子兵法·九变》中，也提出了"是故屈诸侯者以害，役诸侯者以业，趋诸侯者以利"的围绕人心"有极图"而谋的主张。

　　有极图，实心而不虚空，自私自利、自信自强、自命不凡，不能容纳和接受无极图。就像楚霸王项羽，自恃"力拔山兮气盖世"，听不进身边所有谋臣良将的谏言，逞一己之雄于天下，到最后聪明反被聪明误，有到极处多丧生。心愈有而道愈无，心愈贪而道愈远。凡人以有极图为追求（道），殊不知他们所追求的这个"道"实乃"非常道"，非正道而是魔道，非商道而是奸道。对有的人来说，社会的物质生活越丰富，精神生活就越空虚；物质越富裕，精神越野蛮。开发商为了一己之私利，常常上演"雪夜扒房"的强行拆迁暴行，自谓事业圆满，实则为富不仁；自喜财源广进，实则恶贯满盈。

　　有极图，"有"到极端却入"无"。宇宙万物都是向反面进行转化，这是大道"相反"的定律。人心变幻人心险，人心不足蛇吞象，凡人的一颗有极有为之心，是很难得到满足的。亚当·斯密在《国富论》中说："人人都是自私的，要顺应和鼓励人们的这个天性。只要人们为自私的目的认真地做事情，对社会、对周围的人群也会有利的。但是人的自私行为也不能无限地膨胀，要采用道德的、法律的、军事的、纯文学的方法对人们的自私天性进行约束。"老子认为："五色令人目盲，五音令人耳聋，五味令人口爽，驰骋畋猎令人心发狂，难得之货令人行妨。"世上物质虽有限，但人欲望却无穷。凡人一旦尝到有极图的功利甜头，便会一发不可收拾，以无限的欲望去占有有限的物质，到最后必将陷入自取灭亡的万丈深渊，一切化为乌有。

　　有极图，名曰有为，实为"有违"。常人之心，常常由一生万，由小到大，由弱至强，循"生、长、壮、老、死"之自然法则而呈现不可逆挡之势，头撞南墙亦难回头。即使雄如武穆岳飞，也难免犯下这等低级错误，徒留壮志未酬身先死的悲剧人生。

"怒发冲冠,凭栏处,潇潇雨歇。抬望眼,仰天长啸,壮怀激烈。三十功名尘与土,八千里路云和月。莫等闲、白了少年头,空悲切。靖康耻,犹未雪;臣子恨,何时灭!驾长车,踏破贺兰山缺,壮志饥餐胡虏肉,笑谈渴饮匈奴血。待从头,收拾旧山河,朝天阙。"这首《满江红》,是民族英雄岳飞所作。从这首词的文字中,我们完全感受到他"有极图"的雄烈豪壮之心气。

岳飞自统兵以来,恩威并济,智勇双全,攻无不克,战无不胜,颇有孙、吴之风,时有"撼山易,撼岳家军难"之言。当他自己决定了要"直捣黄龙,迎回二圣"的决策后,就勇往直前,谁也改变不了。然而,当时南宋政权的所有政治呼声都是"议和",尤其是赵构即位后,更是如此。遗憾的是,岳飞却置此于不顾,当他孤军深入敌内,抵达朱仙镇的时候,被十二道金牌召回,然后就以通敌之名被捕下狱,最后负莫须有的罪名冤死,实是可悲。

对于岳飞之死,民间传言是奸相秦桧所害,然而史家评论却认为是岳飞忠勇有余,智量不足。在岳飞充满着个人英雄主义的悲剧人生中,主要埋藏有这样几处祸根。其一,岳飞一直声称"直捣黄龙,迎回二圣",但不知道他有没有考虑过,当那两个老皇帝迎接回来后,眼下的新皇帝赵构该如何安置?其二,岳家军所过之处,秋毫无犯,百姓拥戴;而敌军金兀术更是对他顾忌万分,放言称"撼山易,撼岳家军难"。南宋王朝最怕金兀术,而金兀术却怕岳飞。可见,岳飞的势大,已对南宋政权构成功高震主之忧患。其三,岳飞作为手握重兵在外的武将,却一再插手赵构政权皇位继承人的问题,犯了皇家大忌。在诸多因素的直接影响下,岳飞在主疑而群臣不助的政治环境中,仍然不顾一切地要"直捣黄龙,迎回二圣",已经是有极图膨胀到极点了,违背和触犯了政治游戏规则。所以,诚如秦桧所说,这些罪名是否成立并不重要,重要的是,"此乃上意也"——这是皇帝的意思。要是岳飞了解道学,在政治上掌握老子"虚心实腹""绝圣弃智"的智慧,也不会惨遭横祸了。

人生一世,不能缺失有极心,否则人这辈子注定碌碌无为,浪费人生。

但是,人若全为有极心充盈其思想,最后的结局必将是败之、失之。

所以,真正的仙佛圣真、雄才伟人,他们的人生智慧就是通过借假修真、顺中求逆,最后从有极图归无极图,使"非常道"返还于"道"。

第六节　负阴抱阳　太极图说

太极图

　　太极图，是研究道学原理的重要图象之一。按道学的观点，"天下万物生于有，有生于无"。天下一切有形有质的东西（有极图）都来自于无形无象（无极图），当有极图被无极图化生的同时，"有""无"相生，于是代表着"玄"的太极图也就应运而生了。所以很多解道者就直接把有极图省略掉，而直言"无极而太极"。

在太极图中的黑白部分，代表着阴阳（有无），及阴阳的相生相反、对立统一和其运动变化规律。太极这个实体是生生不息的，即宇宙时刻都在运动，动则产生阳气，动到一定程度，便出现相对静止，静则产生阴气。如此一动一静，阴阳之气互为其根，运转于无穷。太极图白色部分的黑点和黑色部分的白点，代表着宇宙万物在无限发展中的分化，即阳中有阴、阴中有阳，阴阳不是绝对的。而太极图中间的"S"线，则反映了万物的曲线波动性、螺旋升降性、阴阳执中性。

老子在《道德经》第四十二章，继"道生一，一生二，二生三，三生万物"之后，紧接着就提出了"万物负阴而抱阳，冲气以为和"的观点。老子认为："道"动而变成一个"一"，这个"一"就是无极图，也就是阳。阳动而阴随，两者是不可分割的"一体之两面"，于是此两者"同出而异名"。在老子看来，万物都是"负阴而抱阳"的，宇宙间一切事物，都具有阴阳、有无、正反的两面。"故有无之相生，难易之相成，长短之相刑，高下之相盈，音声之相和，先后之相随"（《道德经·第二章》）。这个规律，就是"道"，故"恒也"。但是，阴阳两极却都是活动的，互为转移、渗透、贯穿、变化的。当有极图和无极图化生，阴阳定位立序后，自然就产生变化更替和盈虚消长，这个变化的本身，就是"可道"。太极动而天旋地转，日月循环、寒暑更替，四时的生长化收藏，即万物的生长规律，无不包含于阴阳交替之中。"茫茫天数自有玄机"，无极图和有极图的阴阳交合的无穷变化之道，被老子归纳总结为"玄"——同谓之玄。

"一阴一阳之谓道"。太极之道和阴阳之理，是上古社会华夏的智慧先哲们认识和掌握宇宙万物大自然生发规律的大纲要，是产生一切思想文化（数）和方法技术（术）的源泉。《黄帝内经》说："上古之人，其知道者，法于阴阳，和于术数。"万变不离阴阳，而阴阳两仪作为太极图之中产生出来的互体，会以不同仪式、模式、图式、形式、客仪、事宜的含义而存在。例如：

阴仪：静、黑、雌、柔、正、偶、刑、关、海、冷、散、无、死。

阳仪：动、白、雄、刚、奇、单、德、开、陆、热、集、有、生。

中国传统的阴阳精微《素问·阴阳离合论》中说："阴阳者，数之可十，推之可百，数之可千，推之可万。万之大，不可胜数，其要一也。"太极虽然变化无穷，然而都可以"阴阳"（有极图或无极图）概而论之。

关于太极图中阴阳的细分，在《道德经》中比比皆是：无名与有名，无欲与有欲，无道与有道，无私与有私，无为与有为，不争与有争，合抱与毫末，千里与足下，不足与有余，求生与轻死，圣人与侯王，偏将军与上将军，及善与恶、美与丑、难与易、高与下、贵与贱、长与短、先与后、多与少、损与益、柔与刚、弱与强、雌与雄、黑与白、盈与虚、进与退、腹与目、彼与此、荣与辱、得与失、常与妄、昭与昏、智与愚、辩与讷、巧与拙、静与躁、重与轻、厚与薄、实与华、明与昧、曲与直、慈与勇、俭与广、吉与凶、左与右、生与死、福与祸、利与害、母与子、主与客、正与奇、鬼与神、玉与石、名与身、身与国……

阴阳说不尽，说不尽阴阳。在神话小说《封神演义》第44回中，作者写道："赤精子将老君太极图打散抖开，此图乃老君劈天开地，分清理浊，定水火风，包罗万象之宝。化了一座金桥，五色毫光，照耀山河大地。"这虽然是小说家的虚构想象，不过太极图却属于"包罗万象之宝"，因为天下万事万物，一切都在太极中。你看：易有太极，一有太极，太极本身有太极；天是太极，地是太极，天地本身是太极；家是太极，国是太极，宇宙本来是太极。世道人心也各呈现出太极：阴消阳长、阳奉阴违、阴阳怪气、阴盛阳衰、阴谋阳略，一切现象皆太极。利于水者害于火，利于彼者损于此，利于局部必害于整体，正因为老子看到了"大道废，有仁义；智慧出，有大伪；六亲不和，有孝慈；国家昏乱，有忠臣"的太极图的"可道"，他才会在摇头感慨的同时道出"天下皆知美之为美，斯恶已；皆知善之为善，斯不善已"的客观真实，不追求太极变易中的"善"和"美"，而独守不易之"真"。

太极图的自然规律告诉我们，阴阳是转化变易的，一切现象界的事物都是不长久的。穷则变、变则通、通则久。然而，阴阳变化是多端的，根据数术学家陈维辉先生在《中国数术学纲要》中的记载，太极图的阴阳变化主要还体现有"阴差阳错""阴腐阳焦""阴刑阳德""阴阳互根""阴消阳息""扶阳抑阴""阴降阳升""阴争阳扰""阴厌阳移""阴和阳合"这十大规律。

太极图，阴阳演化图。阳中有阴，阳中之阴是真阴，阴中有阳，阴中之阳是真阳。事物的发展和演化都是由无到有，由小渐大，由弱转强，由一通万，由生而死的。无与有、小与大、弱与强、一到万、生到死，无不是太极的变化和变易。太极演化，五行则生。木生火、火生土、土生金、金生水、水生木，一直循环无穷。比如，因为有了火的作用，木柴就可以得以燃烧，火烬而化作尘土，也就构成了土。矿产是从土地里生成和挖掘出来的，所以土可以生金。金属和矿石在极高的热度下，又将变成液体，水则是液体的总代表，一切植物和生物又必须依靠水而存活、生长。这是五行相生，相生即太极图变化的"阳"性运动。但是，假如只有五行相生的阳性循环，那么这样一直演化和发展下去的必然后果，必定像滚雪球一样，大而无外。到这个时候，就可能产生爆炸和消亡，"有"到极端终归"无"。所以，太极图光有阳性循环还不行，还必须同时进行阴性循环，木克土、土克水、水克火、火克金、金克木，一直制约无穷。

太极图，阴阳合抱图。阴阳循环，负阴抱阳，万事万物既因矛盾造成阴阳对立，又有统一促成异性相吸。正所谓"无阴不成阳，无阳难成阴"，孤阴不生，独阳不长，天地是最有灵性的，如果事物的作用相同就无法生育万物，圣人也是最英明的，他们绝不会用一成不变的方法去治理天下。所以，殊途同归是大自然的普遍规律，因地制宜是圣人治理天下的共同原则。只要懂得这些原理，即使性质相悖的事物，也不会伤害到事物的根本。水与火本来互相不容，但善用水火的人把炊具放在水火间，用火煮水做饭，使水火各尽其用，这样还怕水火的互相伤害吗？在野生动物园中，饲养员发觉所养的羚羊健康状态一直不好，分析后发现原来这是"孤阴少阳"，生活太安逸了缺少竞争和锻炼所致。于是，饲养员就在羚羊生活的区域，放入了它的对立克制者——狮子。狮子看见羚羊，就被激发起欲望而要去抓羚羊，而羚羊为了生存，不得不奋起逃跑以逃避狮子的追捕。在这种太极对立与制约的状态下，羚羊的健康居然也慢慢恢复了。

太极图，阴阳循环图。天之道，利而不害；太极之道，循环往复。天下世事，如潮之起伏，都是此一时、彼一时；成一时、败一时；得一时、失一时；兴一时、衰一时，在历史的舞台上不断上演着"三十年河东，三十年河西"的人生悲喜剧。作为体道者，必须保持"不以物喜，不以己悲"的中和心态，审时度势，知阳守阴，穷极达变。如此，则可以转祸为福、危中见机、否极泰来。

在中国的诸子百家学派中，兵家、阴阳家、纵横家、轻重家都是围绕"阴阳"两端进行其思想主张阐述的。纵横家学派始祖鬼谷子认为："捭阖之道，以阴阳试之……由此而言，无所不出，无所不入，无所不可。可以说人，可以说家，可以说国，可以说天下。为小无内，为大无外。益、损、去、就、背、反，皆以阴阳御其事。"那么，什么是阴阳的内容呢？鬼谷子从积极和消极两方面对人类的思想和行为进行了归纳分类。鬼谷子认为，"长生、安乐、富贵、尊荣、显名、爱好、财利、得意、喜欲，为阳，曰：始。死亡、忧患、贫贱、苦辱、弃损、无利、失意、有害、刑戮、诛罚，为阴，曰：终。"他还阐明了阴阳之间的关系："阳动而行，阴止而藏。阳动而出，阴随而入。阳终还始，阴极反阳。"鬼谷子把一切事物的太极属性叫作"隙"（矛盾），矛盾开始极其微小，然后逐渐分裂、对立、扩大。当矛盾开始的时候，必有征兆，最好在这个时候就要采取行动或对策，这个行动和对策，鬼谷子把它叫作"抵"。他说："巇始有朕，可抵而塞，可抵而却，可抵而息，可抵而匿，可抵而得。此谓：抵巇之理也！""五帝之政，抵而塞之；三王之政，抵而得之。"其言深刻而又露骨。

用兵之道，"莫测如阴阳，难知如鬼神"，更需要把握太极图变易的法则，"以正合，以奇胜"。正：表示正大光明。往往以常人不具备之宽宏大度，大智若愚或韬光养晦来对待对手，在于征服人心。奇：表示变幻莫测。或使对手狐疑不定、进退维谷；或使对手判断失误、误入歧途，在于搅乱人心。正合奇胜的谋胜原则，本身就是一个太极图。孙子兵法还讲："兵无常势，水无常形。"这说明了太极的变动不居性。"无常势"是说"阳势"和"阴势"的变化，"无常形"是说"无形"和"有形"的变化。所以，"兵者，诡道也。故能而示之不能，用而示之不用，近而示之远，远而示之近。"（《孙子·计篇》）。能与不能，用与不用，远与近，近与远，真与假，假与真……孰隐孰现，孰抑孰张，无常式，无恒形，能因敌变化而取胜者，谓之神。

轻重家，又叫计然家。所谓轻重，就是钱的问题。轻重家主要研究国家的经济发展问题，并以此为治国之道。既利用政治手段宏观调控市场，也利用经济手段实现政治目的；既使政治从经济中体现出来，也使经济带上政治色彩。他们通过对天人、本末、农商、轻重、国民、虚实的分析研究和动态调控，来实现商业的成功，经济的腾飞，国民的富强，社会的发展。轻重家的主要研究领域有：如何根据土地厚薄不同，用政策来调剂余缺，"以上壤之满，补下壤之众"；如何保证粮食价格和其他生活用品的价格平稳，使农末俱利，各行各业都得到健康发展；如何根据年景与收成的好坏来进行价格调剂，使君王得到民众的拥护……班固认为，轻重家在古代"民赖其利，万国作乂"，对国家对人民都有好处。谁能够将这套理论悟透，就可以"上富其国，下富其家"，建功立业，不争而胜，成就圣王之事功也。

在现代商业经营中，行商与坐贾，卖方与买方，宏观与微观，战略与细节，决策与实施，经营与管理，内部与外部，文化与制度，集权与民主，理性与感性，上级与下属，打工与合伙，生产与销售，硬件与软件，投资与消费，计划与市场，价格与价值，稳定与波动，短视与长远，守旧与创新，亏损与收益，实体与虚拟，竞争与合作，蓝海与红海，线上与线下，道德与利润，开张与破产，快鱼与慢鱼，海龟与土鳖，国际化与本土化，多元化与专业化，资本家与智本家，隐形富豪与明星企业家，工匠精神与互联网思维，有机蔬菜与大棚种植，环保节能与耗能排污，利用资源与保护资源，生态发展与野蛮生长，良心企业与血汗工厂，仁义管理与军事管理……凡此种种新奇概念，莫不是阴阳两端的化生体现。

对待经济发展与商业经营领域的问题，如果我们不能从"道"的层面对阴阳概念所演化出来的各种沉浮之象有宏观、系统的总体认识，就会越理越乱，越干预越失败。与其听任各家学者各执一端的偏词，信服其鼓吹的经济之道有多"高妙"，不如总览全局，执两用中，以自然无为之道去发现和识别经济演变规律，更能真实解决理论与实践的诸多问题。

人生无常，世变无常。是以，"阴阳者，天地之道也，万物之纲纪，变化之父母，生杀之本始，神明之府也"（《黄帝内经》）。太极图的阴阳规律告诉我们，阳尽阴生，阴尽阳生，形极必变，理穷必变，物极必反。一切事物都在变易中走向它的反面。不信你看：朱元璋贱极而贵，由贫贱的小和尚，摇身一变而贵为大明太祖皇帝；石崇富极而衰，虽富比天下，到最后身命难保。清王朝历史上的第一宠臣和珅，他的一生起伏，就是一个"阴极而阳，阳极而阴"的太极图。

和珅生于乾隆十五年（1750），原名善宝，满洲正红旗二甲喇人，他的出身很普通，只是一个没落的清朝贵族子弟。《清史稿》载，和珅"少贫无籍"。三岁丧母九岁丧父的和珅，幼时只得带着弟弟寄人篱下，每天看着继母的白眼生活，尝尽了人间的冷暖。不过，也正是这些苦难，磨炼了他的意志，促成了他远大志向的树立。

和珅十多岁后进入皇宫西华门内的咸安宫官学读书，"少小闻诗达礼"。到了

20岁时，又袭了高祖父尼雅哈纳的三等轻车都尉世职。乾隆三十七年，22岁的和珅当上了官阶正五品的三等侍卫，并随即充任粘杆处侍卫。乾隆四十年，和珅时来运转，皇帝在检阅侍卫时发现了他，不久便升任御前侍卫和副都统。这只是他一连串好运的开端，由于和珅是个非常伶俐的人，乾隆帝要办什么事，他件件都办得十分称心；乾隆帝爱听好话，和珅就尽拣顺耳的说。日子一久，乾隆帝把和珅当作亲信，和珅也步步高升。不到一年的时间里，他接连升为户部侍郎兼军机大臣，兼内务府大臣，兼步军统领，兼北京崇文门税务监督。也就是说，他一人兼管财政、京畿军事防卫，并担任实际上的宰相。后来，乾隆帝还把他女儿和孝公主嫁给和珅的儿子，君臣两人结成儿女亲家。在富贵至极的人生中，和珅利用他的地位权力，千方百计搜刮财富，一些朝臣和地方官员，知道他的脾气，也都尽量搜刮珍贵的珠宝去讨好他。

乾隆退居幕后后，和珅不但不知退避和节制，反而专权更甚，嘉庆帝有什么事反而要托和珅转告父亲。嘉庆四年（1799）正月初三，太上皇弘历（乾隆）驾崩。次日，嘉庆马上下了一道突兀的圣旨，宣布和珅的二十条大罪，把和珅逮捕入狱，并且派官员查抄和珅的家产。和珅的豪富，本来是出了名的，但是抄家的结果，还是让大家大吃一惊。长长的一张抄家清单里，记载着金银财宝，绫罗绸缎，稀奇古董，多得数都数不清，粗粗估算一下，大约值白银八亿两之多，抵得上朝廷十年的收入。后来听说，那查抄出来的大批财宝，都让嘉庆派人运到宫里去了。于是，民间就有人编了两句顺口溜讽刺说："和珅跌倒，嘉庆吃饱。"

天道无亲，大道无情。和珅的"太极"人生告诉我们，宇宙万物皆平衡，凡事不可走极端。因为，道家的老子早就开示过我们："持而盈之，不如其已；揣而锐之，不可长保。金玉满堂，莫之能守，富贵而骄，自遗其咎。"

第七节　中正之极　中极图说

中极图

中极图，中正之极图。

道家哲学认为，道是从"无"到"有"的。自从"无极"生出"有极"，"有无相生"而后阴阳判分，太极定论，一切事物都在阴阳的运动变化中来来往往，此起彼伏，循环不休。但是，万事万物的生成演化法则，却并不是朝着一个方向绝对化的旋转运动，而是既阳性旋转（相生），又阴性循环（相克）。阴阳二气在相生相克的状态中激荡交合，产生"道冲"的现象，逐步由二生三，孕育和产生了新的第三方状态——中和。这个过程，我们把它用图象表示，即中极图。

《太平经》言："元气有三名：太阳，太阴，中和。"

在很多中国人的眼里，阴阳只有互动才会有新发展，利益只有互惠才会有新机遇，矛盾只有互让才会有新转机。中国的圣哲认为是"三生万物"，西方的智者认为是"二生万物"。表面上看，在"二分法"的思维模式下，黑白分明，简单明了。但是把客观事物的本体简单粗暴地分割成对立的两端，并最终得出"非此即彼"的判断结论，往往容易使人的思维趋于僵硬和极端，并最终失去新的视觉空间和解决矛盾的智慧高度。所以，"三分法"的基本内容就是：一个事物分有矛盾的正反两面，最终处理该事物时不是采用选择正面或者是选择反面的二选一的"二分法"思维模式，而是采用把正反两面统筹起来，将其看成第三面，也就是正反合一。阴阳相合而后各出半力的"三"，不但产生了"生万物"的不朽功用，也催生了中华文明的整体成熟与巨大高度。

一切事物"中"则立，不"中"则东倒西歪，此起彼伏。世界上的一切事物都是在运动和变化的，变化变易之后，"道"就产生交易而成为了"非常道"。自从世人有了所谓的机巧智慧，有了"善""美"分辨心以来，混沌劈破，大道的正宗失授，心法失传，太极图被人引奉为正宗。于是太极循环，因果报应，一来一去，得失分明。有大成就必然有大败，有大喜就必然有大悲，无极发展下去就是有极，有极的尽处终归无极；假作真时真亦假，无为有处有还无，魔充道时道亦魔，邪代正时正亦邪；此一时彼一时，左一时右一时，阳一时阴一时，好一时坏一时，成一时败一时，这就是红尘之常。

太极图之阴阳虽万变无穷，但万变万化皆因从"中"而起，一切差异都是在中间阶段融合，一切对立都是经过中间环节而相互过渡。你看：时到中午转下午，年怕中秋月怕半，人到中年万事难，事不过三不离中……阴阳乃至宇宙万物之变易转化，都要通过中极、中间、中介之途径，集中向"中极"汇聚而前进和壮大；否则，离开"中"就只能是后退和消亡。三生万物其实就是道生万物或中生万物，千年玄机少人知。

在庄严肃穆的道教三清大殿中，通常供奉着神态端庄的三位尊神，这就是道教的最高神"三清"。三清指元始天尊、灵宝天尊、道德天尊。据《云笈七签》卷三《道教三洞宗元》称:"原夫道家由肇,起自无先,垂迹应感,生乎妙一,从乎妙一,分为三元,又从三元变成三气,又从三气变生三才。三才既滋,万物斯备。"三清是道教的最高主神,所谓老子"一气化三清",实则是老子的道学思想一体三位。《三洞并序》称:"又三洞之元,本同道气;道气惟一,应用分三,皆以诱俗修仙,从凡证道,皆渐差别,故有三名。"元始天尊是无极图,为道之体;灵宝天尊是有极图,为道之用;体用合一,无有合一就是"道德天尊",也就是老子。当自然科学被比拟人格化时,我们当追本溯源,明白博大精深的道学思想才是真正的"天尊"。

中极图,阴阳平衡图。中极图的这个平衡,是宇宙万物运动变化之中短暂的中间过程,它的平衡状态是相对的、有条件的,有区别对待的。在中极图中,有阴阳而离阴阳,是阴阳而非阴阳,不易中有易,以不易应万易,不变中有变,以不变应万变。道家之智,之所以能够以静制动、以逸待劳,后发而能先于人者,得其"中极"也。万事万物都是由阴阳构成,而阴阳必须围绕一个焦点来运转,这个焦点就是中极,如果焦点消失,矛盾也自然消失。所以,解决问题的最佳办法就是深入事物的核心中,看到矛盾的中心问题,中心解决了,矛盾也不存在了。唯有得道的真人,才能执两(阴阳)用中而创造出非凡的奇迹。

中极图的执"两"用"中"的思想精粹,是中华民族的正统文化,也是中国的立国之本。中国人是中庸的,他们对于生命,是无所谓内,无所谓外,而是"惟精惟一,允厥执中"。何谓"中"?在儒家看来,不偏不倚,无过也无不及,合乎常情,合乎常理,惟精惟一,能达到最善,就叫作中。"中者,天下之正道。庸者,天下之定理。"做到了中,就是至善的体现;做到了庸,就是道体的大用。仲尼曰:"君子中庸;小人反中庸。"孔子的弟子子思叙述孔子的话说:"君子行中庸之道,小人不行中庸之道。君子所以行中庸之道,是由于君子能够时时处处做得恰到好处;小人所以不行中庸之道,是由于小人做起事来无所顾忌。"又说:"中庸是至高无上的德行啊!普通人很久以来不能做到这一点了。"由此看来,中庸的辩证思想,该是孔门的万古心法真传,"放之,则弥六合;卷之,则退藏於密。其味无穷。皆实学也。善读者,玩索而有得焉,则终身用之,有不能尽者矣"。

孔子是怎么悟得"中庸"大道的呢?据说,当年孔子带弟子进鲁桓公庙见到一种器物，他便问守庙人："这是何物？"守庙人答道："这是君王放在座位右边以示警戒的欹器。"孔子说："我早有耳闻，欹器它虚则倾，中则正，满则覆。"随后，孔子让弟子往欹器中注水。当水注入一半时，欹器是端正的；当水注满了之后，欹器竟然突然翻倒。孔子颇有感触地叹了一口气说："物满则覆，为人处世也是如此，要谦虚，不可自满。"孔子从"过犹不及"的欹器认识到"满招损，谦受益"的道理，并且引申出中庸的思想。子曰："聪明睿智，守之以愚；功被天下，守之以让；勇力振世，守之以怯；富有四海，守之以谦。则所谓损之又损之道也。"

对于佛家而言，世人所谓"如来"者，往往并不是指具体事项说的，而是指心觉悟净化言，是指离一切相，"离一切相，即名诸佛"。离一切相并不是灭一切相，"离"者，主要体现在不贪着、妄想执着这一切事物。唯有如此，就可以于一切法得解脱、得自在、得安乐，这一切法就不能束缚、障碍、逼迫我们。经云："若以色见我，以音声求我，是人行邪道，不能见如来。"中极图，能阴能阳，非阴非阳，非色非空，非有非无，随心随意，随便随缘，无所从来，亦无所从去，不着一切声色和相，也正符合佛家的"说是金刚经，即非金刚经，是名金刚经"的无上智慧。

日常生活中，当我们面对社会上各种复杂的、形形色色的矛盾和痛苦时，若能把握中极图的原则，就会拥有悠然自得的幸福人生。当对世事执迷不悟时，我们不妨读一读清人李密庵的《半半歌》："看破浮生过半，半之受用无边，半中岁月尽悠闲，半里乾坤宽展。半郭半乡村舍，半山半水田园，半耕半读半经廛，半士半民姻眷。半雅半粗器具，半华半实庭轩。衾裳半素半轻鲜，肴馔半丰半俭。童仆半能半拙，妻儿半朴半贤。心情半佛半神仙，姓字半藏半显。一半还之天地，让将一半人间，半思后代与沧田，半想阎罗怎见？酒饮半酣正好，花开半吐偏妍。帆张半扇免翻颠，马放半缰稳便。半少却饶滋味，半多反厌纠缠。百年苦乐半相参，会占便宜只半。"林语堂先生评价说：人类是生于真实的世界和虚幻的天堂之间，所以我相信这种理论在一个抱前瞻观念的西洋人看来，一瞬间也许很不满意，但这是最优越的哲学，因为这种哲学是最近人情的。我们承认世间非有几个超人——改变历史进化的探险家、征服者、大发明家、大总统、英雄——不可，但是最快乐的人还是那个中等阶级者，所赚的钱足以维持独立的生活，曾替人群做过一点点事情，可是不多；在社会上稍具名誉，可是不太显著。只有在这种环境之下，名字半隐半显，经济适度宽裕，生活逍遥自在，而不完全无忧无虑的那个时候，人类的精神才是最为快乐的，才是最为成功的。

道家老子认为："物壮则老，是谓不道，不道早已。"任何事物如果不知用"中"，不加节制，一旦壮大强盛，就会很快衰老败坏，因为这违背了大道虚静柔弱的原则。凡是违背大道虚静柔弱原则的，都会过早地衰老败坏和死亡。

要达到中极图，就要把握《道德经》中"反者道之动"的原则，逢中则逆转，反其道而行之。"顺则凡，逆则仙，只在中间颠倒颠。"常人只知道顺行顺从，流浪生死；非常人却可以逆转返还，超出气数。如何逆转呢？老子在《道德经》第二十八章，给我们揭示了以下秘诀："知其雄，守其雌""知其白，守其黑""知其荣，守其辱"。返璞之路，在于知阳守阴，执两用中。用中则常德显，常德显则不离中。唯有通过中极图才可以返回纯真的恒道，这就是"天下式"——放之宇宙万物而皆准的真理。但是在逆转守中的过程中，必须掌握适度，适可而止。升者要降，降不能降到底；降者要升，升不能升到顶；阴者要阳，阳不能极；阳者要阴，阴不能极。这个适度的火候，在老子看来，是难以用语言和文字描述出来的，"多言数穷，不如守中"。唯有守得中极，把握中"机"，"为之于未有，治之于未乱"，自然可以盗取天地造化之机、掌握阴阳莫测之变，动可以发于九天之上，静可以潜藏于九渊之下。"食其时，百骸理；动其机，万化安"，如此，则圣功生焉，神明出焉。

在现代企业管理学中，中极图也被命名为"灰度"。何谓灰度？任正非认为，一个领导人重要的素质是把握方向、节奏。方向是随时间与空间而变的，它常常又会变得不清晰。并不是非白即黑、非此即彼。合理地掌握合适的灰度，是使各种影响发展的要素在一段时间和谐，这种和谐的过程叫妥协，这种和谐的结果叫灰度。一个清晰方向，是在混沌中产生的，是从灰色中脱颖而出的，清晰的方向来自灰度、妥协与宽容。宽容所体现出来的退让是有目的有计划的，主动权掌握在自己的手中。明智的妥协是一种适当的交换。为了达到主要的目标，可以在次要的目标上做适当的让步。这种妥协并不是完全放弃原则，而是以退为进，通过适当的交换来确保目标的实现。在道商体系中，灰度就是"中和"，妥协就是"不争"，宽容就是"慈"。领导人一旦掌握了"灰度"，就会纵横无碍、进退自如、以战则胜、以守则固。

中极图，能阴能阳，能上能下，能荣能辱，能前能后，能进能退，能正能反，能顺能逆，能好能坏，能动能静，能道能魔，能无极能有极，能上天能入地。中极图不是辩证法所谓矛盾的统一，而是融和于中庸一以贯之之道。它常是在将发而未发的状态中，以预备一切可能的将来契机。我们只有脱离一切有形与无形的束缚，灵变若水，灵活变通，方能知前后左右而不失其中，晓进退存亡而不失其正，融入"玄之又玄"的变化本身，获得不可言传的灵智。

一天，庄子和他的学生在山上看见山中有一棵参天古木因为高大无用而免遭于砍伐，于是庄子感叹说："这棵树恰好因为它不成材而能享有天年。"晚上，庄子和他的学生又到他的一位朋友家中做客。主人殷勤好客，便吩咐家里的仆人说："家里有两只雁，一只会叫，一只不会叫，将那一只不会叫的雁杀了来招待我们的客人。"庄子的学生听了很疑惑，向庄子问道："老师，山里的巨木因为无用而保存了下来，家里养的雁却因不会叫而丧失性命，我们该采取什么样的态度来对待这繁杂无序的社会呢？"庄子回答："还是选择有用和无用之间吧，虽然这之间的分寸太难掌握了，而且也不符合人生的规律，但已经可以避免许多争端而足以应付人世了。"世间并没有一成不变的准则。面对不同的事物，我们需要不同的评判标准。只有获得中极图的智慧心法，我们才不会拘执于常形而以一"中"（宗）应万变之乱。

中极图，中和之图。中和思想是中国几千年来处理人际关系、民族关系、社会关系的传统原则。在太极图中，"敌""我"矛盾的对立与斗争是作为永恒的真理存在的。在中极图中，则可以看作万事万物都在一个宏观之中，是和合的，虽有斗争，但都是相对的。只有以中为准，以平为度，以和为贵，才能左右逢源，恰到好处。治国要和，上下不和，虽安必危；安民要和，天时不如地利，地利不如人和；治军要和，师克在和不在众；创业要和，众非和不聚；家庭要和睦可亲；为人要和解通调；人体要气血和平；心性要心平气和；贸易要和气生财；音乐要音声调和；烹调要五味调和等。总之，宇宙万物皆要和。和者八卦相应，五行相生，四象在外，两极平等，一气流行。

君子无所不用其极。修道求仙用无极图，建功立业用有极图，逆境之中运转太极图，顺利之时持中极图。 中极者，人极也。唯有得其"中"道方可顶天立地，获得大成功。黄石公《三略》中说："夫圣人君子，明盛衰之源，通成败之端，审治乱之机，知去就之节。"中国的智谋高士们，常秉持中极图的原则，不作呆板的定律，不求难能的德行。虽穷不处亡国之位，虽贫不食乱邦之禄，潜名抱道者，时至而动，则极人臣之位；德合于己，则建殊绝之功，故其道高而名扬于后世。

清同治三年（1864）六月十六日，曾国藩率领的湘军攻克太平天国天京，洪秀全病死，忠王李秀成被俘，幼主洪天贵福被杀。历经咸丰和同治两任皇帝、长达12年的剿灭太平天国战争，清廷终于获得了最后的胜利。在镇压太平天国战争大获全胜之际，作为"第一功臣"的曾国藩虽然为大清朝廷立下了不可磨灭的功勋，但他并没有陶醉在胜利的喜悦和对未来仕途的狂想之中。饱有学问和久经历练的曾国藩，迅即从"中极图"的角度进行了冷静的理性思考：他即将要面对的不是朝廷的封赏，而是对他的猜忌。稍有不慎，自己就会遭遇兔死狗烹的厄运。

很显然，曾国藩的政治判断是正确的。物极必反，盛极必衰，功臣们因为功高震主而惨遭杀戮的例子，历史上比比皆是。虽然当时朝廷下令曾国藩等组湘军镇压太平天国，但对他的疑虑却始终未曾削减。在当时的清王朝看来，曾国藩所拥有的那支朝廷不能调动而且远比八旗军队更有战斗力的湘军，对于朝廷当然是一个不容忽视的巨大威胁。正在朝廷琢磨如何解决这个问题时，曾国藩以"湘军作战年久，暮气已深"为由，主动向朝廷请旨裁减湘军，以此来向皇帝和朝廷表示："我曾某人不是吴三桂，无意拥军自立，不是个谋私利的野心家，而是位忠于清廷的卫士。"

曾国藩的主动请求，正中统治者们的下怀，在相当程度上解除了朝廷对他的猜忌。于是清廷顺水推舟同意遣散大部分湘军，又由于裁减湘军问题是曾国藩主动提出来的，也确实是一个效忠于大清王朝的较大举动，因而曾国藩被朝廷委任为握有实权的两江总督。

曾国藩在事业达到巅峰之际，通过主动裁减他的政治资本——湘军，既保全了自己，又让朝廷无虑，还为自己谋得了位高权重的两江总督一职。中极图的智慧，可谓实用无穷。

第八节 和谐德交 真一图说

修真图

真一图,也称修真图、金丹图、圆满图、圣王图,是黄老学派传承中的一个重要图象。它是道在演化过程中,由太极图的剧烈运动转化到中极图的和谐运动,再在和谐运动过程中产生的一个新的图象。

真一图,外为○,表示无极图、天极图、阳极图等;内为●,表示有极图、地极图、阴极图等。阳外阴内,阳中有阴,天包地外,地处天中,乾坤一体,阴阳一元。

道商之学，祖溯黄老。轩辕黄帝的一生，是且战且求道。他"陟王屋而受丹经，到鼎湖而飞流珠，登崆峒而问广成，之具茨而事大隗，适东岱而奉中黄，入金谷而咨涓子，论道养则资玄、素二女，精推步而访山稽、力牧，讲占候则询风后，著体诊则受雷岐，审攻战则纳五音之策，穷神奸则记白泽之辞，相地理则书青乌之说，救伤残则缀金冶之术。故能毕该秘要，穷道尽真，遂升龙以高跻，与天地乎罔极也"。

《泰一杂子》曰："黄帝诣峨眉见天真皇人，拜之玉堂，曰：敢问何为三一之道？皇人曰：……圣人欲治天下，必先身之立权以聚财，葵财以施智，因智以制义，由义以出信，仗信以著众，用众以行仁，安仁以辅道，迪道以保教，善教以政俗……制礼以定情，原情以道性，复性以一德，成德以叙命，和命以安生，而天下自尔治，万物自尔得，神志不劳，而真一定矣。"

"葵"，本意为"揆"。《尔雅》曰："葵，揆也。"揆有确立规则并以此来审度、管理之意。如何通过立权、聚财、葵财、施智，来达到制义、出信、著众、行仁、辅道、保教，政俗的效果，这恰恰就是我们"道商"的使命。

"一"是什么呢？《道德经》说："昔之得一者：天得一以清；地得一以宁；神得一以灵；谷得一以盈；万物得一以生；侯王得一以为天下贞。其致之一也。"庄子认为，世上的万事万物，包括人在内，都是齐一的，"天地与我并生，而万物与我为一。"人类社会的一切矛盾的对立面，诸如生死、贵贱、寿夭、荣辱、成毁都是无差别的。"知一者，无一之不知也；不知一者，无一之能知。"我们对"道商"的认识也是如此，只有道与商合，道体商用，以道经商，才能下济民庶、上达天真。

合而同者，得一也！自古以来，宇宙万物有一个总纲，这就是要掌握和得到"道"这个"一"。无极图是"一"，真一图也是"一"。真一图，可动可静，动静如一；能进能退，进退如一。动则进而有为，修身齐家治国平天下，由身向外无限发展，大而无外。静则退而无为，修身明心见性大超脱，由身向内无限发展，小而无内。无论是向外发展还是向内发展，都必须定位于"一"，执守其"一"。渔民不抓住网的纲绳去撒网，网眼怎么能够张开而捕到鱼呢？牧民牧牛者，要牵牛的鼻子；牧猪者，要拉猪的耳朵；牧羊者，要驯服一只领头羊出来……道之"一"，就是万事万物变化之道的"玄关一窍"。虽然"道生一，一生二，二生三，三生万物"，但万物发展演化到最后，也终将复归于道，复归于无极，复归于"一"。所以圣人明白此道后，执其一端可以通万事，得其一理可以应万变，得其一术可以晓万法。最后"不出户而知天下"，无为而无所不为。

真一图，返本归真图。道家认为，只有修真才能悟道，只有修真才能去假，只有修真才能了凡，只有修真才能获得无上智慧。但是，修真是该如何修呢？老子在《道德经》第十六章说："**万物并作，吾以观其复。夫物芸芸，各复归其根……**"你看，自然界中的万物尽管生长得欣欣向荣，枝繁叶茂果实累累，但是最后都还是"叶落归根"，回归到它的根本那里。一切事物"生、长、壮、老、死"的发展历程，莫不如此。万物从无极到有极，从虚无到实有，如果顺应"太极"规律任由发展下去，则最终还是流浪生死，一无所有。

一无所有的"无"，虽然也名之为"无"，但是已经从"道"交易成为"非常道"，再也不能返还成为生育万有之"无"了。所以，修道者修真，就是要从中极图入手，让"道"在经历"无极图——有极图——太极图"的生成演化中，最后回到道德合一、虚实如一、无有齐一的"真一图"上来，实现"能长且久"的真人境界。得到真一图，就可以称之为"得道"。

黄老学派极力推崇"身国同构"的治理理念，能治身理气者，就能治国理政，所以治道不繁。"一人之身，一国之象。胸胁之位犹宫室也，四支之列犹郊境也，骨节之分犹百官也，神犹君也。血犹臣也，黑犹民也。故知治身，则知治国矣。夫爱其民所以安其国，惜其炁所以全其身，民散则国亡，炁竭则身死，亡者不可存，死者不可生。是以至人消未起之患，治未病之疾，坚之于无事之前，不追之于既逝之后。难养而易浊，故审威德所以保其治，嗜欲所以固血炁，然后真一存焉，三一守焉，身壮之焉，年寿遐焉"。

悬像著名莫大乎日月。真一图，外面是太阳，里面是月亮，日月重叠，日月合璧，日月同辉，日月同悬，日月同升。这种奇异的天象，是自然界的一大奇观，也是地球人间之祥瑞。一阴一阳之谓道，阴阳和合则道生；一日一月则为易，日月和合则为明。在真一图中，有日有月、有阳有阴，有无极图有有极图。此时的无极图和有极图，已经不是当初在太极状态下的相对对抗和平衡，而是绝对的彼此投合与圆融无碍。

然而，俗人学道，多寻浮华，不信真一为贵。《列子·黄帝篇》用了大量的篇幅，为我们阐述了"壹其性，养其气，含其德，以通乎物之所造"的真一之理。据说，列子曾问他的老师关尹："道德修养达到最高境界的人潜行水里不会窒息，踏入火中不会觉得灼热，行走在万物上而不恐惧。请问他们依靠什么能达到这种地步？"关尹回答："靠的是保持纯正之元气，而绝非智巧果敢之类。凡是有面貌、形象、声音、色彩的，都是物。物与物的性质为什么相差很远呢？有什么物能够超越他物呢？都是有形色的物。而物产生于无形无象的道，又消失在不被他物所化的道。掌握这条自然之道并能穷理尽性的人，外物怎能阻碍和左右他呢？他将把身体处于永远适宜的有限度的环境中，而把心神隐匿在循环无已的变化里，并畅游在万物的本原之中。纯化他的本性，涵养他的精气，保持他的德行，依据这些来通向自然。像这样的人，保持天性完善，心神凝聚无间，外物又从哪里侵入呢？酒醉的人从车上摔下来，虽然受伤但不会死亡。他的骨骼筋节与别人都一样，但损害却与别人不同，原因在于他的心神凝聚无间。乘在车上不知道，摔下车子也无感觉。死生惊惧的念头一点儿也不侵入他的心胸，由于这个，所以遇到危险而不感到害怕。他得到酒的保全都可以这样，更何况得到自然之道的保全呢？圣人把心神隐匿并融合在自然之道中，所以没有什么外物能够伤害他。"所以能消弭阴阳彼此的矛盾是非，守住纯一之气，养出全真之神，就可以实现"藏于天"而游乎无穷。

真一图，也叫虚心实腹图。《道德经》说："虚其心，实其腹。"真一图之象，天为阳、心为阳、客观规律为阳，其象虚，虚中有实；地为阴、欲为阴，主观认识为阴，其象实，实外有虚。阴阳虚实之理，道心人欲之理，主观客观之理，尽在真一图中。人心高过天。人心至大至上，则虚合于天、充塞宇宙。但是，光有一颗"虚心"还不行，还必须立足真实，奋发进取，积极有为，以"实其腹"。再美好的心愿如果不付诸行动，或者缺少行动的智慧，都将会"心有余而力不足"，最终成梦幻泡影。

公元前613年，楚庄王即位，他为了观察朝野的动态，也为了让别国对他放松警惕，当政三年以来，没有发布一项政令，在处理朝政方面没有任何作为，每天不是打猎游玩就是在后宫取乐，并不允许任何人劝谏，虚其心韬其光而无所为。朝廷百官都为楚国的前途担忧。一次，大臣伍举含蓄地问楚庄王："有只大鸟在楚周山待了三年，不飞也不叫，这是什么鸟？"楚庄王知道伍举是在暗示自己，就说："三年不展翅，是在生长羽翼；不飞翔、不鸣叫，是在观察民众的态度。这只鸟虽然不飞，一飞必然冲天；虽然不鸣，一鸣必然惊人。你回去吧，我知道你的意思了。"

楚庄王觉得大臣们要求富国强兵的心情十分迫切，自己整顿朝纲、重振君威的时机已经到来。半个月以后，楚庄王上朝，亲自处理政务"实其腹"，等到国内政局好转的时候，又发兵讨伐齐晋二国，取得胜利。公元前594年，诸侯国在宋国开会，楚庄王代替了齐、晋两国，成为天下诸侯的霸主。

在治道上，是坚持以德治国还是以刑治国，是几千年来争论不休的话题。在历史的演变过程中，我们发现治国的方略大体可以分为两种，一种是以"无极图"为代表的王道政治，提倡仁治，崇尚仁、义、礼、信，在于以仁德而征服人心，使人们心甘情愿归顺。二是以"有极图"为代表的霸道政治，提倡法治，注重法、令、刑、罚，以权术控制士人，以信誉团结士人，以赏罚驱使士人。但是，在具体实施过程中，如果重仁轻法，就会使政体失去威严，百姓散漫而难以凝聚；假如重法轻仁，就会使政体毫无生机，百姓心生怨恨而阳奉阴违。所以，针对这个现象，在黄老道学的治国方略中，提倡刑德并举、恩威并施、双管齐下。只有当"刑"（有极图）与"德"（无极图）完美结合，相辅相成时，才会使国家繁荣昌盛而达到真一图的和谐之境、大同之境。所以，儒法并重、文治武功才是治理天下的最高境界。

同样，兵圣孙武子继承了老子的学术思想，在《孙子兵法》中，他提出了"上下同欲者胜，将能而君不御者胜"的观点。上下同欲，就是君臣与将士要同心同德，齐心归一。将能而君不御，就是要将帅有作有为，君主放权无为，不去参与干涉，唯有明君与贤将二者之间的充分信任与合作，使有极图与无极图达到完美的交融与整合，才能确保军事战争的全胜。同时，在平时的军事训练中，也必须"合之以文、齐之以武"，方能"必取"。

人无信不立。诚信和信用是商人立身创业之根本，也是驰骋商海之制胜法宝。《黄帝经·第十章黄宗通理》中说："昔者黄宗质始好信，作自为象，方四面，傅一心，四达自中，前三后三，左三右三，践位履三，是以能为天下宗。"黄宗之象在于"信",道商若能以"信"为宗,将有极图投合于无极图,内在真实不虚,外化虚合天地,就可以"无思无虑始知道,无处无服始安道,无从无道始得道",以"一心"为中心,四通八达而畅于十方,从而成为天下大道之宗。正如孔子所言,"夫至信之人,可以感物也。动天地,感鬼神,横六合,而无逆者"。

真一图,也是"内圣外王"图。在诸子百家中,最高揭示"内圣外王"方向的是老子。老子说:"修之于身,其德乃真;修之于家,其德乃馀;修之于乡,其德乃长;修之于邦,其德乃丰;修之于天下,其德乃普。"后来,庄子深受老子思想的启发,在《庄子·天下篇》中,率先提出了"内圣外王"一词,他认为:"天下大乱,圣贤不明,道德不一,天下多得一察焉以自好……是故内圣外王之道,暗而不明,郁而不发,天下之人各为其所欲焉以自为方。"在庄子看来,当时社会的天下之人,各自以有极图为理,以自我欲望和意愿强加于人,致使无极大道迷失,诸侯争霸、道德不一,百家争鸣而缺乏良好沟通,造成了"内圣外王"之道被掩蔽而难被人知晓。后世郭象评价庄子"通天地之统,序万物之性,达生死之变,而明内圣外王之道"。

成汤时的辅相伊尹说:心智若能通于大道,就是心有灵犀一点通,就能够随事物的变化而变化,就可以应顺世间万物的一切变化。真一图,就是将自己有限有量的●(有极图)投入到大自然无边无际的○(无极图)之中,融而为一,在体道中逐步产生变化,循中极而离太极,最后超"凡"入"圣"成真人。真一图之合,是整体的融合,是全局的调和。我们如果能将有极图投合于无极图中,将私心投合于公心中,将阴谋投合于阳略中,将行动投合于思想中,将资本投合于智本中,将有为投合于无为中,将有限的知识投入到无限的真理大道中,则自然阴阳相合、有无相合、虚实相合、人天相合、利害相合。

要想成为圣人,必须具备大公无私的高尚道德情操。"天下之美归之舜、禹、周、孔,天下之恶归之桀、纣。然而舜耕于河阳,陶于雷泽,四体不得暂安,口腹不得美厚;父母之所不爱,弟妹之所不亲……凡彼四圣者,生无一日之欢,死有万世之名"。只有去私心入公道,才能超凡入圣,拥有传扬万世的名利。"行善不以为名,而名从之;名不与利期,而利归之。"正如《易·乾》所言:"与天地合其德,与日月合其明,与四时合其序,与鬼神合其吉凶。"如此,方可称之为"大人"。老子总结认为："故从事于道者，道者同于道，德者同于德，失者同于失。同于道者，道亦乐得之；同于德者，德亦乐得之；同于失者，失亦乐得之。"只有天人合一，人天一体，同化于人，同化于事，同化于万物，才能运转阴阳，把握乾坤。

《论语》中称舜无为而治，说他在天子位上只做一件事，那就是恭己，端端正正地南面而坐，就可以使天下大治，而获得太平富足。这是如何成就大治的呢？在古代，天子治诸侯，诸侯治卿、大夫，谓之治官；卿、大夫治庶民，谓之治民。"恭己正南面"的舜，以天子之尊而治理诸侯、百官，并不是凡事都需要自己去亲力亲为，而是源于他高效的管理统御之术。在大舜的执政期间，他力倡以孝道为核心的"五典"价值体系，规定五年要进行一次大的巡视，各诸侯国的首领一年须四次来朝述职。大臣们汇报工作时，大殿四门大开，所有愿意来听的人都可以旁听会议的内容，表述自己对朝政的意见和建议，依靠"民主"的机制来参与、监督国家大事，从他们的政见中来考察他们的政绩，决定任用的程度，确立奖惩机制。正是由于舜善于以道御民、以术驭官，群贤同力，德法兼治，最后实现了"我无为，而民自化"的人治社会最高理想状态，开创了"凤凰来仪，百兽率舞"的"尧天舜日"式鼎盛政治局面。

纵观历史，横观当代，常人皆以"自我"为中心，为中极，为中央，为中心轴，为内，为实，为●。而让他人为虚，为外，为○，围绕自己旋转。但是，非常人则无为，凡事皆以天地为心，以自然为心，以客观规律为心，"以百姓心为心"。因此，圣王之道，以其无私，故能成其私。得人心者得天下，为天下苍生谋福者得天下，得真一图之玄理者得天下。

老子在《道德经》第三十二章说："天地相合，以降甘露，民莫之令而自均。"在他看来，如果天地间阴阳二气交融和合，大自然就会降下甘美的雨露，民众谁也没有去指挥和命令它，它却自然均匀地施洒到大地上，以滋润万物。老子根据自然规律现象，总结出"以道莅天下，其鬼不神。非其鬼不神，其神亦不伤人。故两不相伤，则德交焉"。治理天下的圣王，如果懂得善于调和对立矛盾而使其凝聚一心，则"侯王若能守之，万物将自宾"。天下的人将会自动地归顺服从而相敬如贵宾一般。

道学的精微在黄老一脉，黄帝先王道后仙道，先治世后出世，先有极再无极，最后达于真一图之境。古往今来，无论何时何地，只要我们凭借炎黄子孙这一称谓，就能够跨越无限时空，穿过无数障碍，消融一切隔膜，找到自己的同胞和兄弟，寻到一种亘古不变的民族聚合力。

第九节　丹成九转　大成图说

大成图

大成图，也叫九九归一图，丹成九转图，或称无所不为图。

人本秉天地之元气而生，孕养人身的元气，就是"无极图"。人自出生以后，无知无识无为的先天元神逐渐退藏，有知有识有为的后天识神开始做主，欲望逐步递增，心思变得繁杂，于是，"无极图"就变成"有极图"。要想有作有为在人间，就需要运用"太极图"的规律，去创造机会、去改造天地、去扭转乾坤。"太极图"虽然可以帮助我们成功，但是太极的规律总逃不出有成有败、有得有失、有起有落、有福有祸，这个规律，就是我们常讲的"天数"与"定数"，这个不断进取和碰撞的阶段，我们把它看作是"有为"。

只有通过学道、悟道，才会明白"中极图"这个天下之正理，最后由知"中"、守"中"而道德合一，圆通无碍，达到"真一图"凝结成"丹"的状态。这个过程，我们可以看作是"无为"，通过无为而悟道、养道、得道。

是不是"得道"无为后，人生就可以一了百了，看淡功名富贵，不再进取有为建功立业了呢？不是的。道家讲"无为"，是为了更好地"有为"，这个更有为的过程，我们把它称之为"无不为"——无所不为。道家讲"得道"，是为了得道之后实现"道用"，以代天宣化，替天行道，促进社会和人类更加和谐更加美好。这才是道家智慧的先哲们不辞千辛万苦，不计世俗得失，甘受孤独误解也矢志不改而一心追求的终极目标。

大成图，是由九个无极图组合成的一个图象，也称九九归一图。"天地之至数也，始于一而终于九"。九者久也，为数之极，同样表示无始无终，无穷无尽，无边无际，无限无量。在大成图的中心圆圈，就是无极图，无极图是生发元气的根基，所有的阴阳两仪四象八卦，都在这个圆圈中潜藏和孚育。八方的八个圆圈就是八个无极图，八个无极图中潜藏和孕育着八个太极两仪四象八卦，八八六十四，大成图也是六十四卦图。九八七十二，所以得道者，执一而能通万，太上老君八十一化，也就是有千百亿万化身，能根据环境和外物的"千变"而"万化"以对。

大成之数，九而九之。大道之极归九九，大道之用在九九，宇宙万物都离不开九，道生万物，其实也就是无极图生万物。无极图是"道"，有极图是"道"之极端状态的"魔"，从太极图到中极图，从阴阳剧烈变化的顺行到调和平稳的逆行，这个过程就是悟道和修道，通过颠倒而归"真"，所以真一图是得"道"。得道之后就需要运道、用道，无极图是"道"之体，大成图就是"道"之用。可见，人世间的一切大成离不开九，只有运用"道"的规律去积极有为，方能实现人生大成。

为数之道，道本其一；为数之法，法变乎九，天之高远曰九天九霄，地之深厚曰九地九泉，人之君王曰九五之尊。在人间要想建功立业名传千秋者，必须观天之道，执天之行。为什么道家非常注重并强调观天的重要性呢？因为"天"是代表宇宙的能量场。日月经天，运行不息，交相辉映，万物化生。大成图也可以看作是北斗九星无限无量的能量场。九星者：天蓬星（北斗一星贪狼星）、天芮星（北斗二星巨门星）、天冲星（北斗三星禄存星）、天辅星（北斗四星文曲星）、天禽星（北斗五星廉贞星）、天心星（北斗六星武曲星）、天柱星（北斗七星破军星）、天任星（左辅星）、天英星（右弼星）。天有九星镇九宫，地有九宫应九州。九星在不同的时空下，产生不同的能量场，斗转星移，在天左右天体的运行，在地形成时令变化。万物的生长化收藏，人类的吉凶祸福事，人生的贵贱与生死等，皆由九星之所为。道生万物，实际上也可以说是九星九宫生万物；宇宙万物回归于道，实际上就是宇宙万物回归于九星九宫。因为九星的运行变化，才产生了阴阳太极八卦九宫，继而产生了时、空、天、地、人、文、事、物、灵。九星旋转一周是360°，既是空间变化，又是时间变化。一年四季四时八节，皆由九星的位置角度变化而形成。

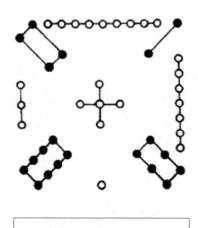

洛书九宫图

九宫者，太极八卦也。洛书之数曰：戴九履一，左三右七，二四为肩，六八为足，五为中宫，相应八卦。在九宫八卦中，坎一宫为水，居正北，其色白；坤二宫为土，居西南，其色黑；震三宫为木，居正东，其色碧；巽四宫为木，居东南，其色绿；五为土，居中宫，其色黄；乾六宫为金，居西北，其色白；兑七宫为金，居正西，其色赤；艮八宫为土，居东北，其色白；离九宫为火，居正南，其色紫。九州者：坎冀州、坤荆州、震青州、巽徐州、中豫州、乾雍州、兑梁州、艮兖州、离扬州。地之九州又上应九天，九天者，按照《淮南子》所说："中央曰钧天，东方曰苍天，东北旻天，北方玄天，西北幽天，西方皓天，西南朱天，南方炎天，东南阳天。"世间皆传九天之中，乃神界居所。

其实，天有九星，何止九星？地有九州，何止九州？人有九窍，何止九窍？凡人皆有九窍九根九通九灵，如果能够悟道修道，通过执"两"用"中"，就可以七返九还，修出九真大丹后，达到万窍万根万通万灵。道家武当张三丰祖师诗言："九天之上有九真，九真返还化一元，阴阳气数乃造化，顺则生凡逆成仙。"这九真就是：一上真、二高真、三大真、四玄真、五天真、六仙真、七神真、八灵真、九至真。

在中国古代，凡形容极高、极大、极广、极远的事物，几乎都用"九"。例如，天很高，便称"九天""九霄""九重天"；地很大，便称"九州""九垓"等。屈原写的《楚辞》，内有《九歌·湘夫人》《九章·袁郢》。人们常以九或九的倍数来表示数之多或数之极，九之数见于事与物，更是难以枚举：九星九宫、九州九野、九气九色、九宗九流、九门九派、九品莲台、九品净土、九天九霄、九地九泉、九五之尊、九阴真经、九阳神功、丹成九转、九转成丹。或九重天、九峰山、九华山、九宫山、九龙山、九曲桥、九纹龙、九尾狐、九大名山、九九重阳、九九艳阳天、夏九九、冬九九、九九归元、楚辞九歌、十八湾、十八盘、十八罗汉、十八般武艺、三十六行、三十六计、三十六天罡、七十二变、七十二地煞、七十二阵、九九八十一难、九九八十一度、一百零八将等。在北京天坛公园内，有一处专门为皇帝祭天用的建筑物，名唤"丘"，从栏杆到石块，都是以"九"代天的。比如，砌的石块也都是以"九"为基数的。如九块、十八块、二十七块、三十六块……它的圆心是一块圆形石板，叫天心石。外围扇面形石板九块，然后在外面都是用"九"的倍数去砌的，一直砌到九九八十一块为止，这就代表了最高处，即九重天。

大成图是人生磨炼人格完善图，凡人要由低升高，由贱到贵，由弱到强，由无到有，一步步、一级级、一圈圈，非至九真而不能移位升迁，非至九真不能十全十美。老子认为：大成若缺！在人世间是没有绝对的十全十美的事物存在的。全真者上天归于无极图，全假者入地归于有极图，人间之至善至美，归于"九"即大成。即使在科学发达的今天，所有高标准的尖端科技必须达到"九"，止于"九"。例如超纯物质的含量必须达到五个"9"，即单一物质的含量要达到99.999%，才能适应技术的需要。半导体硅的纯度惊人地达到了九个"9"（99.9999999%），人们常说的24K金，含金量达到四个"9"（99.99%），就已经可以算作足金了。大成图，也可以看作是人间圆满图。

中国当代科学泰斗，"两弹一星功勋奖章"获得者钱学森教授曾提出了"大成智慧学"的体系构想。

钱学森认为："大成智慧的核心就是要打通各行各业各学科的界限，大家都敞开思路互相交流、互相促进，整个知识体系各科学技术部门之间都是相互渗透、相互促进的，人的创造性成果往往出现在这些交叉点上，所有知识也都在于此。所以，我们不能闭塞。"钱学森同时强调，我们掌握的学科"跨度越大，创新程度也越大。而这里的障碍是人们习惯中的部门分割、分隔、打不通。而大成智慧却教我们总览全局，洞察关系，所以促使我们突破障碍，从而做到大跨度地触类旁通，完成创新。"

在学术思想上，老子不仅是道家学派的创始人，还是先秦诸子的启蒙者，九流百家皆受其影响。老子及其"道学"思想体系，是春秋战国时期诸子百家学术思想的总源头。身为周王朝中央政府史官的老子，他不但掌握和管理着王室的天文历法、地理地图、历史文献、礼制王法等历史文献，兼具为周王室、诸侯国培养高级人才的"教化"职责。根据《文子》《列子》和《庄子》等书的相关记载，老子的弟子有：孔子、尹喜、文子、杨朱、阳子居、崔瞿、士成绮、庚桑楚、南荣趎、柏矩等。

庄子在认真研究了道法儒墨名阴阳各派学说后认为，天下学问本出于一家，所谓"圣有所生，王有所成，皆原于一。"只有像老子这样的智者，才配称"古之博大真人"。

道一本散为万殊，万殊本出自一本。道由一而生万，由万而归一的这个过程，用图象表示，就是大成图。近代道学大家陈撄宁先生言："况复由道通于政，则有洪范九畴，周官六部；由道而通于兵，则有《阴符》韬略，孙武权谋；由道而通于儒，则有仲舒、杨雄、濂溪、康节；由道而通于法，则有商鞅、李悝，申子、韩非；由道而通于医，则有《素问》《灵枢》《千金》《肘后》；由道而通于术，则有五行八卦，太乙九宫。此道家之通别也……"

笔者在 2009 年中国经济出版社出版的《道商》一书中提出：在老子道学内部，根据道的研究侧重点与应用领域的不同，道学体系也被衍生和演化成为九脉。

道家： 将道学思想理论应用于哲学研究领域，以穷究宇宙本源，提出思想观点。其代表人物如：列子、庄子等。

道教： 将道学思想理论应用于宗教信仰领域，以神道设教，教化民众。其代表人物如：张道陵、王重阳等。

道政： 以政治元首的身份推崇清静无为、爱民治国思想，将道学思想理论应用于国家政治管理领域。其代表人物如：轩辕黄帝，勾践，汉文帝，景帝，唐太宗、玄宗等。

道谋： 以臣僚谋士的身份，以道学思想理论中的兵法谋略辅佐、服务于君王治国理政，并最终名成帝师的谋略家。其代表人物如：范蠡、张良、李泌等。

道医： 将道学思想理论应用于医学养生领域，以养生延年、治病救人。其代表人物如：彭祖、陶弘景、孙思邈等。

道武： 将道学思想理论应用于武术技击领域，以柔克刚，制敌取胜。其代表人物如：张三丰、李小龙等。

道术： 将道学思想理论应用于科技方术领域，在天文地理、星象人文、农田水利、房舍兵械、化学物理、生活器物等行业有新技术、新产品创造改良的科技家或科技研究者。其代表人物如：张衡、刘安、黄道婆、左慈、葛洪、郭璞、魏伯阳，及今人李约瑟、董光璧等。

道艺： 将道学思想理论应用于文化艺术领域，以怡情养志，提升素养。其代表人物如：嵇康、李白、颜真卿、赵孟頫、宋徽宗、阿炳等。

道商： 将道学思想理论应用于经济商业领域，以生财有道，利益天下。其代表人物如：计然、范蠡、猗顿、白圭等。

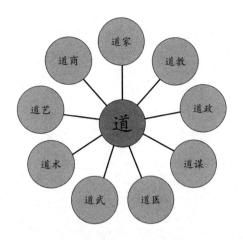

老子之学,可谓一座取之不尽、用之不竭的智慧宝库。老子之道,不但可以化胡成佛,更能贯穿东西方文化,凝聚海内外人心,调和阴阳分歧,消弭政治、战争、宗教、种族、人文等多方矛盾,在全球范围内树立起既古老又全新的普世价值观——尊道贵德。

大成智慧,以道相通。我们今天有幸与道结缘,就不能"入宝山而空手归",如何由一通万、由表及里、由本通末,执本御末,显得非常迫切。譬如道学文化与养生健康产业的结合,道学文化与休闲旅游项目的结合,道学文化与文化地产的结合,道学文化与创意产业的结合,道学文化与音乐、艺术、文学的结合……实践化、应用化、普及化研究,堪为当前道学传承与弘扬的重点方向。

大成智慧,要敢破、敢立、敢变、敢化,敢创新。和谐世界,以道相通。大成图就是世界文化大融合图,天下文明大和谐图,它的学说与理论普遍地适用于世界上一切芸芸众生。道家的生态观、道教的养生术、道商的谋生术……完全有能力化解近年来层出不穷的全球性道德危机、生态危机、健康危机与经济危机。在特定的时空下,大成图的意义和价值将等同甚至超越太极八卦图。

大成图,一心居中,八方来朝;一心安然,八风不动;一心不乱,八面圆融;一心虚空,触类旁通;一心做主,随机应变。在大成图中,无阴阳正负,无矛盾是非,无贪欲竞争,无忧虑恐惧,无执着追求,一切都这样同心同力、和谐有序、平等一致、天长地久。

第三章　德篇

第一节　上德无德　是以有德

——宋襄公的仁义道德

道家推崇"尊道贵德"的思想，老子在《道德经》中提出了"上德""玄德""孔德""积德"的概念，五千言中对于"德"的描述居然多达四十一处。究竟什么是德呢？根据《道德经》第五十一章的描述："**道生之，德畜之，物形之，势成之。是以万物莫不尊道而贵德。道之尊，德之贵，夫莫之命而常自然。**"老子在这里将"道"和"德"两者定义为"生长万物"和"畜养万物"的关系。因此，一般认为"德者，道之功也"（韩非语），"德者，道之用也"（陆德明语），"德者，道之见也"（苏辙语）。

我们通常所理解的"道德"，是指人们行为应遵循的原则和标准。道德是一定社会、一定阶级向人们提出的，以善恶为标准，调节个人与个人、个人与社会之间各种关系的一种特殊的行为规范。**然而，根据辩证法的关系，"智慧出，有大伪"，当道德的规范被制定出来，甚至成为统治阶级或强权者背离自然、压制人性、扭曲真实的法宝后，所谓的"德"也就丧失了它的真实内涵。**

汉代时曾以孝治天下，有举孝廉而入仕为官的制度。当时有个叫许武的人，曾因孝贤而被举荐为官，但他的两个弟弟却找不到出名的机会。一天，许武对两个弟弟提出分家的要求。他将财产分割成三份，自己选取了肥田广宅和强壮的奴仆，两个弟弟所得到的产业却少而劣，很不相称。但两个弟弟对哥哥却没有丝毫的抱怨。这件事传开之后，乡亲们都称赞许武的弟弟克让有礼，是"悌"的典范，而责骂许武的贪婪。这两个弟弟也因此被推举为孝廉。许武此时才召集族人说出心里话：他这样做，只是为了给弟弟们创造一个出名的机会，现在就把财产及增值的三倍再还给他们。于是，远近称颂，许武竟因此连升三级，官至少府。

老子讲尊道贵德，他尊崇的是自然之真实，人性之本真。孝本是很好的德行，但是，为了做官，孝行却变成了一种虚伪荒诞的行径。你看，这是有德，还是无德呢？是真德，还是伪德呢？所以，老子根据对社会现实的观察，提出了他的智慧观点——"上德无德，是以有德。下德不失德，是以无德"。上德无德，遵循的是自然之大德、真实之大德，而并非违背自然真实的虚假道德。

宋襄公是春秋时期宋国的国君，是一个志大才疏的人物。齐桓公死后，诸侯中以楚国最强，楚成王实际上已称霸中原。而宋国本是一弱国，国小力单，原本无力称霸，但宋襄公却自不量力，一意孤行，妄图与楚争霸。宋国在与楚国的数次政治较量中，始终处于下风，一败再败。公元前638年，宋、楚两国的军队在泓水（今河南柘城西北）决战，宋襄公的军队在岸边列好了阵势，楚军正在渡河。当楚军半渡之时，大司马公孙固说："楚军兵力强，而我军人数少，因此我军应乘楚军还没渡过泓水时，就下总攻击令向楚军进行袭击。"宋襄公却说："楚国虽然兵强马壮，可缺乏仁义，我们虽然兵力单薄，却是仁义之师，不义之师怎能胜过仁义之师呢？"宋襄公又特意做了一面大旗，并绣有"仁义"二字，要用"仁义"来战胜楚国的刀枪。当楚军渡河完毕，尚在列阵之时，公孙固又请求下令进击楚军，宋襄公还是说："不，我不能乘人之危，我们是仁义之师。"等到楚军列阵已毕，宋襄公方下令向楚军发起攻击，结果，宋军被楚人打得大败。在这场决定宋国前途命运的泓水之战中，大讲"仁义""道德"的宋襄公，死守古代"不鼓不成列"的决斗式战法，不肯乘敌"半渡""未阵"而击之，结果兵败国破，为天下人所耻笑，毛泽东评之为"蠢猪式的仁义"。

上德无德，无德者德行合于无极图，合于天地万物。当德行高深近于道时，其行为以"道"为标准，而不依据于世人以为的局限性的德，这个德为"活"德，亦是"水"德。下德不失德为什么终归还是无德呢？就是下德者所持守者，仅仅为形式表象之德，为追求"道德"而德，此德为"死"德。故步自封的宋襄公不以世界变化而变化，他既不通道的规律和变易法则，更无大德的智慧和胸怀，为了标榜建设自身所谓的仁义，执着于形式主义的虚假"道德"，不仅害了自己，更误了国家，实有罪于天下。

在庄子看来，真理是"各是其所是，各非其所非"。万物的差异、彼此的差异都是相对的。是非源于彼此，有彼此之分，才有是非之争。公说公有理，婆说婆有理，从公的立场看能够言之成理，从婆的立场看同样可以成理，很难说清楚谁是谁非。齐桓公小白杀了他的哥哥才当上齐国的国君，当上国君后又把嫂子据为己有。对这样的人，著名的贤人管仲却心甘情愿地辅佐他。齐国的大臣田常杀死了齐王，窃取了齐国，自己当了齐王。对这样的窃国大盗，圣人孔子也毫无愧色地接收了田常送给他的钱。要是议论起来，这种事情真是让人不齿，可是连圣贤都对他们没有非议。其实这事有什么奇怪呢？《尚书》上说："孰恶孰美？成者为首，不成者为尾。"

战国时卫国公子开方在齐国做官，十年没有回国看望父母。有人说开方这样是忠于职守，忠于齐国，可以提拔他为相。可是管仲认为，开方既然连自己至亲都不放在心上，怎么会诚心爱他的国君呢？这样的人不宜做宰相。如果一位母亲在给自己儿子治凸起的头疮时，把儿子的头弄破出血了，看到的人都会认为这是母亲太疼爱儿子导致的；但是如果这种事情发生在继母身上，她就会受到别人的指责，认为那是故意虐待养子。司马迁曾引用民谚说："何知仁义？以飨其利者为有德。"因此，伯夷反对周王代纣，饿死在首阳山，但文王武王并不因此而被贬低；盗跖、庄蹻暴戾无道，但他们的门徒却历代传颂着他们的侠义之行。同一件事情，因旁观者的角度不同，就会有不同的认识，产生不同的道德评价。真正大德于天下、大成于天下者，必定会引起极少数人的反对和质疑，如果拘执于形式道德、受限于世俗认识，今生则将难以有作为了。

在商业经营中，由于竞争环境的变化，市场机会的瞬息万变，竞争对手及竞争策略的诡变莫测，各种虚假信息层出不穷，无良广告让人眼花缭乱，稍不注意，就会商海折戟，遗恨败北。作为道商，一定要居其实而离其虚，求其真而去其浮。以"上德无德"为行商之法则，秉承自然真实的天性，去顺从大道的规律，随机而应变，以"心"的变化去适应外物的变化而创新不断。

"上德无德，是以有德"。为商者若心存天下苍生，德系千秋万世，不拘执于虚假无用的道德标准，不固守一成不变的过时学问，善于跳出和超越常人的商业思维，出人所不思之奇思，逆人所乐行之常行，为人所难为之大为，以不争而善胜，才是道商之"德"。如此，方有真实不虚之"大德""圣功"生焉！

第二节　孔德之容　唯道是从

——道商的七条形象守则

有道之士，显露出来的都是德行。 大道无形而无名，**常人要理解大道，只能从道所显露出来的"德"来粗浅地认识道的表面**，只有从德中才能体现道的体性，从事物的运化中才能显化出德的功能。

老子说："孔德之容，唯道是从。" 洞悉大智大慧的上德道商，他们之所以虚怀若谷，虚心容纳宇宙万物，是因为他们掌握了道，并遵循"道"这个宇宙万物的总规律，服从于道这个宇宙万物的总动力，从道中寻求商机、商德、商业，这就是最大的德行。

"孔德之容"究竟是一种什么样的德行，道商在为人处世、经商治世中，给世人展现出来的是怎样的精神气质与行为举止呢？该如何从"孔窥"中，以小观大，为道商定"形"与"容"呢？老子告诉我们：

"古之善为道者，微妙玄通，深不可识。夫唯不可识，故强为之容：豫兮，若冬涉川；犹兮，若畏四邻；俨兮，其若客；涣兮，若冰之将释；敦兮，其若朴；旷兮，其若谷；混兮，其若浊。孰能浊以静之徐清，孰能安以动之徐生，保此道者，不欲盈。"

在这里，老子将自古以来"善为道者"的精神气质和言行举止做了详细的阐述。

首先是"微"。得道之人善于深入细致地观测事物的精微之处，从小中见大，从微中通全。其次是"妙"。妙就是美好、优雅。无论是外在的形象面容，还是内在的精神气质，或是表现出的谈吐学识，一定要大方得体，给人美好文雅的感觉。再次是"玄"。玄就是深远的意思。看问题、谈思想，一定要看得远、看得透，要超越一般人短暂的眼前认识，能够看到事物未来的发展趋势和潮流。最后是"通"。通就是通达、旁通、通融。作为道商，不但应该具备多学科的知识和素养，使自己成为全方位的复合型企业家。同时，对任何存在的事物和现象都能够去深入探究其内在的规律，形成触类旁通、执一通万的领悟能力。掌握了"微""妙""玄""通"的要诀，就会给人"深不可识"的感觉。

道以德显，德由道生。为了继续说明善为道者的深邃智慧，老子接下来又为我们列出了七条道商形象守则。

预兮，若冬涉川。

"预"是事先戒慎而有准备的意思。如孔子说："凡事预则立，不预则废。"有道之士，处事接物，细心谨慎，不敢肆意妄进，就如同冬天赤脚过河一样。冬天过河，整条大河河水可能会被冻结，车马行人可以在冰河上自由来往。但是，我们在过河的时候，一定要时时小心，步步谨慎，唯恐一不小心就会摔倒，或者冰凝不坚而陷入水中，这都是非常危险的。

"预兮，若冬涉川"的道理告诉我们，身为道商，道心在微。一个真正成功的企业家，做人做事绝不草率，凡事都须慎重考虑。"战战兢兢，如临深渊，如履薄冰"，细节决定成败，大意必失荆州。

犹兮，若畏四邻。

犹，是慎惧的意思。孔子说："凡人心险于山川，难于知天。"特别是在商业竞争中，由于利益的关系，明争暗斗处处皆是，美丽陷阱无所不在。作为道商，一定要具备危机意识。所以微软创始人比尔·盖茨讲："微软离破产只有180天。"华为的总裁任正非大谈危机管理，这一切都不是危言耸听。如果意识不到存在着这样的危机，稍一松懈，就会成为别人的战利品，商业竞争成王败寇，绝对不会再有重赛的机会。道心在危，知危则安。

"犹兮，若畏四邻"这句话还有一层意思，那就是有道之士，心德纯全，动静自然，处处谨慎小心，无论独居一室，还是行于野外，他们举心运念，一言一行，唯恐违背天道，逆物失理，犹如四邻在身旁监视一样。

俨兮，其若客。

俨，是俨然、庄重、严正、恭敬的意思。有道之士的行为，端方正直，严肃认真，常似在乡邻中做客，时常能观照自醒，不放恣任意。爱人如己，敬重他人，没有主人高高在上的观念，而是对人有礼有节，甘做世人的客人，这就叫道心在诚。

有些见识短浅的商人，一旦稍因运气所致而发财小富，往往得意忘形，趾高气扬，举止粗鲁，忘了自己的根本所在。在人际交往中，尽显在道德礼仪与人生修养方面的诸多欠缺。随着社会的发展、东西方文化的融合和国际交往的增多，企业家在投身参与更多社会事务的同时，必须循道德之经，与国际接轨，用自己谦卑严正的言行举止，凝练出企业家独特的人格魅力。

涣兮，若冰之将释。

涣，是涣然、散解的意思。有道之士，处于尘俗之中，却能排除各种恩恩怨怨和是非名利之念对心灵的干扰，在人生的创业有为过程中不会为身外之物所羁绊。贫而不贪，富而不骄；得失不乱，宠辱不惊；不贪不染，不留不滞；进退从容，潇洒自如，其心性如冰之遇阳光，释化而不留任何形迹。这就是道心在哲。

敦兮，其若朴。

敦，是诚实、忠厚的意思。大道是至诚不移的，有道之士始终以大道来充实内心世界，使忠厚之德不断升华。与人相处出于真诚之心，与物相接本着忠厚之意，给人的印象必然是至诚不欺、忠厚朴实，如同木之未雕，朴然浑全，是谓道心在真。

在商业经营中，有一种根深蒂固的说法是"无商不奸，无奸不商"。尤其是在注意力经济的时代，为了片面强调吸引消费者的"眼球"，某些不良商家散布不实之辞，进行夸大虚假的宣传，乱炒产品和服务概念的现象层出不穷。古人早就告诫我们，"人而无信，不知其可也""诚招天下客，义纳八方财"。100多年前，胡庆余堂的胡雪岩就把'戒欺''诚信'作为经营的核心理念。当代企业家李嘉诚先生、史玉柱先生等，也始终把诚信放在首位，赢得了世人的尊重。

"财富并不只是金钱，诚信才是世界上最大的财富。"这是阿里巴巴集团董事局主席马云告诉我们的。那些和诚信背道而驰的企业，不管曾经是多么的辉煌，其结局必将烟消云散。

旷兮，其若谷。

旷，是空虚、广阔、宽广的意思，引申为度量、胸怀。有道之士，要有深山幽谷一般的胸襟和心胸。只有将视野跳出自我的圈子、家庭的圈子、亲友的圈子，放眼于整个人类的利益，只有超越小我、超越眼前、超越现实，才有可能游心无极而心境虚明、顶天立地。这就是道心在宽。

心胸如空谷一样宽广的有道之士，他们心内无所不容，无所不纳，没有贵贱之分，没有上下之别，往往可以视金钱如粪土，亦能化腐朽为神奇。这些都是鼠目寸光、小肚鸡肠的人所不能认识和理解的。

混兮，其若浊。

混和浊，都是愚昧、糊涂的意思。有道之士，性体圆明，湛然清澈，他们深明"水至清则无鱼，人至察则无徒"的道理。他们混沌圆融，和光同尘，应俗达变，处处充满着"中极图"的人生智慧。这就叫道心在慧。

郑板桥说："难得糊涂"。现实社会里，人如果能明察是非分善恶，那当然是好的，但过分地明察秋毫，对别人要求太过于苛刻，就变成对人求全责备的严苛挑剔，就难以有容人之量。照此而行，必定没有人愿意亲近你，而使自己陷入孤独无依、孤立无援之境。老子用"混兮，其若浊"来告诫我们，天下没有十全十美的人和事物。真正的有道之士，应该像江河一样，处于万物之中，与天地浑然一体，不能自命清高不凡。所以做人不能太过严苛地要求别人，对于他人小的弱点、过失，应该要包容、谅解，并尽量欣赏别人的优点，包容原谅他的无心或情有可原的小过失，才是为人处世之道。

大智大慧者，若愚，若浊。有道之士既然彻悟大道，心通未来，有天地般的胸怀和志向，自然不会执着于个人的名利得失。他们以忘我无我的精神，后其身而身先，外其身而身存，为天下人谋万世之利。这在某些常人看来，无异于头脑简单、愚蠢的傻子。然而在商业经营中，往往却是有道自然显，有麝自然香，"傻人有傻福"。

花儿开得最艳丽的时候，也就是枯萎凋零的开始；月亮最圆满的时候，就是亏缺的开始；凡人到了最壮盛的时候，也就逐步开始走向衰老……根据太极图的规律，宇宙万物都在变易中走向反面。这些都是自然规律，谁也无法抗拒和违背，怎么可以将江河中的浊流静止下来以澄清呢？怎么可以使动荡的事态安静下来以保持事物长久运动而生生不息呢？这都是难以办到的。

所以，老子最后告诉我们，"保此道者，不欲盈"。我们通过上述的七条道商形象守则而走向成功，但是成功之后最容易忽略的就是"盈"（自满），一旦骄傲自满，就很可能前功尽弃。只有保持这大道的虚空，使自己经常处于谦卑进取的状态，才能不断获得更进一步的成功。

第三节　上善若水　以其善下

——王道事业的七重境界

仁者乐山，智者乐水。道德的体现，在自然界，水德是代言；在人群中，圣德是表率。老子说"上善若水"，就是说，真正高级的"善"就像水一样。为什么像水呢？老子提了两大标准：第一是"善利万物而不争"，水滋润利益万物而不争得失。第二是"处众人之所恶"，它可以到人们都嫌弃厌恶的地方去，而不计较世人的褒贬。所以说，只有水的特性和品德才接近于道。

道之德行以水来示现，人之德行以善来体现。大道似水而不是水，身为道商，一定要效法于水，效法于自然，以水为师。

水温顺柔弱低下卑贱，道商越卑贱则越高贵；水滋养万物，施恩而不图报，道商要利益众生而不去与众生争。水绕圆则旋转，遇方则回转，堵塞则止行，决口则涌流。水行不通则退，止不住则漫。道商有令则行，行不通则或退或让；有禁则止，止不住则或变或易。水不拘一形，随物而成其形。水变化万千，服从于时令之变幻。春夏温热，万物生长，水则蒸云降雨，滋润众生，降温祛暑。秋冬凉寒，万物收藏，水则凝为霜雪，护侍众生。真正的道商，在商业经营中，千万不能固执僵化和封闭教条，一定要根据天时、地利、人和，以及自身的实际情况，来决定投资项目与经营策略。不拘一格，见效则易。

水性圆通，无物不融。道商该如何让自己的商德接近于水德，最终成就不朽的王道事业，构筑自己的"商业帝国"呢？老子同样给我们提出了七大标准，即**居善地，心善渊，与善仁，言善信，政善治，事善能，动善时**。

居善地： 人们常说："一方水土养一方人。"地理环境对人生定位和成功所构成的影响力与作用力是巨大的。一个人要想发挥自己的特长，就必须适应社会环境的需要，尊重利用地理环境。经商致富，只有立足于有利之地，立足于不败之地，立足于用武之地，才能更好地在"善地"中实现自我价值。

从前，有个鲁国人擅长编草鞋，他妻子擅长织白绢。他想迁到越国去。友人对他说："你到越国去，一定会贫穷的。""为什么？""草鞋，是用来穿着走路的，但越国人习惯于赤脚走路；白绢，是用来做帽子的，但越国人习惯于披头散发。凭着你的长处，到用不到你的地方去，这样，能使自己不贫穷吗？"

心善渊： 百川归海，不归山。江海之所以能成为百谷王者，是因为总把自己放在最低的位置。秉持"心善渊"标准的道商，他们地位越高、成就越大，与之相应的就是心胸越广、心态越虚（空），不为眼前短暂的成功和财富而忘乎所以，刚愎自用。只有心善如渊，才能容纳和接受一切新的事物和观点，才能创新和创造，成就新的高度。

心善如渊者，越高贵，越卑微；越强大，越柔弱。微软公司前总裁比尔·盖茨在一次公司的会议上，被一名技术员指责公司在网络浏览器的开发上落后于对手，盖茨在沉默一会儿后承认了他的错误，并向其他与会人员道歉。盖茨在谈起这件事情时说道："我不想因为面子在这个问题上浪费时间，那是没有意义的。""特权的确会使人腐化，但我想保持前进的动力。"盖茨能够从毛头小伙一跃成为世界首富，他的"心善渊"，可以说是他成功的原因之一。

与善仁： "与"就是给予、对待的意思。仁，表示仁慈、仁爱。老子自我总结的"三宝"，其中第一项就是"慈"，亦即"仁"。真正的道商，在对待他人、帮助他人的时候，一定要平等无偏，公正合理，一视同仁，做到"以百姓心为心"。百姓的心善良，我的心也以善良相对；百姓的心不善良，我同样以善良之心对待，以德报德，以德报怨。

在经济全球化时代，你死我活、尔虞我诈的商场斗争模式，必将成为历史。一个成功的大企业家、大商人，只有从中极图的观点去为人处世，才能中和圆满，左右逢源，在商业经营的重大转折时期，往往能够因为前期的"与善仁"，而化干戈为玉帛、化对手为朋友、化竞争为竞合。

言善信： 为商之道，首重于"信"，人无信不立，商无信不旺。经商立业，一定要讲究信用、提升信誉，做到以诚信为本。《周易》中讲："修辞立其诚，所以居业也。"认为君子说话、立论都应该诚实不欺、真诚无妄，才能建功立业。孟子说："诚者，天之道也；思诚者，人之道也。至诚而不动者，未之有也；不诚，未有能动者也。"(《孟子·离娄上》)不管是中国的道家，还是儒家和法家，"言善信"都是顺天道与立人极的基本法则。

1997年，完全处于"有极图"状态，天不怕地不怕的"巨人"史玉柱，高呼口号"要做中国的IBM"，横冲直撞，最后惨败。留下一栋荒草肆虐的烂尾楼，外加几亿元巨债。然而不到3年的时间，史玉柱重新站了起来，通过卖脑白金，史玉柱的公司创造了13亿元的销售奇迹，成为保健品的状元，并在全国拥有200多个销售点的庞大销售网络，规模超过了鼎盛时期的巨人。就在2000年秋天，史玉柱做了一个轰动一时的决定，他准备还清所欠的全部债务。史玉柱说："老百姓的钱一定要还。毛泽东有一句话，得人心者，得天下。假如你要把人心失掉的话，你将来再也不可能重新辉煌起来。"

政善治： 所谓"政善治"，就是讲道商的经营管理的宏观掌控智慧。老子说，"以正治国，以奇用兵"。在对企业的经营治理中，首先要树立良好的企业形象，给人正面的、健康的、和谐的、公正的感觉。其次在治"政"的过程中，还要"善治"，掌握一定的方式方法和智慧谋略，这样才可以化繁为简，以"无为"而取天下。

从前，文王问太公姜子牙："怎样才能保有国家呢？"太公告诉他，天生四时，地生万物，天下的民众，都是由仁爱圣明的君王来管理他们。如果能够因循规律来治理，百姓就安定。假如民众出现动荡的征兆，这种征兆一旦出现，利益得失的争夺就随之而来。民众动荡的酝酿，往往都在暗中进行，不易发现，一旦汇聚，就公开暴发出来。因此在动荡之先，就要正面倡导，那么天下必然应和，消弭动荡于无形。

事善能： 做事要讲究工作能力，要能够出效益。只有善做事、会做事，才能在工作中分出轻重缓急，做到条理分明，从而使管理工作游刃有余，事半功倍。例如美国微软公司的总裁曾要求秘书，给他呈递的文件必须放在各种不同颜色的公文夹中。红色的代表特急；绿色的要立即批阅；橘色的代表这是今天必须注意到的文件；黄色的则表示必须在一周内批阅的文件；白色的表示周末时须批阅；黑色的表示是必须他签名的文件。通过这样分类归纳，就能够大大地提升办事效率。

动善时： 人生贫富祸福，事业起落成败，都关乎时势。《吕氏春秋》言："事之难易，不在大小，务在知时。"成功的决定性因素，就在于是否知晓和掌握时势的变化规律，从而顺时而谋，乘时而动。

好雨知时节，当春乃发生。苏轼认为："贤者之处世，皆以得时为至难。"当年刘皇叔三顾茅庐，折节下士，战战兢兢，如履薄冰，文王遇太公亦不过如此。水镜先生司马徽却摇头叹孔明曰："卧龙虽得其主，未得其时，惜哉！"在水镜先生这位旁观智者的眼里，在"自董卓以来，天下群雄并起"的时代背景下，时势已发生了重大的转折性变化，不肯"与时俱进"，而奢望着还要去兴复已经破离的所谓汉室江山，已是"逆势而动"了。由于不得"时"，尽管孔明"鞠躬尽瘁，死而后已"，仍然难以完成光复汉室之任，正印证了"顺理而举易为力，背时而动难为功"之理。

有道之士，在"居善地，心善渊，与善仁，言善信，政善治，事善能，动善时"这七大标准的指导下，效仿水之德而立功、立德、立言，任其成而成其大，创建事业利益大众而不争功、不居功。天不言自高，地不语自厚，水不争自德，正因为如此，他们才能成其王道事业而有大功德。

第四节　吾道三宝　贵身轻物

——人生三宝：慈、俭、不敢为先

自古有言：千两黄金不卖道。圣人以道为体，以德为用。德之为用，经常者有三条。是哪三条呢？老子在《道德经》第六十七章给我们公开了他所珍藏的"三宝"。他说：**"我有三宝，持而保之：一曰慈，二曰俭，三曰不敢为天下先。慈，故能勇；俭，故能广；不敢为天下先，故能成器长。"** 老子告诉我们，我之所以能够长期传播和护持道，主要是因为我有三件法宝：第一是慈爱，第二是俭约，第三是为而不敢争。

有道之士，有了"慈爱"之心，就能够以"百姓之心为心"，将天下人的幸福与快乐当作自己的追求，善于调和一切"太极图"的矛盾纷争，将天下人一视同仁，不分贵贱，不计恩仇，兼爱无私。正因为有了这份仁慈博爱之心，才能够勇于作为，为天下幸福谋求福祉。

身为道商的企业领导人，一定要心怀"慈爱"之心对待他人。慈悲的道心，是谋求人心聚合与事业兴旺的"救星"。公元200年秋天，袁绍统率十万大军进攻官渡。当时曹操的军队很少，与袁绍比较起来，确实是众寡悬殊。自八月起至九月终，曹操兵力困乏，粮草不济，关中诸将皆中立观望，部属也惶恐不安，许多人暗中与袁绍勾结，以谋退路。后来，由于袁绍骄傲自大，不肯听信手下谋士的破曹良策，反而妒忌贤能，排斥异己，导致谋士许攸投曹。曹操遂采用了许攸的计策,在乌巢烧了袁绍的粮草,从此战局骤变,最后实现了以少胜多。

官渡之战结束后,曹操收拾战场时,从袁绍的文书卷中,翻到了许多曹营里的人暗中写给袁绍的投降书信。当时有人向曹操建议,一定要严惩这些人。然而,曹操的见解与众不同,他说:"袁绍强大的时候,我尚且担心性命难保,何况我手下的这些人呢?"于是下令把这些密信付之一炬,一概不予追究,从而稳定了军心。

老子给我们的第二件法宝,就是"俭"。老子为什么提倡"俭朴"和"节俭"呢?因为他看到了统治阶级的奢侈骄淫及社会分配不合理现象,是造成普通民众难以幸福生活的万恶根源。"民之饥,以其上食税多也"。一旦领导者走向铺张浪费,就会造成原本平衡和谐的世界扭曲变形而两"极"分化。

道商追求创造财富,因为合理地利用财富可以"以商显道""以财启众",但是道商绝不固守和留恋财富,因为越是有大成就者,越会淡看财富和名利等一切身外之物,而以游戏的心态去实现真我价值。

曾被美国财经杂志《福布斯》评为"亚洲最富有女人"的龚如心,她拥有的财富比英国女王还要多七倍。虽然身家以百亿元计,但她生活十分节俭,从不穿着名牌衣服或享用鲍参翅肚,通常只吃快餐,且居于办公室,出入坐旧车,每个月花费不超过3000元,但乐善好施,经常捐赠金钱支持慈善事业。

"俭",在有的《道德经》版本中,也常作"检"字理解,即"检束"的意思。检就是查验自己的言行举止是否有违道之规;束就是规范自己的言行举止是否符合德之戒。处于"尊贵"高位的领导,一定要时刻检束自身,这样才能卑躬谦下,谨慎处世,守弱而强。古代所有能建功立业的君王,都是因为他身旁有非常好的臣子,懂得对他直言不讳,以提醒君王自身进行检束。在所有谏臣当中,最有名的是唐朝的魏征。魏征去世的时候,唐太宗哭得很伤心,他说:"我有三面镜子:以铜为鉴,可正容颜、正衣冠;以史为鉴,可知兴替;以人为鉴,可明得失。"用铜镜来观照自己,可以看到自己有什么不正之处;以历史来鉴定照察自己的作为,可以知道我这个做法是会兴盛还是会衰败;旁边有这些良臣给我劝诫,我才知道所作所为是好还是不好。而这三面镜子已经破了一面,所以他很伤心。这面镜子就是指魏征。

老子给我们的第三件法宝,就是"不敢为天下先"。所谓"不敢为天下先",

并非不为,而是不妄动妄为,是"为而不争",即谦让处后的意思。守柔处弱是老子一贯的处世哲学,老子认为,柔弱能够战胜刚强,不自夸的人才能功绩昭彰,不自矜持才能长久,有道之士,循自然规律而动,顺自然之道而行,岂会恣意妄行,胡作非为?更不敢争强好胜而求先进树榜样了。正因为不敢为天下先,反而能够达到成为天下先的目的。

春秋时期,齐景公手下有三位勇士:公孙接、田开疆和古冶子。然而,这三位勇士都居功自傲,越来越飞扬跋扈,甚至连齐景公都不放在眼里。相国晏婴担心他们闹事,于是向齐景公建议除掉他们。齐景公为难地说:"他们三人武艺高强,要除掉他们很难。"晏婴说他自有办法。一天,晏婴叫人为三位勇士送去两个桃子,并告诉他们:"主公赏赐给最勇敢的人,谁的功劳最大,谁就有资格吃一个。"公孙接说:"我曾陪主公外出打猎,制伏过野猪与猛虎,我理当吃一个。"田开疆说:"我曾为齐国南征北战,立下赫赫战功,也理应有我的一个。"古冶子见两只桃子已经被他们二人分了,十分气恼,愤愤不平地说:"我曾救过主公的命,可如今却吃不上一个桃子,我怎能受如此羞辱?"公孙接、田开疆羞愧万分,说:"我们的功劳不如你,却先给自己分了桃子,实在太贪婪了。今天我们不死,是无勇的表现。"说罢,二人拔剑自刎。古冶子也因羞耻而自刎。晏婴用两个桃子轻而易举地除掉了三个勇士。这三位勇士如果懂得"不敢为天下先"的道理,哪里会不明不白地命丧黄泉呢?

在老子的学术思想中,这三件法宝并不是孤立的,而是一个统一的整体。它们贯穿的一条主线,即如何"保生"。老子接下来告诉我们:"**夫慈,故能勇;俭,故能广;不敢为天下先,故能成器长。今舍其慈且勇,舍其俭且广,舍其后且先,死矣!**"圣人胸怀慈爱之心则能自然地勇于作为,节俭虚怀则能够自然地生发壮大,为而不敢争则自然地成就大器。今人舍弃慈悲之根而去勇于作为,舍弃俭朴之本而去强求壮大,舍弃柔弱之体而去目空一切,事事争先,这样只能走向毁灭和死亡。为什么呢?答案尽在"太极图"中。而在这"三宝"中,慈是最基本的原则,如果能够持守慈爱之道,则战必胜,守必固。这绝不是老天爷在救你,而是你的慈爱之心调和了阴阳矛盾,护卫了你。

后来,孔子继承了老子"三宝"的观点,他对于修身的要诀,提出了五个字:温、良、恭、俭、让。温就是温和稳重,不走极端,善于自控;良就是慈爱、善良；恭就是态度恭敬严谨，无懈怠之心；俭就是节约；让就是谦逊。这五个字给我们刻画出了活生生的一个经典的儒者形象。对照一下可以发现，"温"和"良"大致相当于老子的慈，"俭"这一条孔子和老子都有，而"让"与老子的不敢为天下先相当。

第五节　知人者智　自知者明

——"八征""九征"识人心

国家的强大，企业的发展，家族的兴旺，都离不开"人心所向"。道商要想实现"以道经商"，必须依靠人才优势，集众人之智与力而有为。但是，如何识别人才优劣，甄别人心善恶呢？这就尤其重要了。

老子告诉我们：**"知人者智，自知者明。"** 智：表示智慧、明智。"知人者智"是说能洞察他人品行与才能者，可称之谓智慧。智是显意识，形成于后天，来源于外部世界，是对表面现象的理解和认识，但是具有局限性和主观片面性。明：可以理解为明白、高明，是对世界本质的认识，具有无限性和客观全面性。假如我们能够通过静观玄览，清醒地认识到自己优与劣、长与短、能与不能者，可谓高明。"知人者"，知于外；"自知者"，明于内。所谓智者，知人不知己，知外不知内；明者，知己知人，内外皆明。所以欲求真知灼见，必返求于道，内外皆通，智明如一，才是真正的觉悟者。

要想驾驭人才，必须首先洞悉这些人才的内心世界。然而，人是不容易被了解的，想了解人也很困难。孔子说："凡人心险于山川，难知于天。"人心比山川还要险恶呀，了解人心比登天还要难。天还有春秋冬夏和早晚之分，可是人却不同。看上去貌似淳厚，但内心的情感深藏不露，谁又能究其底里呢？汉光武帝刘秀是很善于听其言辨其人的皇帝，却在庞萌身上栽了跟头；曹操算是知人善任的高手，还是上了张邈的当。有的貌似谦逊和善，内心却傲慢，非利不为；有的貌似长者，行为却似小人；有的貌似圆滑，内心却刚直；有的貌似柔缓，实则凶悍。历史上的亡国之君，往往给人一种颇有智慧的印象，而亡国之臣却极好表现出忠心耿耿的样子。即便是圣人孔子，在知人这方面，也发出了"以貌取人，失之子羽；以言取人，失之宰予"的感叹。

　　人们常说，眼见为实，耳听为虚。其实，眼见的也不一定属实。当年，孔子被困在陈国、蔡国之间，只能吃野菜，以致七天没有吃到粮食。孔子白天躺着睡觉。颜回去讨米，讨回来后烧火做饭，饭快熟了，孔子看到颜回抓锅里的饭吃。过了一会儿，饭做熟了，颜回拜见孔子并且端上饭食，孔子假装没看见颜回抓饭吃，起身说："今天我梦见了先君，把饭食弄干净了然后去祭祀先君。"颜回回答："不行。刚才灰尘落进饭锅里，扔掉沾着灰尘的食物不吉利，我抓出来吃了。"孔子叹息着说："所相信的是眼睛，可是眼睛看到的还是不可以相信；所依靠的是心，可是心里揣度的还是不足以依靠。学生们记住：了解人本来就不容易呀。"

　　在中国历史上，善于识人与用人的智者屡见不鲜。《三国志·蜀书·赵云传》记载：赵云，字子龙，常山真定人。本在公孙瓒麾下，后随刘备。曹操南下陷荆州，刘备兵败于当阳长坂，弃妻子南走时，有人说赵云已向北逃了，刘备说："子经不弃我也。"不久，赵云怀抱刘备的儿子阿斗，并保护刘备妻子甘夫人一起归来。在兵败势穷之际，背主而逃是常有之事，而刘备却坚信赵云不背己，可见刘备是善于知人的。近代人物中，在知人上有独特而深厚功夫的，当属清朝的曾国藩。在淮军建立之初，李鸿章带领了三个人来见曾国藩，正好曾国藩饭后散步回来，李鸿章准备请他接见一下那三个人。曾国藩摆摆手，说不必再见了。李鸿章奇怪地询问为什么，曾国藩说："那个进门后一直没有抬起头来的人，性格谨慎、心地厚道、稳重，将来可以做吏部官员；那个表面上恭恭敬敬，却四处张望、左顾右盼的人，是个阳奉阴违的小人，不能重用；那个始终怒目而视、精神抖擞的人，是个义士，可以重用，将来功名不在你我之下。"那个怒目而视、精神抖擞的人，即后来成为淮军名将的刘铭传。

　　在现代商业社会里，各种貌似诚信的"奸商"层出不穷，各类看似美丽的"陷阱"无处不在，各种以假乱真、以伪替真的现象让人眼花缭乱。如何做到知人与自知，尤其重要。如何才能彻底识别一个人，以致不发生错误，这里面有大学问。

在《六韬》中，周武王问太公姜尚："该通过什么样的方法，真正了解将与士的品德与能力呢？"太公告诉他，了解他们有八种途径（八征）：一是向他询问问题看他如何应答；二是追问不止来看他的应变能力怎样；三是通过间谍来观察其是否忠心耿耿；四是明知故问来看他是否有所隐瞒，借以考察其德行；五是派他管理钱财看他是否会廉洁不贪；六是用美色来试探看他是否意志坚定；七是向他告知一些危险困难的事情看他是否愿意承担，借以考察其是否勇敢；八是拿酒灌醉他，看他是否能够神态自若。八种方法都采用过之后，一个人能不能够称得上贤明，就一目了然了。

庄子在《列御寇》中，曾借孔子之口说考察君子可用以下办法："远使之而观其忠；近使之而观其敬；烦使之而观其能；卒然问焉而观其知；急与之期而观其信；委之以财而观其仁；告之以危而观其节；醉之以酒而观其侧；杂之以处而观其色。九征至，不肖人得矣。"其意为：让他到边远地方去，看他是否忠诚；让他在近旁，看他是否谨慎；分配给他繁难的工作，看他有无才能；突然向他提出问题，看他是否能回答得清楚、详尽；给他短促的时间期限，看他是否讲究信用；把钱财交付他保管，看他是否廉洁；告诉他处境危险，看他的节操如何；用酒把他灌醉，看他是否失去常态；让他到复杂的环境中，看他的表现是否正常。

用上述九种方法来检验一个人后，品行不端的人就可以看出来了。与此同时，庄子还提出，人有"八疵""不可不察也"。"八疵"即八种不正当行为，主要有：一意奉承、挑拨离间、颠倒是非、说人坏话、贯于两面奉迎等。庄子说这样的人"君子不友，明君不臣"，即君子不与其交朋友，贤明的君主不任用这种人为臣。

知人者智，自知者明。但是，在实际操作中，往往是知人容易，知己最难。庄子说："臣患智之如目也，能见百步之外，而不能自见其睫……故知之难，不在见人，在自见。故曰：自见之谓明。"古人反复感慨，人能明察秋毫，却看不清楚自己的睫毛。过去班固慨叹司马迁学识渊博，却不能运用智慧避免腐刑，可是班固自己后来也遭牢狱大灾。班固能发现司马迁的祸患所在，却未能发现自己也身陷大祸。智慧虽然能够看清楚别人的问题，但是自己却不能恪守所明白的道理。

人们常常抱怨周围环境不好，或者抱怨命运对自己不公，却很少有人能够从自己身上找原因，去审视自己的内在。庄子又说："自知者不怨人，知命者不怨天；怨人者穷，怨天者无志。"有一只乌鸦打算飞往东方，途中遇到一只鸽子，双方停在一棵树上休息。鸽子见乌鸦一副飞得很辛苦的样子，关心地问："你要飞到哪里去呢？"乌鸦愤愤不平地说："其实我也不想离开，可是这个地方的居民都嫌我的叫声不好听，所以我只好飞到别的地方去。"鸽子好心地告诉乌鸦："别白费力气了。如果你不改变你的声音，飞到哪里都不会受欢迎的。"

　　罗伯特·路易斯·史蒂文森告诉我们："了解自己喜欢什么，而不是听任别人告诉你应该喜欢什么而恭敬从命，才能维系灵魂的生命。"我们只有通过客观与全面地认识自己、了解自己，才能发现自己的内在精彩，才会明辨在自己的人生道路上，该何去何从、何取何舍，最后，像诸葛亮一样吟唱着"大梦谁先觉，平生我自知"，挥戈驰骋，智行天下，实现自己的辉煌人生。

第六节　信言不美　美言不信

——齐威王的纳言之道

道商者，以商显道，借假修真。人心变幻人心险，宇宙万物皆"非常"，天下一切事物都在"道，可道，非常道"的**不易——变易——交易**规律之中。唯有通晓道的规律的"有道之士"，才能守常道、有常信、有常美、有常知、有常有、有常争。

"道，可道，非常道""信，可信，非常信"。面对人心变幻世事无常的社会万象，我们该如何立足真实获得真知，讲求真信掌握真理呢？老子告诉我们：**"信言不美，美言不信；善者不辩，辩者不善；知者不博，博者不知。"**信，指的是真实；美，指的是华丽。在老子看来，真话通常都不漂亮，不华丽，但却是真正为人言好。相反，把话说得动听，说得一环扣一环，让人一步步进去，表面看起来美丽、动听，可实际上却是最不真实，最虚伪，也是最害人的东西！

古贤有云："祸从口出。"说话确实有许多难处。好人的一片肺腑之言，有可能被当作别有企图的"驴肝肺"；小人的逸言飞语，却往往被人认定是忠心之言。荀悦说："臣下向君主进言很难，这是为什么呢？因为话一说出口，罪过和悔恨就有可能随之而来。"所以人们说，指责君王的过失，就会有忤逆君主之罪；劝诫勉励教诲君主，便会受到威逼君上的责难。你说得对，君主就会因为你强过他而感到耻辱；你说得不对，君主就会认为你愚蠢而看不起你。相同的意见，你比君主说得早，君主就会认为你有意显示比他聪明而嫉恨你；你若在君主之后发表相同的看法，君主又会认为你是逢迎拍马。违背下级而顺从上级，会被认为是阿谀奉承；违背上级而顺从下级，又会被认为是随声附和。话说得浅显直露，则会被认为浅薄而受到轻视；讲深妙宏远的大道理，则因听不懂而受非难。有利于上的话必不利于下，有利于此的话必不利于彼，与眼前的利益相符就会与未来的利益相违。难怪孔子会感慨"子欲无言"。

诚实的话未必好听，好听的话未必诚实。为政为商之领袖者，当知"信言不美，美言不信"的道理，透过纷杂的现象看到事物的本质内在，才能明辨秋毫，智行天下。从前，齐威王召见即墨大夫，对他说："自从你到了即墨任职之后，诋毁你的言论天天都有。然而，我派人到即墨巡视，看到荒地都开垦出来了，人民丰衣足食，政府没有积案，你那一方宁静安定。这是因为你不花钱收买我的左右近臣，以求得他们对你称赞。"于是把一万户封给即墨大夫做采邑。齐威王又召见东阿大夫，对他说："自从你到了东阿做太守后，天天都能够听到对你的赞誉。然而我派人巡视东阿，却看到一片荒芜，百姓贫苦。赵国攻打甄城，你不能救助；卫国攻打薛陵，你竟然不知道。这是因为你常用钱贿赂我左右的近臣，以求得他们对你多加称颂。"当天，便烹杀了东阿大夫及左右经常赞扬东阿大夫的人。

齐威王深知"信言不美，美言不信"的道理，他不但不怕人批评，甚至还鼓励百姓揭露他的错误和缺点，下令："群臣吏民，能面刺寡人之过者，受上赏；上书谏寡人者，受中赏；能谤讥于市朝，闻寡人之耳者，受下赏。"这样一来，言路畅通，齐国政治修明，国力便迅速强盛起来。与此形成鲜明对比的是，史载，周厉王为政残暴，国人议论纷纷。于是厉王广派密探，重惩批评时政者。一时路人"道路以目"。厉王得意地说："我能弭谤矣。"近臣告诫："防民之口，甚于防川，川壅而溃，伤人必多，民亦如之。"厉王不仅不听，反而变本加厉。不久，国人暴动，厉王被逐。

道家"虚其心，实其腹"，讲究务实离华。在领导管理艺术中，如果遇到只会夸夸其谈，而无真才实学的人，就不能委以重任。历史上，赵括从小跟着父亲学习兵法，自以为用兵作战，天下无人能及。一天，他与父亲讨论排兵布阵，赵奢每说一套战法，他随即便有应对之策。事后，赵奢给妻子说："赵括不是做将军的材料。战争是关乎生死的大事，而赵括却说得十分轻巧。赵国不用他为将则已，若以他为将,赵军必然败在他的手里。"公元前262年,秦国趁着赵惠文王去世,赵孝成王刚刚即位的时机,出兵攻打赵国。此时,赵奢已经去世,蔺相如重病在身,孝成王受秦军间谍谣言蛊惑,认为"秦国根本不怕年迈昏庸的廉颇,倒是担心马服君赵奢的儿子赵括做统帅"。于是信以为真,找来赵括问他是否有退敌良策。只会纸上谈兵的赵括夸下海口,取代廉颇而为帅,结果,长平惨败,四十万赵军被活埋。这就是"美言"不足以信的真实而惨烈的教训。

  罗赛尔·赛奇说:"坚守信用是成功者的最大关键。"一个人要想赢得合作者的信任,一个企业要获得成功,离不开顾客的信任和支持。与百万财富比起来,高尚的品格、精明的才干、吃苦耐劳的精神要高贵得多。因此,一个企业应该"一诺千金",把"信"作为立身之本。

  目前,在国际上被公认为与洗钱、贩毒并列的三大毒瘤之一的商业欺诈,在我国正处于高发时期,既花样繁多,层出不穷,又流毒甚广,为害甚烈,已成为我国政府重点打击的对象。"网易科技"评论今天极其风靡流行的"互联网思维"说:现在中国有一种走火入魔的现象,就是用"互联网思维"投机取巧,以这种概念或者所谓创意吸引投资,梦想一夜暴富。"创业焦虑症"在中国已经成为一种社会病,年轻人做梦都在想点子成立自己的公司,而中国的"互联网思维"更多包含的不是创造,而是个人的成功学和发财梦。一些在互联网赚了些钱的"名人"趁机喧嚷自己成功的秘诀,然后蒙骗一群人像传销一样,去贩卖这些成功学。他们鼓励大家可以通过捷径发财与暴富,制造出创业门槛很低的幻觉,成功很简单,你只需要有互联网思维即可,并让一些人走火入魔。那些所谓的互联网思维的成功者,其实不过靠吹嘘概念,搞人为限购,玩饥饿销售、包装盈利、神话领袖,打折促销,收买口碑,忽悠媒体等,用这些老瓶子把戏,再装上互联网新酒。用互联网思维做出的煎饼和牛腩,味道究竟如何?恐怕就剩下商人的狡诈了。一家餐厅,最核心的东西是食品的味道,放弃食品味道而过度追求宣传则是本末倒置。

  一个人的知识水平和思维能力是有限的,即使再聪明的人,有时也可能对事物做出错误的判断和理解,出现失误,即"智者千虑,必有一失"。而避免失误的一个重要方法,莫过于秉持"信言不美,美言不信"的辩证思维方式,以"中极图"的心态去静观玄览,虚心纳谏。善求苦口良药、逆耳忠言之"信言",而杜绝虚假逢迎、阿谀媚上之"美言"。

人无信不立，事无信不成，国无信不威。所谓商道酬信，诚实守信是中华民族几千年传统文化的精神主流。范仲淹以为"惟不欺二字，可终身行之"，司马光解释说，"诚者天之道，思诚者人之道，至臻其道则一也"。一个人如果能够言行一致，表里相应，遇事坦然，诚不欺人，自然可以上通"天之道"。

第七节　宜重戒轻　宜静戒躁

——"活财神"沈万三的没落

诸葛亮有句传世名言,"非淡泊无以明志,非宁静无以致远。"

其实,关于这个观点,老子早就告诫过我们:**"重为轻根,静为躁君。是以圣人终日行不离辎重。虽有荣观,燕处超然。奈何万乘之主,而以身轻天下?轻则失根,躁则失君。"**(《道德经·第二十六章》)。沉和重是浮和轻的根本,宁和静是躁和动的主宰。为道为商,为君为王者,本末不能倒置,根本不能丧失。真正的领袖人物应当静、重,而不是轻浮躁动,这样才能巩固自己的利益而获得长久。如果我们在有极图的无边欲望驱使下,本末倒置,重物轻命,在违背道德和规律的前提下去轻浮妄动,最终必将丢失根本,丧失主宰,失去自己的根基和地位。

老子的这句名言是非常富有人生哲理的:轻以重为根,躁以静为君。也就是说,重能制约轻,静能主宰躁。为人轻浮,就失去了根本,会被人鄙视而难以为尊;做事急躁,就丧失了主动,难以成就大业。他提醒人们做事不可轻率,而要深思熟虑,不可急躁,而要等待时机成熟。只有真正做到戒轻、戒躁、戒骄,才能谋大事立大业,否则非但不能成事,还有可能犯下不可弥补的过失。你看自然界的植物,不管是大树还是小草,都是根要稳定,根重要而本安静,动荡摇晃或折断的都是枝叶或茎秆,枝叶茎秆轻浮妄动,而且随着自然的风向八方摇晃,若遇到大的灾难还会折断茎秆,倒毁枝叶,这就是大自然给人的启示——根本不能动!

然而，常人轻浮者往往不懂得本末的重要性，他们有为容易无为难，争取容易放弃难，躁动容易冷静难。当年，关羽由于傲气轻浮，以致大意失荆州，父子败走麦城双双丢了性命。当消息传到阆中，张飞得知结义兄长关羽被害，日夜痛哭。许多将士纷纷以酒劝解，张飞甚爱饮酒，醉酒后，怒火烧得更旺，对手下的兵士，稍有过失他就拳打脚踢，士兵受伤轻则残废，重则死亡。刘备知道后，劝他宽厚一些，否则早晚必惹祸上身。张飞充耳不闻。一日，张飞令军中三日内置办白旗白甲，全体军士四日后挂孝攻吴。第二天，将领范疆、张达二人进帐禀报：三军挂孝，数量太多，一时难以备齐，须宽限几日。张飞大怒道："我急着报仇，恨不得明天就进军东吴，你们竟敢违令，罪不可赦。"当下命令武士鞭打二人50军棍。打完之后，张飞手指二人说："白旗白甲明天全部交上，不然，将你们斩首示众。"回营后，范疆说："今日受了刑罚，如何筹办白旗白甲？张飞性暴如火，明天若交不出货，你我都会被杀。"张达沉思片刻，说："与其他杀我，不如我杀他。"范疆说："只有这样了。"当天晚上，张飞又喝得酩酊大醉，躺在帐中呼呼大睡。初更时分，范疆、张达二人各怀利刃潜入帐中，将张飞杀死后，逃到东吴去了。张飞由于"躁"则失根，临死前都不知道自己死于何人之手。

到后来，刘备由于接连失去了两位结拜义弟，也控制不住自己的情感，犯下了"轻则失根，躁则失君"的毛病。刘备为了给关羽、张飞报仇，兴百万之师讨伐东吴，孙权从阚泽言，起用陆逊为主将，统率三军抗刘。消息传来，刘备问陆逊是谁？马良说是东吴的一位书生，年轻有为，袭荆州便是用的他的计。刘备大怒，非要擒杀陆逊为关、张二弟报仇。马良劝谏道，陆逊有周瑜之才，不敢轻敌。刘备却嗤笑道："朕用兵老矣，岂不如一黄口孺子耶？"用兵打仗之道，重在谁能把握战机，深谙谋略，与年龄无关。刘备自称"朕用兵老矣"，作为一个领军之统帅，夸口自己的战争经历丰富，谋略周全，这是不切实际的妄言。他因此而看不起"黄口孺子"的陆逊，更犯了轻敌之大忌，这就是"轻则失根"。他在发兵讨伐东吴时，因为个人情感，不听诸葛亮等良臣的劝谏，不顾蜀吴结盟之大局，这就是"躁则失君"。所以，后来陆逊用计火烧连营八百里，导致刘备大败而归。

静胜躁，弱胜强，这是道家"王天下"的重要思想。也是我们在经商立业时应该持守的重要原则。富不奢淫，贵不骄纵，只有"虚其心"，低调为人韬光敛彩，不争虚妄之名于人先，才能"实其腹"而获得恒久不去之成就。

历史上的金陵巨富沈万三，原名沈富，元代中期随其父由湖州南浔迁至周庄东垞。沈万三以躬耕起家，后来凭借周庄特有的地理优势通番，进行贸易活动。周庄北端白蚬江（古称东江），西接京杭大运河，东北经浏河出海，是理想的天然水上通道。不几年，沈万三迅速成为"资产巨万、田产遍天下"的江南首富。

明初，由于长期战乱，民生凋敝，国库空虚，朱元璋定都金陵，欲扩外城，难以成事，沈万三恃其富实，愿与国家对半而筑，承担工程的一半，他们同时开工，沈万三比朱元璋早三天完成。朱元璋斟酒慰劳他说："古代白衣天子，号曰素封（无官无爵而有资财的人），您就是啊！"但口头不似心头，朱元璋心中实在不悦。沈万三得罪朱元璋的原因，据孔迩云的《蕉馆纪谈》说，是由于"其山田有近湖者，沿湖筑成石岸，以障其用，上怪其富过于己，独税其田九斗十三升。后万三筑苏州街，以茅山石为心，上谓其有谋心，遂收杀之，以兵围其家，尽抄摘之。"沈万三有田靠近湖边，就修了一道石岸用来保护自己的田地不受淹。太祖讨厌他太富，就单独对他的田地抽税，每亩九斗十三升。想杀他，一时没有理由。恰好沈万三用茅山石铺苏州街的街心，朱元璋就说他谋反，准备杀了他，后来在马皇后的劝解下，才放弃杀他的念头，查抄了他的家产没收入官，将沈万三充军到云南，连女婿也受到株连。

沈万三的财富人生，好冤枉！没有犯法，为皇帝出了力，反而祸事上身，太可悲了。一个商人，无论多么富有，生死都操在有权势的人手中，怎么可以与皇帝比富斗富呢？天子富有四海，而沈万三富过天子，又爱露富，朱元璋自然要生嫉妒心了。在修建工程时，怎么可以比皇帝早三天完成呢？沈万三太不懂得《道德经》的智慧了，他不明白"重为轻根，静为躁君"的道理，虽有荣观，却做不到"燕处超然"。沈万三的正确做法应该是把金钱献出来，让朱元璋自己修，这样必能讨好朱元璋，也许能弄个一官半职。

第八节　报怨以德　利而不害

——冯谖义助孟尝君

近年来,"仇富"一词在各种新闻报道和评论中被广泛使用。《二〇〇七中国民营企业家问卷跟踪调查报告》显示,民营企业家在为民营经济快速发展做出重大贡献的同时,九成民企老总表示压力大。调查显示,当问及"不少人对企业家存在误解和不少人对企业家有一种仇富的心理,这样的说法你是否同意时",有超过一半的企业家均表示非常同意或比较同意。与此相适应的是,现实生活中的"仇富"行为也似乎有增无减。2005年9月11日,带着"仇富"心理的艾绪强在北京王府井制造了3死9伤的血案,依然让我们记忆犹新。可见,民企老总们担忧也是事出有因。

世上没有无缘无故的恨,"仇富"有着复杂的社会原因。正如有评论所说,目前"仇富"心理实质不是在仇"富",而是仇"不公"。对于民间的"仇富"心理,民企老总们在应当有所反思的同时,能不能从2500年前的老子那里获得智慧感悟呢?

《道德经》第七十七章告诉我们:**"天之道,其犹张弓乎?高者抑之,下者举之;有余者损之,不足者补之。天之道,损有余而补不足。人之道则不然,损不足以奉有余。"**自然界的规律,就好像开弓射箭一样,是瞄准目标有的放矢的,箭头高了就压低一点,箭头低了就举高一点;弓弦拉得太满,则力量多余,就要损一点力，免得弦拉断了；弓弦拉不开，则力量不足，就要补一点力，免得箭射不出去。天道是最自然的，天生天杀，自动减去那些有盈余的，而补足那些不够的，这样就可以自然调节宇宙万物的平衡而获得长久。而人道的规律就不是这样。自从太极图流转后，人道就离天道越来越远，有极图之私越来越背离无极图之公，富的越富，穷的越穷，越落后越贫穷，越繁荣越富裕。人们为了保守一己之"私有"，往往是亏省那些不够的，以供奉那些盈余的，昧着良心巧取豪夺，损公肥私。在老子看来，有谁能够把自己有盈余的东西拿出来，去供奉天下呢？那就只有得道的圣人了。从商业道德的角度来讲，通过"损有余而补不足"的商人就是道商。

商海之中，钩心斗角，尔虞我诈，风浪不平。老子认为，**"圣人执左契，而不责于人。故有德司契，无德司彻。天道无亲，常与善人。"**（《道德经·第七十九章》）。冤冤相报何时了，调和矛盾和仇恨的最好方法就是"执左契而不责于人"，以德化民，以德感人，以德报怨，以德报德。你看：有道之士手上虽然执掌有借债人的借据凭证，而不去指责人家的无用和贫贱。有德者慈祥宽容，只是随缘地掌管着借据凭证；无德者刁诈可恶，将会利用借据凭证去逼迫人家偿还债务利息，甚至夺取他人之宝。为什么要这样做呢？因为老子看到了天道虽然无亲无爱，却经常为善人带来大福报的规律演变。

历史上，孟尝君曾食客三千，当时齐国有个叫冯谖的人，很穷，就托人来投靠了孟尝君。孟尝君问："客人有什么爱好？回答："没什么爱好。"又问："有什么本领？"回答："没什么本领。"孟尝君答应收留他。孟尝君的左右亲近，看他没什么本事，就让他住下等房屋，吃粗劣的饭菜。过了十来天，孟尝君问传舍的负责人："冯谖干什么？"传舍负责人说冯谖很贫穷，没有什么东西，只有一把长剑，他无事就靠着柱子，弹着他的剑，歌唱道："长剑啊我们回去吧，吃饭没有鱼！"孟尝君说："给他吃鱼，让他住幸舍。"过了不久，冯谖又弹着长剑说："长剑啊，我们还是回去吧，出门无车！"左右的人都嘲笑他，又告诉了孟尝君！孟尝君就让给他准备车马，住上等的房屋。过了不久，冯谖又弹着长剑说："长剑啊！我们还是回去吧，没有东西养家！"左右的人现在是厌恶他了。孟尝君问手下的负责人："冯先生有亲属吗？"负责人答："家有老母。"孟尝君就派人供应他的家用。从此，冯谖不再唱歌了。

有一次，孟尝君问门下的食客："谁能为我到薛地收债？"冯谖自告奋勇。孟尝君就召见了他，为他准备好车马，整理好行袋，放好债券。就要上路，冯谖说："先生收债回来，您要买点什么吗？"孟尝君说："看我家缺什么就买什么！"冯谖到了薛地，把欠债的人召集起来，一一核对债券，依贫富能还的，约定时期，写在债券上，然后假传孟尝君的命令，把穷人的债券都烧了。冯谖对众人说："孟尝君之所以贷款给你们，不是为了利息，是为了你们的生活。但是君门客有数千人，俸食不足，因此不得不来收取利息供养门客。今天能还的要按期偿还，穷困不能还的，全部烧了。君对你们薛人的恩德，如此深厚。"百姓都叩头欢呼："孟尝君真吾父母也！"

冯谖回去见孟尝君，孟尝君问他："债收完了吗？为什么这么快？"冯谖说："收完了！""买了什么东西啊？"冯谖答："您说'看我家缺什么就买什么！'我想，您家中有用不完的珍宝，狗、马满圈，阶前全是美女。您缺少的是'义'而已！我为您买了'义'。"孟尝君问："怎么买的义？"冯谖说："薛邑是您的封地，对这里的百姓，您不想对自己的儿女一样对待他们，却像商人一样去榨取利息。我私自假传您的命令，把不能还的债券都烧了，百姓高呼'万岁'，这就是为您买回了'义'。"孟尝君听了很不高兴，事已至此，也没办法，只得让他退下。一年后，有人在齐王面前进谗言，齐王就让孟尝君回自己的封地薛邑。当离薛邑不到100里时，百姓在半途中迎接孟尝君。孟尝君回头说："先生为我买的'义'，我看到了。"

人在得意之时，对"义"不重视，只有失意之时，才知"义"的可贵，冯谖为孟尝君买"义"，使他失意而不失"义"，这样才能阴与阳平衡，功与德和谐。相比之下，汉朝主父偃死时，无人为他收尸，明朝严嵩被罢官时，一路上没人卖给他东西吃，都是做官时不积德的恶果。

列子认为："天下有常胜之道，有不常胜之道。常胜之道曰柔，不常胜之道曰强。"当年，惠盎拜见宋康王。宋康王粗暴地说："寡人所喜欢的是勇武有力，不喜欢搞仁义那一套。你想拿什么来教寡人呢？"惠盎投其所好地回答："我有一种道术，使人虽然勇武，想刺我却刺不进；虽然有力，想打我却打不中。大王难道无意于此吗？"宋王说："好！这正是寡人想领教的。"惠盎又说："想刺我却刺不进，想打我却打不中，这对我来说还是一种耻辱。我这还有道术，能使人虽然有勇，但不敢刺我；虽然有力，但不敢打我。不敢刺不敢打，但并非本来没有这样的意图。我这还有道术，可以使他根本就不存在刺人打人的念头；不存在这种念头，还未尝有爱护和有利他人之心。我还有道术，管教天下的男男女女无不欢欢喜喜地爱护和施利于他人。这种道术比勇武有力高明，远在刚才说的四种办法之上。大王难道无意于此吗？"宋王说道："这正是寡人所希望学到的。"

惠盎应道："孔丘和墨翟就是这样！孔丘、墨翟没有土地，但被视为君王；没有官爵，但被视为尊长；天下的男男女女无不伸长脖子踮起脚尖，希望安宁，获得利益。现在大王是拥有兵车万乘的大国之主，如果有此抱负，那么四境之内的人民都能得到它的好处。这比孔丘、墨翟高明多了！"宋王无言以应。惠盎快步走了出去。宋康王对身边的人说："真算得上雄辩了，他用这来说服寡人呀！"

依靠刚强，只能战胜不如自己的人；依靠柔弱，却能战胜超过自己的人。《淮南子》说："东海有一种鲽鱼，总是并排而游；北方有一种娄兽，总是轮流捕食、守窝；南方有一种鹣鸟，永远是比翼双飞。这些鸟兽鱼类都知道相互扶助，更何况万乘之君呢？"如果我们能读懂《道德经》，能够真正理解老子"利而不害""合而不争"的大智慧，在商业经营与合作中，我们就能脱离自身的狭隘视野和束缚，予人以方便之心、宽厚之德，获得前所未有的，"天下莫能与之争"的大成就。

第九节　知足不辱　知止不殆

——秦相李斯的悲剧人生

道家贵生，道商谋生，道学养生。善养生者，身体和生命是无价之宝，是一切名利财富的基础和本钱。身体和生命一旦失去了，也就一切都丧失了。老子在《道德经》第四十四章中，给我们算了这样一笔账。他说：**"名与身孰亲？身与货孰多？得与亡孰病？"** 名誉地位和身体生命，是哪一样更尊重亲爱？资金财物和身体生命，是哪一样更珍贵重要？获得与丧失，是哪一样更有害于身体生命呢？其实，说穿了，所谓名利地位、资金财物、豪宅名车等，这些都是身外之物，生不带来，死不带去，所以一切随缘，适可而止。

要想让自己的身体生命或者事业恒久于天下，老子为世人开出了他的药方："**是故甚爱必大费，多藏必厚亡。知足不辱，知止不殆，可以长久。**"老子认为，通过权衡利弊的比较：过分地贵重爱惜名利地位者，必有无辜的耻辱和大破费；过多地收集珍藏资金财物者，必有惨重的损失和大灾难。为什么呢？因为宇宙万物本平衡，有无相易，有无相生。你得到多少，就会失去多少；失去了多少，也会得到多少，多付出则多收入，多收入则多付出，一切尽在自然中，一切尽在阴阳中。所以，知道满足的人，就不会遭到屈辱；知道适可而止的人，就不会遇到危险。唯有知足知止者，身体生命和事业才会长久平安。

其实，在老子对待世事与生活的道德思想中，"知足"与"知止"的中极图观点，一直贯穿着整部《道德经》。比如在第九章时，老子也早就提出了这样类似的观点：**"持而盈之，不如其已；揣而锐之，不可长保。金玉满堂，莫之能守。富贵而骄，自遗其咎。功成名遂身退，天之道。"**要想成为通天地之道的商人，就要从自然规律来悟人间进退。你看：在自然界中，日中则移，月满则亏，物盛则衰，乐极则悲。在人世间，盛极则衰，福尽祸来，物极必反，否极泰来。你看古往今来的那些金玉满堂，财宝如山的富贵之人，又有哪一个能长期护持和守卫得住呢？常人一旦富贵了，就难免骄奢淫侈，自己就会为自己及亲友甚至子孙造下祸殃，这些罪过都是由于不知足和不知止而造成的。

李斯是楚国上蔡人。《史记·李斯列传》中记载，有一次，李斯在厕所里看到一个老鼠吃粪便，一见到人就吓跑了。后来，他看到仓库的老鼠吃粮食，而没人管。他发出感叹："人之贤不肖，譬如鼠矣，在所处耳？"这句感叹，反映了李斯争名逐利的思想，他想做的是粮仓中的老鼠，不想做厕所中的老鼠。当时，李斯在楚国做一管文书的官，这没什么出路。他辞去了小官，到齐国求学，当时齐国的荀况很有名，他就向荀况求学。学成之后，李斯要到秦国去，荀况问他为什么要到秦国去，李斯说："干事业要待时机，今日各国争雄，正是建立功名的好时机。秦国称雄天下，想一统大业，到那里可以干大事业。一个人地位卑贱而不思进取，就等于禽兽只能享受到自然界现成的食物，而永远陷于贫困，这将是最大的耻辱和悲哀。长久地处在这种境地，一味地埋怨世道，鄙薄功利而自己又无所作为，这绝不是读书人所希望的，所以我要到秦国去。"于是荀子同意他到秦国去，但他告诫李斯要注意节制，在成功的时候要想想"物忌太盛"的话，要给自己留条后路。

李斯到秦国后，走当时很多士人走的路，到权臣门下当门客。当时吕不韦权力很大，被秦王倚重，他就投靠了吕不韦，时间不长他就显露了自己的才华，受到吕不韦器重，当了一个小官，后来又被推荐给秦王。一见秦王李斯就把自己的学问发挥出来，述说了抓住时机，统一天下，消灭六国的理论。此番言论正合秦王的心意，李斯马上被提拔为长史。秦王依用李斯之计，派谋士刺客到各国去，用金玉收买六国的大臣，离间君臣关系，收买不了的就刺杀。同时又派出名将率重兵以武力威胁，迫使六国就范。在十年时间内，李斯就帮助秦王登上始皇帝之位，完成了统一天下之大业，他也因此为秦始皇所器重，官位升至丞相。

秦始皇死后，本应由长子扶苏继承皇位，但李斯却附和了赵高的阴谋，篡改了诏书，立胡亥为皇帝。后来，赵高控制了朝中大权，但由于李斯是丞相，颇觉碍手碍脚，于是赵高便以阴谋之计陷害李斯。在狱中，李斯忍受不了酷刑，被迫承认谋反。公元前208年冬，秦丞相李斯被腰斩于咸阳，夷灭三族。当李斯踏出监狱时，回头对次子李由说："我想和你再牵着黄犬出上蔡东门去打兔子，这样的机会还有吗？"

李斯为官40年，辅佐了秦始皇取得过巨大的成就，为秦统一后国家制度的建立提出过很多正确的主张，可以说他对历史的发展做出过贡献。但他贪恋权势富贵，未能记得老师荀况说的"物忌太盛"的话，不知急流勇退。试想，若李斯能够识时务，秉持"知足"和"知止"的中极原则，在秦始皇死后退出权力斗争的中心，照样可以牵着黄犬出上蔡东门去打兔子。然而正是因为他把地位和权势看得太重，以致最后落了个可悲的下场。

生命中有些时候，为了追求更远大的目标和成就，你必须学会放弃眼前的一些现实利益，才能进入一个更加广阔的天地。曾经有人问过一位企业家，请求告诉他成功的秘诀是什么。这位企业家毫不犹豫地说："第一是坚持，第二是坚持，第三还是坚持。"对方心里暗笑。没想到企业家又补充了一句："第四是放弃。"而道商之祖范蠡之所以能够得到万世称颂，主要就在于他不追求无限制的发展，而理智地把每样事物控制在自己的能力内。在他成功实现越国兴旺称霸的大任后，他看出自己已经尽力尽职了，再发展下去必将引起猜忌和冲突，所以毅然引退。他在齐国经商闻名而被任为齐王副相时，却敏感地意识到"（自己）居家则致千金，居官则至卿相，此布衣之极也。久受尊名，不祥……"，所以他主动"辞相散财"，并演绎出"三散三聚"的财富神话。他不仅能自主掌握命运，对经商也可以看透玩转：他做生意讲求薄利多销，只"逐什一之利"；他对合作伙伴"不争利"，追求双方的互惠双赢。

我们若能像范蠡一样，以"知足不辱""知止不殆"的智慧去经商治世，遇到额外的诱惑不动心，凡事把握中极留有余地而不绝对，"粮取所食，物取所用"，让一切在适当的可控的范围内发展，世界就少了些冲突和纷争，社会就多了些和谐与美好，经商也就更加诚信、更加顺利了，这才是每位道商应该追求的"科学发展观"。

第四章　法篇

第一节　观天之道　执天之行
——商圣范蠡的道商哲学

道家讲求"道法自然",要求做到无为,反对过多的人为干涉。如何才能依据和顺应大道的本性去行事,积极地获得大成之道呢?黄帝《阴符经》开宗明义第一句就高度概括道:"观天之道,执天之行,尽矣。"所谓天之道,是指整个宇宙万物大自然的发展变化规律。观,则指人去观察、观测、分析、体验。而"执天之行"的"执"就是执行、运作、实施的意思。通过观察天道、认识天道、了解天道,就可以领悟和把握宇宙万物大自然运行的主要规律和原理原则,然后将天道运行的法则运用起来,就可以放手实现自己的目标和追求。无论是"观天之道",还是"执天之行",二者的主体都是人,都是要人去观、去执。如果你能把这两件事都做好,那么一切成功的奥秘都尽在其中,都给予你了——"尽矣"!

道商始祖范蠡在助越王勾践灭吴后,弃官经商,不久发家致富,富可敌国又倾财赈民。他不仅是史上最早最成功的大商家,而且总结有大量的经营方法和理论,后人将其理论整成各种通俗读物,如《陶朱公术》《陶朱公商训》《范蠡理财致富十二则》《范蠡经商十八法》等。他是如何观天之道,执天之行的呢?

范蠡认为,规律是事物内在的本质,是现象背后的真实,做生意尤其忌讳凭直觉、看表面、随大流;要想掌握规律必须善于观察并用心地领会。天、地、人三者之间是不断变化的。万物生于土地,大地无所不包、无所不容,它总摄万物,是一个整体。在复杂多变的市场形势下,要获利赚钱,就必须重视市场行情的变化，揣度商品供求和价格的变化，以便采取有针对性的对策。无论是从"夏则资皮，冬则资䌤；旱则资舟，水则资车"的"待乏"（逆市经营）原则，还是从"论其有余不足，则知贵贱。贵上极则反贱，贱下极则反贵。贵出如粪土，贱取如珠玉"的价格理论，我们都可以看出范蠡已经真正理解到了市场规律的本质，能够将其灵活运用并获得成功了。

范蠡深知农业生产具有很强的季节性，他认为每年的气候不同，产量也就不同，从而对市场价格的涨落也会有很大影响。所以遇到丰年，范蠡就大胆收进农产品，而遇到歉收的年景，收进的货物就不发愁没有机会卖出去了。同样，在这种歉收的灾年里，物价会大幅上涨，也不必担心没有进货的机会而吝惜货物，所以尽可能地抛售出去。就这样，他在致富的同时，也为平抑物价、调节商品流通做出了积极的贡献。

但是，事物的发展并不总是简单地由小到大，再到消失的抛物线，而是一个复杂甚至曲折的过程。所以，仅仅意识到以积蓄储备来应对客观规律带来的影响是不够的。在深入了解了事物的发展规律以后，还要利用这种规律进行反向投资。也就是说，当大多数人不想投资的时候，你去投资；而大多数人都急于投资时，你则卖出。比如，在干旱的年景众人一窝蜂投资造车时，使用反向策略就应该一反众人的投资方向去制造舟船。因为干旱时节众人造车，车的供给量大增，必然造成价格下跌，造车的利润有限。而水灾的年景来临时，船的需求量大增，众人来不及造舟，船的价格势必高涨，利润也相当可观。反之，在水灾的年景里，众人见舟船的利润高涨，又必定会一窝蜂地投资制造舟船，此时你就要理智地反众人投资方向而行，该投资制造车子了。这就是老子提出的"反者道之动"的策略。善观大局的范蠡，把自己的"积贮之理"放在自然环境、社会，乃至整个经济系统的圆道循环中来看待。这样，通过研究事物内部的循环运动与外部自然环境中各要素的相互影响，就能有效地预见和利用事物发展的规律，搞清楚了市场规律，经商就可以无往不利了！

规律是简单的，然而市场是复杂多变的。所以在商业决策中，我们必须以发展和创新的眼光放眼全局，整体把握，与时俱进，谋划于未然。尤其现在我们所处的 21 世纪是知识经济的时代，新经济具有一系列的特征，它不再是众多媒体和出版物传播的新名词，而是正在创造着新的经济模式、新的经济运行规则。

在新经济时代，企业的经营方式已经发生重大变化，出现了"虚拟经营"，营销方式也将朝着数字化方向发展，信息管理成为管理方式发展的新趋势；企业的创业模式与传统的模式有很大的不同，建立了"企业孵化器"，出现了风险投资，创业不论资历而凭智力。人们对资本有了新的认识，知识与智力被凸显到重要的地位，知识成了全新的生产要素，成为一种新的资本，并最终参与财富的分配。企业的竞争方式也与传统的竞争方式有了很大的不同，创新成为竞争的灵魂，人才的竞争成了企业竞争的关键，双赢与互利成为新经济时代的基本竞争方式。

在新经济时代，尊重自然、道法自然正在成为新的趋势。在以自然资源为基础的资源经济时代，传统工业需要大量的资金、设备和储备，有形资产起着决定性的作用。其指导思想是建立在尽可能多地利用自然资源上，目的是产生更大的利润，较少考虑甚至根本不考虑环境效益、生态效益和社会效益。这种建立在自然资源取之不尽、用之不竭，以向自然掠夺为目的的生产经营方式，必然导致许许多多无法解决的环境、生态和社会矛盾。而新的资源观要求科学、合理、高效地利用现有物质资源，充分利用智力资源，开发尚未利用的富有的自然资源来取代已近耗竭的稀缺自然资源，使之可持续发展。

面对着新的经济形势，我们要学会运用新的运作工具去"执天之行"。新经济时代是信息的时代，微电子、计算机、光纤通信、传感器、软件工程、信息网络、人工智能等技术，正在发展成为决定新经济的基本因素。现代信息技术为企业提供了很多新的生产模式、管理技术和设计、制造技术。如适时生产（JIT）、企业过程重组（BPR）、企业流程再造（ERP）等，这些新工具的运行向当代道商提出了严峻的挑战。我们必须创造和运用新的经营运作工具，才能适用于未来社会的要求，只有借助于新的信息传递工具，才能做出科学有效的决策。

善观者，随心而动，随新而动。真正的道商，在面对整个时代与市场大环境变革的局势下，必须从道的演变规律入手，**"万物并作，吾以观其复"**。从小中观大、微中观宏、阴中观阳、此中观彼、因中观果、来中观往，主动去应变、通变、达变，去"执天之行"。唯有如此，才能达到老子所说的"善行无辙迹，善言无瑕谪，善数不用筹策，善闭无关键而不可开，善结无绳约而不可解"的智慧高深境界，真正永远与时代发展同步，实现商业利益的最大化。

"观天之道，执天之行"，一观一执，一静一动，一大一小，一无极一有极，一理论一实践，若能知行合一，道德和谐，进退合序，自然修真而圆满大成。

第二节　为学日益　为道日损

——杰克·韦尔奇与奥卡姆剃刀

追求效率，是企业的根本，而简单、直接的管理是达到高效的基础。有人问美国通用电气前 CEO 杰克·韦尔奇："什么是优秀的管理理念？"韦尔奇的回答是："简单的管理"。这个简单而有趣的回答道出了管理的真谛。

其实，关于"简单管理"的类似观点，中国智慧的先哲老子早就公示给我们了。老子在《道德经》第四十八章中说：**"为学日益，为道日损。损之又损，以至于无。无为而不无为。"**君臣有别，上下有别，劳心者与劳力者有别，修道者与治学者也有别。知识由于积累，天才出自勤奋，为了得到渊博的学问，就要天天求学、时时求学以增益知识。但是，为了掌握真理大道，就要学会化繁为简，以一宗而应万变，这"一"宗，就是自然之规律，真理之大道。荀子说："圣人的言语虽千变万化，但把它们归纳起来，也就是'一'。"我们如果把握和抓住了宇宙万物的总纲，就会纲举目张，提纲挈领，守要不繁，治身、治家、治国、治天下而成功有望。

周灭商后，姜子牙因功劳卓著，受封海、岱（今山东）广大地区，都于营丘，建立齐国。姜子牙根据齐国土地辽阔、物产丰富等自然特点，以及生产水平相对先进和异族势力较为雄厚的经济、政治条件，及时确立了治齐的重大策略："因其俗，简其礼，通商工之业，便鱼盐之利。"为此，他"修道术，尊贤智，尚有功"，前后仅用 5 个月时间，便报政（述职）于周公。这充分表现了姜子牙的惊人胆略和远见卓识，以及不拘形式、务求实际、得时勿怠的开国创业精神。由于姜子牙注重发挥治国之士的聪明才智，较多地保留了东方的习俗和传统文化，全面发展农工商各业，结果远近人民相率归心，齐国迅速强大起来，创造出具有"泱泱乎大国之风"的发达经济和灿烂文化。

与之相映成趣的是，周公受封于商、奄之地，建立鲁国，由其子伯禽前往统治。鲁国有祝、宗、卜、史，具备周王室的各种文物制度，是享有最高政治特权的东方大国。但伯禽受封后，三年才报政于周公。周公问："为什么这么迟缓？"伯禽回答："我到鲁国后，改变了那里的风俗，革新了那里的制度，前后花了三年时间才完成最初的计划，因此迟缓。"对照齐国的为政，饶有领导经验的周公当即感叹伯禽领导工作的失策，说道："唉，后世鲁国将听命于齐国。为政不简便易行，难为民众接受。平易近民，则民众必然归顺。"历史证实了周公的预言。其后，鲁国江河日下，最终远远落后于齐国。

人类文明不断发展，不断为这个世界增添新的内容。而由 14 世纪英格兰圣方济各会修士威廉提出来的"奥卡姆剃刀"原理，作为一种"反动的"哲学，却不断向我们的文明成果发起挑战，指出许多东西实际上是有害无益的，而我们正在被这些自己制造的麻烦压垮。正是这把剃刀，剃去了几百年间争论不休的经院哲学，剃秃了活跃一千年的基督教神学，使科学、哲学从神学中分离出来，引发了欧洲的文艺复兴和宗教改革，谱写了全世界现代化的序曲。

"奥卡姆剃刀"的出发点就是：大自然不做任何多余的事。如果你有两个原理，它们都能解释观测到的事实，那么你应该使用简单的那个，直到发现更多的证据。对于现象最简单的解释往往比复杂的解释更正确。如果你有两个类似的解决方案，选择最简单的、需要最少假设的解释最有可能是正确的。一句话：把烦琐累赘一刀砍掉，让事情保持简单！这把剃刀出鞘以后，一个又一个科学家，如哥白尼、牛顿、爱因斯坦等，都在"削"去理论或客观事实上的累赘之后，"剃"出了精练得无法再精练的科学结论，然后才通往天才的辉煌之道。

在企业管理工作中，人们之所以常常忙得焦头烂额，又没有工作效率，其主要原因就是将简单的事情复杂化了。杰克·韦尔奇曾说："**世上没有什么绝对真理和管理秘籍，最直接、最简单的管理办法，往往才是最有效的管理方法。**"杰克·韦尔奇就是深得威廉的真传，他用一把锐利的剃刀剪去了通用电气身上背负了很久的官僚习气，使公司能够轻装上阵，取得了巨大的成功。

通用电气是一家多元化公司，拥有众多的事业部和成千上万的员工，从接手主持通用电气的那一刻起，韦尔奇就认为这是一个官僚作风很严重的地方，控制和监督在管理工作中的比例太高了。如何有效地管理这些员工，使他们达到尽可能高的生产率，是杰克·韦尔奇一直苦苦思索的问题。他认为，过多的管理促成了懒怠、拖拉的官僚习气，会把一家好端端的公司毁掉。最后他总结出一个在他看来是最正确而且也必将行之有效的结论：管理越少，公司情况越好。

韦尔奇想要从自己的字典里淘汰掉"经理"一词，原因在于它意味着"控制而不是帮助，复杂化而不是简单化，其行为更像统治者而不是加速器"。韦尔奇说，"一些经理们把经营决策搞得毫无意义的复杂与琐碎。他们将管理等同于高深复杂，认为听起来比任何人都聪明就是管理。他们不懂得去激励人。我不喜欢'管理'所带有的特征——控制、抑制人们，使他们处于黑暗中，将他们的时间浪费在琐事和汇报上，紧盯住他们。这样无法使人们产生自信"。相反，韦尔奇非常钟爱"领导者"这个词。在他看来，领导应是那些可以清楚地告诉人们如何做得更好，并且能够描绘出远景构想来激发人们努力的那种人。管理者们互相交谈，互相留言。而领导者跟他们的员工谈话，与他们的员工交谈，使员工们脑海中充满美好的景象，使他们在自己都认为不可能的地位层次上行事，然后领导者们只要让开道路就行了。

正是在这些想法的指导下，韦尔奇向通用电气公司的官僚习气宣战了：简化管理部门；加强上下级沟通，变管理为激励、引导；要求公司所有的关键决策者了解所有同样关键的实际情况……在韦尔奇神奇剃刀的剪裁下，通用电气保持了连续20年的辉煌业绩。

随着社会、经济的发展，时间和精力成为人们的稀缺资源，企业家的时间更加有限，许多终日忙忙碌碌的老板却鲜有成效，究其原因正是缺乏"为道日损"的大道思维和能力，分不清"重要的事"与"紧迫的事"，结果成为了低绩效或失败的管理者。所以，老子最后忠告我们：**"故取天下常以无事，及其有事，不足以取天下。"** 真正的道商在治理企业时，常常是效法于天地之自然，取法于大道之清虚，他们善于出有入无、化繁为简、转难为易，通过守其一而通其万，最后达到游刃有余，看起来好像没有任何事务需要处理。假如一个企业经营者整天陷在事务圈子里，有干不完的琐事，那就治理不好企业了。因为他都没有时间和精力思考企业未来的命运和发展，忘记了自己的本分。如果治理不好企业，也就不配称为企业家了。

第三节　道生德蓄　随物成势

——成功人生的道商七势

三百六十行，行行出状元，行行都有"道"，这个所谓的"状元"都有成功之道。如果我们掌握了"道"的内在规律，就可以实现千行百业以道相通。所以在中国文化中，既有"行道"之区分，又有"道行"之高妙。倘若我们按照"道"的规律去为人行事，这才有"德"行的显化。但是，光这样还不行，老子告诉我们，还需要"随物成势"。老子在《道德经》第五十一章说：**"道生之，德蓄之，物形之，势成之。是以万物莫不遵道而贵德。"**天下的万物都是由"道"而产生，再由"德"去滋养，由"物"的特性给予形体，最后再由"势"实现我们的成功目标。所以万事万物都是遵循天的自然规律而又服从于地的自然环境，这就是道法自然。

人若欲得世间大成功，坐享"富贵功名"，必须善于谋势。"势"这个汉字本身就是一个意蕴相当丰富的词，在不同的场合有多种不同的解释，诸如姿态、权力、地位、时机、法度、情状、威力、规律、运动趋势等。同样，不同的学派也有不同的阐述。在中国历史上，历代帝王在谋取天下和治理国家中，都十分注重谋势之道，并仰仗"势道"而慑服大臣、扩张势力，以成就军事和政治之强盛。

道家讲究自然之势。自然之势为何呢？《管子》说："故善者势利之在，而民自美安，不推而往，不引而来，不烦不扰，而民自富。如鸟之覆卵，无形无声，而唯见其成。"意思就是说，凡人都是趋利避害的。每一个人也都知道怎么样可以得到他认为是利的东西，用不着统治者替他们操心。统治者只要听其自然，他们就可以找到自己所需要的东西。譬如鸟之覆卵，不声不响，到时候小鸟自然就出来了。正因为凭借着"大道若水"的"无成势、无常形"、无偏见、不干涉、不偏袒的开放精神，道家学说才能"因阴阳之大顺，采儒、墨之善，撮名、法之要"。

对于势的内核，我们将其归纳整理为"内势""外势""时势""地势""气势""形势""名势""权势""局势"这九势。九势之中处处透出阴阳太极图的玄机，"内势"有强弱，"外势"分敌我，"时势"有远近，"地势"藏利害，"气势"有大小，"形势"分好坏，"名势"存真伪，"权势"有高低。要想决胜于千里之外，必先运筹于帷幄之中。树"内势"以求"主见"，辨"外势"以晓"客观"，知"时势"以应"天时"，执"地势"以取"地利"，蓄"气势"以统"万物"，明"形势"以弄风云，借"名势"以博"盛誉"，仗"权势"而壮"实力"。如此八方合谋，则可以得到一个呼之欲出的立体"局势"。

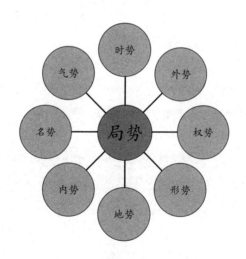

运筹帷幄九势图

如何进行系统而完整的谋势呢？在《势——人生谋势之道》中，笔者独创性地提出了道商七势——生势、蓄势、审势、借势、攻势、兴势、化势，堪称实现成功的七字诀。

第四章 法篇 | 143

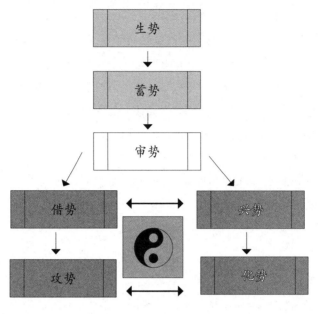

决胜千里七势图

生命、生存、生长、生活、生态、生殖……无不饱含"生势"。我们把商人统称为"生意人"。其实，我们每个人都在"谋生"中求取发展，生意的内涵不仅仅是让我们简单地经商致富，更重要的是对人生的经营和谋划，如何实现无中生有，获得由小变大、由弱变强的一个生长过程。康德说："为了人类生活的美好，即使没有上帝，也要创造上帝。"这个创造上帝的策划，就是生势。

蓄势，"蓄"是积蓄、蓄养、储蓄的意思。在"生势"之后，虽然找到了适合自己生态发展的"势由"，但是刚学会站立的小孩子，又哪里能健步如飞呢？因为他的势能是虚弱的，必须通过韬光养晦的"蓄势"，等内势充沛后，才能厚积薄发。庄子在《逍遥游》中说："且夫水之积也不厚，则其负大舟也无力"；"风之积也不厚，则其负大翼也无力。"如果水之势不深广、浩瀚，就没办法承受大船的重量，大鹏鸟要飞到九万里高空，非要等到大风来了才行，如果风力不厚，它两个翅膀就没有办法打开，飞不起来。一个人的成功也是如此，无论你是想成大业赚大钱立大功，都需要积大势，方能"势出惊人"。

审势，也常作"审时度势"讲。"审"：为"审察""审视""审计""审判""审断"。不但含有认真研究、对比分析、权衡利弊的意思，还需要我们在研究分析后进行判断，以利决策。古今中外，但凡有为之士谋进取，无不出乎正确的审势。宋朝的苏洵先生认为："天下之势有强弱，圣人审其势而应之以机"；"不先审天下之势而欲应天下之务，难矣"。审势之后，就可以"知人"和"自知"，若内势弱则借，若内势强则攻，若外势利则兴，若外势害则化。所以，"势"关成败，以"审"为要；为王为寇，不出其中。

"大鹏一日同风起，扶摇直上九万里。"这是李白《上李邕》中的诗句。大鹏之所以能够"扶摇直上九万里"，除了自身的翅膀巨大强势外，更不可缺的，是挟带和借助了"风"之势。荀子在《劝学》中说："假舆马者，非利足也，而至千里；假舟楫者，非能水也，而绝江河。君子生非异也，善假于物也。""假"，就是借助、假借的意思。能够走到千里之遥的人，他本人的脚步并不需要走多快，借助车马之力就完全可以。能够渡过长江大河的人，并不需要他有多好的水性，只需要借助于舟船之能就完全足够。所以真正的君子，那些大成功的人，并不是他们有多聪明和与众不同，实在是他们善于借助和利用客观条件为己所用而已。这是接近成功亘古不变的真理。

攻势，攻击、进攻之势。一静一动，一守一攻，一弱一强，一智一勇，道也！太极也！意大利人马基雅维利在《君主论》中曾经感慨，作为伟大的君主，必须既是狐狸，又是狮子。狐狸代表着"智"，能够识别陷阱，可以逃避和化解强大对手的"攻势"，而保存实力。狮子代表着"勇"，能够发起攻势威慑对手，消灭挑战者，让任何反抗者都胆战心惊，臣服于脚下。虽然"天下莫柔弱于水"，但"攻坚强者莫之能胜"。大道无形，因势而成其形，水无色，因有染而成其色；水之势能不够，自然卑微柔顺从下；水之势能一旦勃发，则决堤冲坝，穿石毁物，无坚不摧，无所不至。

所谓"兴势"，就是在"内势"充足后，凭借自己的智慧和力量，通过一定的手段和策略，创造出一种有利于自己生存、发展和壮大的态势、格局和趋向，从而影响和改变整体局势，达到人为创造时势，凸显形象，增进优势并且打击对手的目的。相传三国时，东吴都督周瑜想用假招亲、真扣留的计策拿住刘备，索还荆州。而诸葛亮识破了此计，命赵云护送主公刘备去江东成亲。迎亲的人到了东吴后，赵云令随行兵士俱披红挂彩入南徐，并大肆采购物资，道是刘皇叔与贵公主孙尚香结婚，还可让吴国太明年抱上小外孙。在这种热热闹闹办喜事的舆论声势下，东吴家家户户都知道了孙刘联姻的消息。这一轰动消息传进深宫，惊动了乔国老和吴国太，孙权和周瑜的假戏不得不真唱下去。最后，周瑜"赔了夫人又折兵"，而刘备得了老婆又保住了荆州。

化势，又称"变势"。一个"化"字，变幻莫测。转化、造化、点化、教化、变化、同化、异化、妖魔化、神鬼化……真可谓"无化不谈"。当进入"物我同忘""物我同化"的"物我界限消解，万物融化为一"的自然化境后，一切人为的区分、芥蒂、隔阂都将失去意义。宇宙万法、信手拈来，主客一体、古今同源，心中无物、来去无踪，不但能够扭转乾坤，化害为利，更能虚合于天地，获得"天地与我并生，而万物与我为一"的人生智慧最高境界。

"天地不仁，以万物为刍狗；圣人不仁，以百姓为刍狗。"天地与圣人之所以能够不执着于道德，是因为他们看透了宇宙万物大自然不过都是"随物成势"的过程，这一切纯属大自然的游戏。经商创业者，若能随物而成势，应物而生变，则可以处处圆融、行行圆通，就能像范蠡一样，无论经营人生、经营商业、经营天下，都能够很轻松地获得大成功。

第四节　得时则驾　失时则潜

——比尔·盖茨为什么要退学

《吕氏春秋》言："事之难易，不在大小，务在知时。"成功的决定性因素，就在于是否知晓和掌握时势的变化规律，从而顺时而谋，乘时而动。所以，"圣人从事，必藉于权而务兴于时"（《战国策·齐策》）。

在黄老道学中，特别强调"时""机"的力量。提倡"因时而变""睹机而发"，善于掌握"可道"的变易规律，跟随事物的变化而调整策略，变化反应，尊重客观。《庄子·至乐》："万物皆出于机，皆入于机。"这种"机"，是事物变化的关键与其隐秘的征兆，只有有道之士，才可以迅速发现并掌握。"有法无法，因时为业；有度无度，因物与合。故曰：圣人不朽，时变是守。"

那么，究竟该如何理解道家的"时"呢？我们认为，道家之"时"，就是天道的时间对我们产生的一种决定性作用力，它并非一般性的时间概念，可以看作是具有特定意义的事物在发生转折或变化运动过程中，所出现的"时机""时运"或"时节"等。

人生在世，务要知时，"明者因时而变，知者随世而制"。战国时期，一些著名的纵横家纵横捭阖，周旋于列国之间做出了许多扭转乾坤的大事，名垂青史，其中苏秦、张仪最为著名。苏秦是东周洛阳人，曾拜鬼谷子为师，学成后就近拜见周天子，受冷遇，只好转往秦国。当时秦国已是第一大霸主，再加上秦王不久前才杀了商鞅，对这类辩士没什么好印象。苏秦劝说秦王的奏折多次呈上但仍然得不到重用，眼看着貂皮大衣穿破了，一百斤黄金也用完了，苏秦只得离开秦国，返回家乡。当他缠着绑腿布，穿着草鞋，背着书箱，挑着行李，脸上又瘦又黑，一脸羞愧之色回到家里时，妻子不下织机，嫂子不去做饭，父母不与他说话。苏秦长叹道："妻子不把我当丈夫，嫂子不把我当小叔，父母不把我当儿子，这都是我的过错啊！"于是半夜找书，摆开几十只书箱，找到了《太公兵法》，埋头诵读，反复选择、熟习、研究、体会。读到昏昏欲睡时，就拿针刺自己的大腿，鲜血一直流到脚跟，并自言自语："哪有去游说国君，而不能让他拿出金玉锦绣，取得卿相之尊的人呢？"这就是苏秦在人生经营中"失时则潜"的韬光养晦过程。

一年之后，苏秦自认时机到来，说："这下真的可以去游说当代国君了！"于是就登上名为燕乌集的宫阙，在宫殿之下谒见并游说赵王，拍着手掌侃侃而谈，赵王大喜，封苏秦为武安君。在苏秦显赫尊荣之时，黄金万镒被他化用，随从车骑络绎不绝，一路炫耀，华山以东各国随风折服，从而使赵国的地位大大加重。在这个时候，那么大的天下，那么多的百姓，王侯的威望，谋臣的权力，都要被苏秦的策略所决定，天下没有人能与他匹敌。当苏秦游说楚王路过洛阳时，父母听到消息，收拾房屋，打扫街道，设置音乐，准备酒席，到三十里外郊野去迎接。妻子不敢正面看他，侧着耳朵听他说话，嫂子像蛇一样在地上匍匐，再三再四地跪拜谢罪。苏秦问："嫂子为什么过去那么趾高气扬，而现在又如此卑躬屈膝呢？"嫂子回答："因为你地位尊贵而且很有钱呀！"所谓"得时者昌，失时者亡"，真正的大丈夫俱是相时而动、伺机而发之人。

在与之命运相关的特殊时间点上，多少精明的人在挖空心思"候时"呢？又有多少人能够早有蓄谋地利用好这个时机建功立业呢？比尔·盖茨被誉为是电脑奇才。1973年夏天，盖茨以全国资优学生的身份，进入了哈佛大学。在那里，这个为电脑而生的天才少年，由于无法抵抗电脑的诱惑，于是经常逃课，一连几天待在电脑实验室里整晚整晚地写程序、打游戏。1975年的冬天，盖茨和保罗从MITS（微型仪器和遥测系统公司）的Altair机器得到了灵感的启示，看到了商机和未来电脑的发展方向，于是他们就给MITS创办人罗伯茨打电话，说可以为Altair提供一套BASIC编译器。罗伯茨当时说："我每天都收到很多来信和电话，我告诉他们，不论是谁，先写完程序的才可以得到这份工作。"于是盖茨和保罗回到哈佛，从一月到三月，整整8个星期，他们一直待在盖茨的寝室里，没日没夜地编写、调试程序，几乎都不记得寝室的灯几时关过。最后，他们终于成功了，两个月通宵达旦的心血和智慧产生了世界上第一个BASIC编译器，MITS对此也非常满意。

三个月之后，盖茨敏感地意识到，计算机的发展太快了，等大学毕业之后，他可能就失去了一个千载难逢的绝好时机。所以，他毅然决然地退学了。然后，和保罗创立了微软公司。今天，比尔·盖茨已成为全球公认的"财富"化身。

圣人之言，因时而变。彼一时，此一时，岂可同哉？道家讲"食其时""盗其机"，并不是所有的人都能够"食其时""盗其机"的。道家之动，合于时而发于机，所以，"无为而无不为"才是道家追求的自然境界。在历史上，道家多出因时制宜之"良臣"，善于因势利导，以曲求伸，审时度势，或出或隐，相时而动，见机而行。而一旦"功成、名遂"，则选择"英雄退步即神仙"的天之道，留"不为王者师，便为万世师"之美名。

第五节　以退为进　以曲就直

——不争善胜的人生智谋

老子的道学思想具有非常丰富的辩证思维。道家始终对所有事物保持着比较深入的看法，能透过事物的表象而直探其底蕴，提出和一般常识完全不同的主张。譬如人们通常容易看到事物的正面，即其主动、显露的部分、前进的轨迹和刚强的威力，道家却要我们看重事物的负面，即其被动、深藏的部分、曲折的过程和柔弱的作用，并且认为后者在事物的发展中往往比前者更重要。

《道德经》第二十二章说：**"曲则全，枉则直，洼则盈，敝则新，少则得，多则惑，是以圣人抱一为天下式。"**老子认识到，委曲可以求全，歪斜可以正直，低洼可以盈满，破旧可以更新，少量可以补得，多数反而迷惑。这是为什么呢？从太极图的规律来讲，事物的强弱利害乃至人生的祸福穷达，在一定条件下都是可以转化的，表面上强的，实质未必强；此时强的，彼时未必强；强大繁盛之时，往往开始走向衰败毁灭。因此，道家教人"知其阳，守其阴"，通过虚静自守，实现以静制动、后发制人、以虚应实、以退为进、以屈求伸。道家的这种以柔克刚、以退为进、以曲就直的哲学内涵，往往具有强大的韧性力量，无论是在政治生活还是个人修养、经商创业、为人处世等方面都表现了胜人一筹的辩证睿智，成为一种典型的无人可以摧毁的"中国的智慧"。

春秋时代，晋灵公为了个人的享乐，强迫大批百姓，耗用大量钱财，建造极其豪华的九层高台。他怕臣子们劝说阻止，就下令说："谁敢劝阻，格杀勿论！"有个叫荀息的大臣，很为国家担忧，他求见晋灵公。晋灵公认为荀息是来劝阻的，就举起箭，拉开弓，等着他来，只要他一开口规劝，就射死他。

荀息拜见晋灵公后，装作轻松愉快的样子，说："大王，我是来表演一个小技艺，让您开心的。"晋灵公问："什么小技艺？"荀息说："我能把12个棋子堆起来，上面再加几个鸡蛋。""哎，这玩意儿有趣！"晋灵公一下来了劲，忙摔下弓箭，命侍从拿出棋子和鸡蛋。荀息认真地先把10个棋子堆起来，然后又把鸡蛋一个一个地加上去。旁边观看的人，担心鸡蛋会掉下来，都紧张得屏住呼吸，瞪圆眼睛。晋灵公也惊慌急促地叫道："危险！危险！"荀息却慢条斯理地说："这没有什么了不起，还有比这更危险的呢！"灵公说："好，我也愿意见识见识。"

荀息见时机已经成熟，就不再做别的表演，立起身子，无限沉痛地说："启禀大王，请让我进几句话，臣即使死了也不后悔！为了建成九层的高台，三年没有成功，国内已经没有男人耕地、女人织布了；国家的库存已经空虚，邻近的国家将要侵犯我们。这样下去，国家总有一天要灭亡的。建造高台，就像这垒鸡蛋一样危险，请尊敬的大王三思而后行！"说着泪滴衣襟。晋灵公见荀息说得合情合理，态度婉转诚恳，这才明白建造高台对国家有这么大的危害，叹了口气，说："我的过失竟然严重到这种程度了！"于是就下令停止建造高台。试想，如果荀息一见到晋灵公就开始激愤陈词，也许，还没有等到他说完，就被已经动了杀机的晋灵公所射杀了，不但实现不了自己的劝谏意愿，还将白白付出自己的生命作为代价。

在商业经营中，"商"就包含有商量、商议、协商的意思，及迂回曲折、迂中有直、直中有迂的辩证法真谛。道家讲的守弱贵柔，是指坚守住万事万物的原动力，这种原动力虽然处于原始的、弱小的、沉静的状态，却蕴含着强大深厚的生命力。

2006年，首期"道商"谋略学师资培训班在湖南举行，来自湖南沅江的学员钟述先，在课程结业后向我递交了他的林场经营创新案例。当时，作为国营苗圃林场的净下洲林场，面对着民营资本投资的速生杨苗木抢滩湖南沅江苗木市场，沅江市场内的速生杨苗产品出现了供大于求的局面。再加上自身所拥有的10万余株杨树苗品种老化，前景并不乐观。在激烈的市场竞争格局下，净下洲林场手中的10万余株杨苗产品该销往何处，成了摆在林场场长钟述先面前的一道难题。

钟述先经过反复的思考和论证，最后提出了"以退为进"的策划思路。所谓退，乃退出小区域，避其实。但并不是打不过竞争对手我就做缩头龟，消极避让，而是当自己的本地市场竞争加剧、自身竞争优势不突出的情况下，与其和竞争对手拼得头破血流，还不如暂时避其锋芒，保存实力提升自我，借退之名而扬进之实击其虚，转战空白市场。

最后，钟述先通过运用老子《道德经》的"以退为进"智慧谋略，把开辟营销战场的目标转移到了益阳、南县两地的广阔湖洲和千家万户。当他们的"天赐杨"进入益阳、南县空白市场后，惊喜地发现这里原来有十多万亩荒滩无人去开发，土地多多市场广阔。为挖掘潜在客户，他们运用了整合营销手段有效地将"政策宣导、经济算账、美化概念、整合传播、专家指导、服务跟进"等系列手段多管其下，使益阳、南县两地的植树造林掀起高潮。仅70多天时间，钟述先的十万余株杨苗产品全部销售一空，创收近十五万元，顺利实现了"以退为进"策略的预定营销目标，创造出了新的利润和开辟了新的市场空间。

老子说："**夫唯不争，故天下莫能与之争。**"在商业经营中，与其去学"愚公"移山的苦干，耗费整个家族的资财去陷入无休止且无意义的劳作之中，我们还不如做做"智叟"，尊重自然，承认自然，以退为进，以曲就直，走出不"善"之地而进入一个新环境新领域中求取发展。以退为进，退一步是为了大进一步；以曲就直，曲一时是为了直一世。

满招损，谦受益。要获得"以退为进""以曲就直"的智慧，老子最后还给了我们四点忠告，那就是：**"不自见故明；不自是故彰；不自伐故有功，不自矜故长。"**不要固执坚持自己的主观见解，这样才能明哲无误；不要自以为是，这样才能分清是非；不要自我炫耀夸奖，这样才具备功德；不要自以为是贤能良才，这样才能现出专长。

第六节　见小曰明　守柔曰强

——"亚都"加湿器智取津门

《道德经》第五十二章告诉我们:**"见小曰明,守柔曰强。用其光,复归其明,无遗身殃;是为袭常。"**老子认为,事物皆有其本身的自性和规律,如果我们能从事物细微处窥见其自性和全貌、在其初萌时就测知其将来发展趋势可谓明智。如果我们能够保持柔弱的心态才能称之为强大。在这方面,既要运用智慧之光去周济世事事务,又要将真心复归于本元而时刻保持住"小"与"柔"的状态。这样才不会物极必反,遗留下祸殃于自身。这个规律,老子把它叫作"袭常"。

老子是如何整理总结出这个规律的呢?据说商容(一说常枞)是殷商时期一位很有学问的人,而他就是老子的老师。老子在少年时跟随商容学习,商容不以言语传授,而是给老子看一些具体有形的事物,让他自己去感悟。师徒二人常常徜徉于林间、草地,流连于山川、溪谷的岸边。有时仰头看天,揣摩日影。悟出了光阴不会停留,流逝之后不再复返;影子随日光而出,不会早于日光之前。老子想到处世的道理:要像日影一样,因依着虚静无为,顺其自然地居于后面,不抢在他物的前面,结果就如大车装载柴火一样,后装的却在先装的柴火上面,成为后来居上者,不抢先而又为先。有时低头俯视溪水,水是柔弱的,但它在高山之间冲出一道山谷,高山也要为它让路,老子悟出了柔弱战胜刚强的道理。

商容生命垂危的时候,老子来到他的床前问候说:"老师您还有什么要教诲弟子的吗？"商容张开嘴让老子看，然后说："你看我的舌头还在吗？"老子大惑不解地说："当然还在。"商容又问："那么我的牙齿还在吗？"老子说："全都落光了。"商容目不转睛地注视着老子说："你能明白这是什么道理吗？"老子沉思了一会儿说："我想这是过刚的易衰，而柔和的却能长久吧？"商容点了点头，笑了笑，对他这个杰出的学生说："天下的许多道理几乎全在这其中了。"

《淮南子》中说："以小明大，见一叶落而知岁之将暮，睹瓶中之冰而知天下之寒。"看见一片落叶，就知道秋天来临，这是以此来比喻由细微的迹象就能推知事物发展变化的趋势。春秋时的子产也有一个"闻哭断案"的故事，记载在王充的《论衡·非韩》里。一日，郑国大夫子产早晨出去，路过东匠里门，听到一妇人哭声，便按住架车的人听了听，觉得哭声有异，就叫官吏将妇人拘押来询问，结果是这个妇人亲手将丈夫杀害。有一天，子产的御手问他："先生是怎么知道的？"子产便说："我们这些常人对于身边的亲人的情感都是差不多的，当亲人生病的时候我们会很担忧，当亲人快要死了的时候是十分害怕，害怕他们死去，而当亲人已经去世的时候，我们则伤心悲痛。而今天这个妇人的丈夫已经死去多时，我从妇人的声音里听到的不是悲痛伤心，却是害怕和恐惧。从她的哭声中，就足以知道这里面一定有不对的地方。"

在商业经营中，我们经常说成功藏于细节之中，而细节往往被人忽视。在很多年以前，美国的约翰逊办的还是一家很小的作坊，他想与一家大贸易公司合作，三番五次地上门都没有结果。这天中午他又去了，再次遭到冷遇和拒绝，当他带着抑郁和无奈走出贸易公司，见门前的小柳树被刚才的暴风雨刮倒了。约翰逊抬头看看天，已雨过天晴，风和日丽，他满怀心事地走过去，想了想，很认真地将小树扶起来，还从自己的车上找来一根绳子，将小树捆住，让小树站在两棵大树中间，固定在那两棵粗壮的树杆上，这才准备离开。正在这时，他被人叫住了。因为他的举动已被对方公司的总裁看在了眼里，总裁给了约翰逊与贸易公司合作的机会。在签订合同时，总裁说："我没有理由不与你这样的人合作，像你这样的人也没有理由不获得成功。"不久，约翰逊的小作坊很快发展成为一家著名的服装企业，产品畅销世界各地。

老子认为：**"弱者道之用"，"天下莫柔弱于水，而攻坚强者莫之能胜"**。在中国历史上善于以柔治理天下，甚至说是以"哭"治理天下的典型事例莫过于刘备了。善哭是刘备的性格特征和处人手段之一,《三国演义》中描写他在离别、哀求、为难、感慨、亡弟、临死时,不同情况下的各种哭泣,起码有几十处之多。一般来说皇帝为了维护自己神话般的地位,平时在臣子面前,一脸的威严、不苟言笑,更不要说哭了。而像刘备这样,以哭求才、以哭求治的皇帝是不多见的。所以,刘备的"哭"体现的应该是一种"与众不同"的柔性管理领导艺术,难怪人们常说"刘备的江山——哭出来的"。

众所周知,北京天津两地,纬度基本一样,气候条件几无差异,当"亚都加湿器"在北京市场销售量超过40000台之际,离北京只有百公里之遥的天津市,"亚都"产品却几乎无人问津,连续两三年总销售量只有400余台。面对相同的市场,为什么会出现截然不同的结果?是市场选错了?还是价格太贵了?都不是!那究竟是什么原因呢?

1991年11月15日和16日,《天津日报》《今晚报》《广播节目报》最显著的广告位置,连续两天被"亚都有偿请教"的广告所占据。广告一反商品广告的商业语汇,充满着人情味、知识性。广告词是这样写的:"亚都超声波加湿器"向天津市民有偿请教——尽管"亚都加湿器"的特殊功能满足了现代完美生活的新需求;尽管"亚都加湿器"在与"洋货"竞争中市场占有率仍高达93%;尽管"亚都加湿器"销售已突破首都小家电市场零售总额的38%;尽管"亚都加湿器"的热销被商业部部长称为"亚都现象"并引起国内各大新闻单位数十次重点报道。总之,尽管"亚都加湿器"顺天时地利人和已成热销定势,但奇怪的是,天津市场的购销情况却不尽理想。是天津冬季室内气候不干燥吗?不,不是!是天津的老年人不了解湿度对益寿延年的重要性吗?不,不是!是天津的女士不懂得湿度是美容驻颜的第一要素吗?不,不是!是天津的婴幼儿不需要更能接近母体的湿度吗?不,不是!是天津市市民情愿自家乐器、家具、字画等名贵物品在冬季干裂变形吗?不,绝不是!面对上述困惑,国内规模最大、专业性最强的人工环境科研开发高科技机构——北京亚都人工环境科技公司在百思不得其解后,特决定向聪慧的天津公众虚心请教,请热情的天津市民为北京高科技企业指点迷津。来函赐教,或宏论,或短语,均请注明详细通信处,亚都人将以礼相谢。

这篇通篇体现出谦虚、善下、守柔的"请教广告"一经刊出,"亚都"一下子成了天津人议论的话题。从11月16日至26日10天里,1200多封天津消费者的来信寄到了"亚都",市民们在信中提出各种建设性意见 4000 余条。从 1991 年 11 月 15 日至 1992 年 1 月 15 日,"亚都"超声波加湿器两个月在天津市场的销量达 4000 台,相当于过去 3 年销量总和的 10 倍。至此,沉重的"津门"终于敞开了。

第七节　为之未有　治之未乱

——微软离破产只有18个月

在老子丰富的辩证法思想中，由量变到质变的事物渐进发展思想是一个重要的方面。老子认为：**"其安易持，其未兆易谋，其脆易判，其微易散。"** 安定的局面容易维持，当问题的征兆尚不明显时，最容易找到解决的办法；动乱的苗头刚一出现时是脆弱的，这个时候最容易消灭它；不利的因素在产生初期都是微弱的，这个时候最容易驱散它。所以，君王如果要治理天下，以达到长治久安的状态，就必须把眼光放得长远些，要在治中发现乱的苗头，防患于未然，**"为之于未有，治之于未乱"**。千万不能掉以轻心，任小问题发展成大问题，到那个时候再想解决它，恐怕就为时已晚。

良医治病，都是从病兆刚刚显露时候入手，从病在肌肤表面入手，这就是治小防微的道理。事物的或福或祸，也同样有它们的预兆。所以无论是经国治世，还是兴商创业，明智的人总是及早着手把事情做好。魏文王问名医扁鹊说："你们家兄弟三人，都精于医术，到底哪一位医术最好呢？"扁鹊回答："大哥最好，二哥次之，我最差。"文王再问："那么为什么你最出名呢？"扁鹊答："我大哥治病，是治病于病情发作之前。由于一般人不知道他事先能铲除病因，所以他的名气无法传出去，只有我们家里的人才知道。我二哥治病，是治病于病情刚刚发作之时。一般人以为他只能治轻微的小病，所以他只在我们的村子里才小有名气。而我扁鹊治病，是治病于病情严重之时。一般人看见的都是我在经脉上穿针管来放血、在皮肤上敷药等大手术，所以他们以为我的医术最高明，因此名气响遍全国。"文王连连点头称道："你说得好极了。"

  唐朝的大将李靖才兼文武，出将入相，为唐朝的统一与巩固立下了赫赫战功。唐肃宗曾把李靖列为历史上十大名将之一，并配享于武成王（姜太公）庙。李靖就善于明察事件，见微而知著。当年，唐太宗要李靖教给侯君集兵法，后来侯君集上奏太宗，说李靖将反，因为每到精微之处，李靖则不教授。太宗听后责备李靖，李靖却回答："现在国家太平，侯君集却居然热衷于学习高深的兵法，恐怕他才是心怀叵测，想要造反。"此时，侯君集尚未有任何反迹，太宗似不相信。一次，朝后回尚书省，侯君集骑马越过省门数步尚未发觉。李靖见到这种情况，便对人说："君集意不在人，必将反矣。"至贞观十七年四月，侯君集果然与太子承乾谋反，事情败露后被杀，证明了李靖的预见准确无误，太宗因此称赞李靖有先见之明。

  作为福布斯排名全球十大富豪、华人首富的李嘉诚，自1950年创业以来，60多年间，他从未遇过一年亏损，历经两次石油危机、亚洲金融风暴，他的企业却能横跨55个国家，如日中天而不落。为什么李嘉诚会成为商业帝国中的常胜雄主呢？李嘉诚坦言：从前我们中国人有句做生意的话"未买先想卖"，你还没有买进来，你就先想怎么卖出去，你应该先想失败会怎么样。因为成功的效果是100%或50%之差别根本不是太重要，但是如果一个小漏洞不及早修补，可能带给企业极大损害。我会不停地研究每个项目要面对可能发生的坏情况下出现的问题，所以往往花90%考虑失败。李嘉诚常常讲，一个机械手表，只要其中一个齿轮有一点毛病，你这个表就会停顿。一家公司也是，一个机构只要有一个弱点，就可能失败。李嘉诚常常记着世上并无常胜将军，所以在风平浪静之时，好好计划未来，仔细研究可能出现的意外及解决办法。这就是他的成功之道。

  一般人认为，足以解决企业经营过程中各种棘手问题的人，就是优秀的管理者，其实这是有待商榷的。俗话说："预防重于治疗""事后控制不如事中控制，事中控制不如事前控制"。企业问题的预防者，其实是优于企业问题的解决者，可惜大多数的企业经营者均未能体会到这一点，等到错误的决策造成了重大的损失才寻求弥补。弥补得好，当然是声名鹊起，但更多的时候是亡羊补牢，为时已晚。

作为道商，我们必须观察和发现异常，并由此捕捉危机事件的征兆，抑祸于开端之际，防患于未然之间，以应付危机的发生。1985年，张瑞敏当着海尔集团全体员工的面，将76台带有质量问题的电冰箱当众砸毁，就是因为他捕捉到了企业正处在急骤上升时期致命的质量隐患和危机意识不足的管理信息。通过"海尔砸冰箱"事件，砸出了海尔员工的危机感和责任感，砸出了一套独特的海尔式产品质量和服务管理理念，保护广大用户利益，"真诚到永远"，使海尔集团由一个小企业青岛日用电器厂成长为今天的跨国集团公司。时至今日，张瑞敏依然说：这么多年来虽然海尔做得很不错，也有很多人非常钦佩他，但是他其实每一天都是战战兢兢、如履薄冰，因为他知道，在这样一个变革的年代，领导一个企业做大做强是何等的不容易。

微软公司的总裁比尔·盖茨也有一句名言，那就是"微软离破产永远只有18个月"！这是关于危机意识的一个警告。比尔·盖茨给内部员工的一份备忘邮件曾一度成为世界媒体的焦点，盖茨在邮件中写道：软件业的未来发展方向将是网上服务和网上广告，而微软在这些方面都落后于雅虎、搜狐等对手。因此，全体微软员工一定要团结起来，抓紧发展机会，要继续领导技术革命浪潮。邮件中还有一份附件，同时详细说明了微软在搜索技术方面，与谷歌等竞争对手还存在很大的差距。

微软获得傲人的成功，也已经成为富可敌国的超级企业，但是比尔·盖茨却牢牢地记住危机意识。他思考的是如何在每一个技术革命与市场浪潮之中，保持公司的领袖位置。正是这种危机意识，让微软不断击败竞争对手，获得软件业的霸主地位。可想而知，对于想要快速成长的中国企业来说，"为之于未有，治之于未乱"的危机意识多么重要！

第八节　图难于易　守一通万
——千金买马骨的启示

自古以来，宇宙万物都有一个总纲，就是要掌握和得到"道"这个一。这个"一"到底有多重要呢？老子认为：**"昔者得一者：天得一以清；地得一以宁；神得一以灵；万物得一以生，侯王得一以为天下贞，其致之一也。"** 这话的意思是说，假如天得到"一"这个道就可以清静明朗；地得到"一"这个道就可以安宁稳定；神得到"一"这个道就可以显灵应验；人得到"一"这个道就可以成为万物精灵；溪谷得到"一"这个道就可以盈满不溢；万物得到"一"这个道就可以繁衍生息；侯王得到"一"这个道就可以成为君主而尊贵高尚。所以，一切的成就，都是因为道之"一"。

老子是非常重视"一"的，他一再强调**"守其一，万事毕""圣人执一以为天下牧"**。万事万物，看起来纷繁复杂，难以入手进行谋划。那么，该如何"执一"和"守一"，获得运"一"之道呢？老子告诉我们：**"图难于其易，为大于其细。天下难事，必作于易，天下大事，必作于细。"** 天下一切难办的事情，在运作的时候，必须先从最容易下手的地方开始；天下一切伟大的事业，在运作的时候，必须从最细微的地方着手。只要我们善于抓住事物发展中的一个重点，然后围绕这个重点进行一系列的引爆和突破，一切问题就可以手到擒来，迎刃而解。

郭隗是战国燕之谋士，是战国时期颇具传奇色彩的人物。当时燕国为齐国所灭，被迫割地纳贿，深受其辱。燕昭王继位后，立志兴国，张榜招贤。郭隗随即应聘，自荐于燕王。当燕昭王向他求教时，他首先给燕昭王讲了一段"千金买马骨"的故事。郭隗说："听说古代有一位国君，用重金求购千里马，三年没有买到。他身边有一位内侍说：'请让我去买吧'。国君派他去，三个月后就找到了千里马，可是这马已经死了，内侍就用五百金将马骨买回，国君见状大怒道：'我要的是活马，你却花重金买了死马？'内侍从容答道：买一匹死千里马尚且用了五百金，何况活马呢？普天之下，一定会认为大王善于买马，不久定会有千里马送上门来。结果不到一年，就买到了三匹活千里马。现在大王真想招贤纳士，就从我郭隗开始吧！我郭隗尚且受到敬奉，何况那些胜过我的人呢？"

燕昭王认为郭隗讲得有道理，于是就为郭隗建造了金碧辉煌的宫殿，让他居住，并在生活上给以丰厚的待遇，同时还尊郭隗为师，对郭隗毕恭毕敬。不久，乐毅从魏国前往燕国，邹衍从齐国前往燕国，剧辛从赵国前往燕国，许多贤能之士都争相奔赴燕国，于是燕国很快强盛起来。这就是燕昭王持守住郭隗这个贤才之"一"而通"万"。

春秋时期，齐恒公欲称霸天下，他对管仲说："现在咱们国富民强，可以会盟诸侯了吧？"管仲谏阻道："当今诸侯，强于齐者甚众，南有荆楚，西有秦晋，然而他们自逞其雄，不知尊奉周王，所以不能称霸。周王室虽已衰微，但仍是天下共主。东迁以来，诸侯不去朝拜，不知君父。您要是以尊王攘夷相号召，海内诸侯必然望风归附。"在诸侯"不知君父"的时代背景下，管仲提出的"尊王攘夷"，就是尊重周朝王室，承认周天子共同领袖的地位；联合各诸侯国，共同抵御戎、狄等部族对中原的侵扰。在这套前瞻性的独特政治模式的引导下，管仲最终辅佐齐恒公实现了"九合诸侯，一匡天下"之霸业。

政治经营需要创新模式。在商业社会里，商业模式的创新更是一种非常重要、非常关键的核心竞争力，是企业获取长期竞争优势的根本保证，也是"图难于易"的最有效手段。1999年，戴尔和康柏公司分别占据了英国市场的大部分份额。在经过一系列的市场调研后，戴尔决定消除分销商的环节，创造了直销商业模式。通过互联网、电话、邮件以及与顾客面对面直接接触，按照顾客的要求定制电脑。围绕直销，打造了整合采购、装配、输出的高效运转链条，将电脑送到顾客手中。特别是通过互联网，戴尔能够迅速地掌握第一手的顾客需求和反馈信息，为顾客提供"一对一"的服务。

直销模式成为戴尔公司的支柱，也推动公司迅速地成长起来。戴尔在库存上获得的成就无可匹敌。它在全球的平均库存天数已降至6天以内，而一般电脑厂商的库存时间则为2个月。较少的库存不仅减少了资金的占用，也减少了巨大的降价风险，同时也加快了新技术的应用，从而使戴尔获得更大的利润空间，取得了巨大的竞争优势，为戴尔打败康柏起到了积极的促进作用。而康柏公司依然停留在传统的销售渠道及大量囤货的方式，最终输给戴尔，被惠普收购。

有头脑的道商必须学会"图难于易"的工作思路，要善于通过着力于局部工作效果，来为解决全局问题奠定下良好的基础。当我们在经营决策过程中，深感局势复杂纷纭无从下手，在这个时候就要努力寻求突出某一个环节、某项任务这个个别线索，主动缩小策划对象，使之简单化、明了化，使某一点首先突破，进而把局部产生的效果传递、突出、影响整个大局，最终解决问题。

1992年，当时还是建筑承包的杨国强利用顺德碧桂园股东退股的机会，毅然接盘进入房地产业，同时创立碧桂园品牌。可是到1993年6月，当碧桂园破土动工的时候，时变势变，整个房地产市场的低谷已经悄然来临。面对数百幢尚未销售的别墅，杨国强请来了当时还是新华社记者的王志纲为其指"点"迷津。在王志纲的策划下，寻求到以兴办碧桂园学校（设立北京景山学校分校）为切入点进行突破，使碧桂园枯木逢春，成就了"学校救市"的说法。对于当时处于"存亡关头"的杨国强而言，投资办学不仅打响了"碧桂园"的名号，带动了楼盘的人气，更重要的是，向1300多名学生筹到了3.9亿元的流动资金，缓解了资金短缺的燃眉之急。在2007年4月20日，随着碧桂园控股在香港联交所的正式挂牌上市，短短十余年时间，杨国强完成了从"泥水匠"到亿万富翁的完美转身，并且为女儿打造了一个25岁的年龄445.1亿元身家的"中国最年轻的女首富"头衔。

要想"图难于易"，首先要做到"视万物为一"，从专业化、精细化入手。只有实行专业化，企业才可以集中最有效的资源，打造自己的核心竞争力。只有把有限的资源集中在专业的"一"领域内，才有可能创造出相对优势。综观国内外最优秀的企业，"守其一"的经营战略是他们成功的重要原因之一，例如可口可乐只做饮料、IBM专业做大型计算机、英特尔专业做PC机芯片、华为专业做电信设备、格力集团专业做空调等。

"唯精唯一，允厥执中"。孔子言"吾道一以贯之"，亦道商兴商立业成就之本。

第九节　慎终如始　永无败事

——坚持到底才是胜利

俗话说，坚持不算胜利，坚持到底才是胜利。在这个问题上，老子提出了他的观点："**民之从事，常于几成而败之。慎终如始，永无败事。**"（《道德经》第六十四章）。在老子看来，平常的人在办事行事的时候，经常是取得了几成进展，或是在将要成功之时多陷于失败。假如我们自始至终能够谨慎、当心、认真、负责，就不会陷于失败了。

《庭训格言》说："凡天下事不可轻忽，虽至微至易者，皆当以慎重处之。慎重者，敬也。当无事时，敬以自持；而有事时，即敬之以应事物；必谨终如始，慎修思永，习而安焉，自无废事。"对于天下发生的任何事情，都不可忽视、掉以轻心，即便是最小最容易的事情，也应当抱以慎重的态度。慎重，就是所谓的"敬"。在没有事的时候，用"敬"来约束自己的操行。在有事的时候，以"敬"心去应付一切。做任何事情，都一定要始终如一，谨慎小心，坚持谨慎持重、从长计议的做事原则，并养成一种良好的习惯，就不会有什么过失、错误发生。

在历史上，唐玄宗李隆基是大家熟知的风流皇帝，他在当政期间，因为宠信杨贵妃家族，穷奢极侈，以致引起安史之乱。当时，长安陷落，他带着杨贵妃逃往四川，路经马嵬坡，六军不发，几乎酿成覆国身亡的惨祸。后来虽然忍痛把心爱的杨贵妃缢死，换得随扈的效忠，渡过危机，但他从此就丧权失势了。

其实，唐玄宗在初期是非常英明的一位皇帝。当武后和韦后相继祸乱宫闱后，国家已经残破不堪，人心尽失。李隆基以临淄王继承大统，先后任用姚崇、宋璟为宰相，与民更始，便天下大定，宇内升平，"开元之治"就是指的那段时期。唐玄宗也非常爱好老子的道学，他在尊崇老子这个问题上也不遗余力，不但尊《老子》为《道德真经》，令崇玄学的生徒学习，并把《道德真经》为贡举策试的经典之一。还亲自为《道德经》作注，《御注道德经》是目前所能见到的第一个皇帝注本。在老子道学的指导下，唐玄宗很敬重言官，善纳忠告，他任用了张九龄、韩修等为黄门侍郎，皇帝稍有不当，黄门侍郎便上书劝谏，使李隆基最后只好选择向善。

有一天唐玄宗对镜自照，叹着气说："我最近是消瘦多了。"身旁的太监马上拍马屁说："都是韩修那个老家伙，处处干涉皇上自由，不能痛痛快快地享乐，叫他滚蛋算了。"玄宗答道："没关系，朕虽瘦，天下老百姓一定会肥。"在当时，李隆基深知老子的"以百姓心为心"，所以他自己虽然瘦了，可是百姓"肥"，因而天下大治。遗憾的是后来唐玄宗却沉溺于私欲逸乐，不能做到老子所说的"慎终如始"，否则他必定会成为历史上的明君。

在中国台湾，王永庆之名无人不知。这位被称为"经营之神"的小个子老人，曾被称为台湾的"常青树"企业家，而他也无愧于任何赞誉。在半个世纪的时间里，王永庆领导下的台塑实业，从一家几度濒临倒闭的小公司，一跃成为现今世界上最大的塑胶化工企业，业绩斐然，而他本人也数次登临台湾首富之位。直到2004年，王永庆仍以28亿美元的资产位居富豪榜首。

王永庆之所以被企业界人士所敬佩，除企业经营绩效卓著外，最重要的是他坚忍不拔的毅力、勤学不倦的精神，以及守诚信、先他后我的经营理念。他一生精力旺盛，极力倡导压力式管理，万事俱求效率，点滴追求合理，因此他被誉为"神"。在有些人看来，他也是"魔"，但不管"神魔"，人们又对他无比敬畏，因为他凡事都能做到以身作则：60多年来，他每天坚持早上4点起床跑步，不管风雪，没一天停过；50多年前，他是一个小学未毕业的差生，每次考试均在后十名内，但通过半个世纪的磨炼，他成为台湾最熟悉塑胶的专家。在谈到他的成功管理思想时，王永庆说："管理没有秘诀，只看肯不肯努力下工夫，凡事求得合理化。台塑经营管理的理念是追根究底、止于至善。"

而在中国大陆，作为最受尊敬的第一代乡镇企业领袖之一，"农民"鲁冠球从最初只有4000元家底的"铁匠铺"起家，将一个小工厂发展到如今拥有100多亿元资产，先后在国外并购或控股了31家公司，集团旗下现有8家上市公司，并牢牢地掌控着大型民营企业的命脉。

近年来，鲁冠球一直入选美国福布斯中国大陆富豪榜。然而，腰缠十亿的鲁冠球，却从未进过舞厅，没打过保龄球。对于外界赋予他商界"常青树"的美称，他曾透露过一些秘诀："有多少能力办多少事，不要去做超越自己能力的事。宁让别人跨大步发展，自己根据实际情况跨小步发展，别人跨10步做的事，我就跨100步去完成。如果我一味地跨大步，一旦条件不行就停下来，其实就比小步还要慢。"如今，年过六旬的鲁冠球仍在践行着他的"四件事"——"一天做一件实事，一个月做一件新事，一年做一件大事，一生做一件有意义的事！"

第五章　术篇

第一节　无中生有式

"无中生有"本是道家的哲学思想，道家认为世间万物都是从"无"开始的。从"无极图"生出"有极图"，又从"有极图"孕育发展出万物。遗憾的是后来人们用它的字面意思，常把"无中生有"形容为胡说八道，这就将"道"交易为"非常道"了。

《庄子·齐物论》指出，小到生命，大到宇宙，都有一个开始，在开始之前有一个未曾开始的开始，还有连未曾开始都未曾开始的开始。宇宙之初的形态是"有"，在"有"之前是"无"，还有连"有"和"无"都没有的"无"。庄子的"无中生有"理论，和现代的宇宙大爆炸理论有相似之处。大爆炸理论认为大爆炸是宇宙的起源，也是时间和空间的开始。在此以前（其实没有什么以前），一切都是"无"。

我们常常说未来是不确定的，可正是因为未来是不确定的，才给"无中生有"地去"创造需求"提供了创新的土壤。几乎没有例外的，伟大的商业公司总是尽可能地创造需求，而不仅仅是满足需求。创造一种"渴望中的生活方式"，既考验着一个企业出色的想象力，又考验着企业把理想变成现实的能力。只有当企业面向未来时，创造本身才变得有意义，因为它面对一片荒芜的杂草地，创造就是踏出一条新的路来。

凡是善于"创造需求"的成功企业家和企业，几乎都是"无中生有"的高手。方便面被称为20世纪最伟大的食品之一，全世界每年产值达到140亿美元。作为日本叫响世界的一大"发明"，方便面是如何诞生的呢？"二战"后，日本食品严重不足，人们饿得连薯秧都吃。有一天，安藤百福偶尔经过一家拉面摊，看到穿着简陋的人们顶着寒风排起了二三十米的长队，等着吃热面条。他突然灵机一动：如果能生产一种"只用开水一冲就可以吃"的面条，估计居家旅行者都会愿意大量购买。于是，他毅然确定了开发"方便面条"的发明课题。

安藤百福买来一个轧面机，在众人的怀疑下开始了方便面条的创新。为了实现"方便、简易"，他想到"油炸"，这样，可以很快就把面条炸干，便于贮存。面条在油炸后自然会出现很多细孔，这些细孔在热水浸泡时起到吸水作用，可以使方便面很快变软，油炸后的面条味道还会更好。期间，他还发明了添加调味料的方法，使自己的方便面味道鲜美、可口。经过长达3年的苦心钻研，安藤百福终于研制成功了"鸡肉方便面"。1962年，安藤百福的日清公司获得了制造方便面技术的专利权，方便面开始打入市场。这种新奇的商品很快赢得了部分顾客，短短几十年间，方便面成了风靡世界的食品。发明者安藤百福也因此声名远扬。2005年的统计显示，由安藤最初发明的方便面如今已在全世界成为大众快餐，年消费量达857亿包。

无中生有，无中之有是大有。我们常常认为商业利润是来自产品本身，包括了成本、价格等因素，但事实上，真正的利润往往是出自"无中生有"的商业模式中，而新的商业模式则是来自生活方式的重新理解，当我们以一种"上德无德"般的新的视角重新理解生活方式时，就会发现新的商业模式，发现新的商业蓝海。就如同阿里巴巴重新理解商业交易行为一样，电子商业的本质并不在于商业交易本身，而在于它作为一种交易模式，从小范围的甚至是一对一的交易中，走向了无国界的新的时空中。

江南春，一个曾经的诗人，一个现在的传媒大亨（分众传媒创始人）。在从业10年之后，他创造了分众传媒，也创造了一个属于思想者的资本天堂。2005年分众传媒在美国上市之后，这只股票和市值的增长速度和江南春本人一样充满了想象力，两年增长10倍，并成为纳斯达克百强成分股的一员。

对于绝大多数中国人来说，江南春是一个突然出现的亿万富翁，以前根本不知道他是何许人。江南春的成功就属于典型的"无中生有"。有一天，江南春去上海徐家汇太平洋百货办事，在等电梯时，他被电梯门口一张舒淇"red earth"的广告招贴画吸引住了。江南春为之一振，当时他想"我在电视上播广告怎么样，如果有比看广告还无聊的时间，大多数人还是会关注广告的"。这个创意完全颠覆了受众晚上收看电视广告的惯性思维。这个白天的电视广告媒体不仅目标受众能更加清晰地勾画出来，而且干扰度低得多，是真正有效的广告平台。"用无聊的时间来赚钱。"这句话几乎成了江南春的名句，当时的绝妙创意就是这么无意中产生的。

江南春第一步设想是在上海最好的 50 栋写字楼装上液晶电视播放广告，但从制作液晶电视到最终安装，整个过程相当麻烦。当时市场上没有液晶电视机，他找到一家台湾液晶厂商合作。2002 年 7 月，第一台样机做出来，可是写字楼物业却不让装，因为 5 厘米液晶电视太厚了，后来又改成 3 厘米。更大的一个麻烦是，很多楼宇的物业公司对这种新事物持怀疑态度。江南春就亲自上门游说物业公司，不久 300 台价值 8000 多元的液晶电视先后进驻 50 栋高级写字楼。江南春心里很清楚，他需要尽快占领上海商务楼宇市场。当时在他看来，真正有价值的商务楼宇不到 100 家。不过，他开列了一张有 202 幢楼宇的名单，组成了一支七八个人的楼宇开发队。这支队伍开始带着样机，频繁出入上海的商务楼宇。江南春也拿出当年刚开始打工时的劲头，挨个公司亲自拜访，还拍了宣传光盘给客户看，很快招商银行信用卡、轩尼诗洋酒等几个牌子第一批下单。2003 年还没来到，江南春手里已经拿着一二月份 200 多万元的广告订单了。

两年时间，分众传媒把中国商务楼宇联播网从上海扩展到北京、广州、深圳、南京、杭州、成都、重庆、武汉等四十多座城市，从 50 栋楼宇发展至 20000 多栋楼宇，覆盖了超过千万中国城市中高收入人群，月广告额从起初的 100 多万元至月广告营收达到 5000 多万元，成为十几年来中国新传媒市场中成长最快的案例。

2005 年 7 月 13 日，分众传媒终于在美国纳斯达克挂牌交易，这是中国第一个在美国上市的纯广告传媒股，融资规模创下近 1.8 亿美元的全新纪录。10 月 15 日，分众传媒又以超过 1 亿美元的价格，收购了国内最大的电梯平面媒体框架媒介 Framedia 100% 的股权，将框架媒介年初以来所整合的全国性网络悉数纳入旗下。在公司对于新媒体的判断标准下，分众陆续开发了高尔夫联播网、美容院联播网、机场巴士联播网、卖场电视联播网，构建了一个清晰的、围绕着消费者生活形态的广告媒介金字塔。

"分众不需要内容！"江南春认为，等在电梯前的人们，对于电视里播放什么节目并不感兴趣，他们只想打发这几十秒的无聊时间，这是所谓"等候力经济"最大的特征。在一次论坛上，江南春同时也说过，在纳斯达克上市的中国公司，很多是做"无聊产业"。新浪是无聊的人上网看新闻，丁磊让无聊的人发短信，陈天桥让一些无聊的人去网上打游戏，而江南春也很无聊，用在电梯口打发别人的无聊时间来赚钱。

虽然能够运用"无中生有式"去主动创造需求的道商，总是显得那么凤毛麟角、寥若晨星。可他们一旦诞生，就意味着开创出了一片崭新的天地，并且往往带领企业成为新产业或新行业的标志性领袖人物。

第二节　化朽为奇式

道家的哲学思想充满智慧。他们重视精神生活，有着"天地与我并生，万物与我唯一"的伟大胸襟，常能将生活与造化打成一片，不受外物的限制而超然物外，化腐朽为神奇，把平凡琐碎的生活点化成神奇美妙的艺术。

老子认为：**"天下皆知美之为美，斯恶矣；皆知善之为善，斯不善矣。"**在庄子的著作中，他更是运用超常的想象，大胆的夸张艺术，对事物进行化腐朽为神奇的变形，在两者极度不平衡中强化形象整体意义上的美。庄子认为丑的外形丝毫不影响美的内质、美的人格。相反，完美的形体里也会隐藏着丑陋的内心。如《庄子·德充符》中描绘了几个"异于常人""以恶骇天下"的人物形象，可是他们却具备健全人所没有的"全德"，他们丑中见美，淡漠生死，心怀万物之本，超绝世俗尘寰。他们以"德有所长，而形有所忘"折服了仲尼、子产等众多的儒家圣贤和王公贵族，使之相形见绌。

在商业投资上，此时的"无用"之才，也许在彼时就能成就"大用"；此地的"朽木"与"破烂"物器，也许改变一个环境就能成为文物珍宝而价值连城。吕不韦是战国末年的韩国商人，但韩国是小国，经济不发达，于是吕不韦就把商品贸易发展到了赵国，在邯郸那里做起"国际贸易"。《史记·吕不韦列传》称其"往来贩贱卖贵，家累千金"。虽然商人很富有，但是当时由于商鞅变法重农抑商的政策

"形势",商人的社会地位并不高。吕不韦经过反复思考,决意弃商从政,做既富且贵的非常人。怀着这样的投资之心,吕不韦在邯郸终于发现了一个可以用来投资的"奇货"——秦国的公子异人。

异人本是秦国太子安国君的儿子,秦昭王的孙子。可惜由于异人的生母夏姬不受宠爱,而安国君又有二十多个儿子,异人排行居中,所以备受冷遇。为了应对各国间微妙的政治关系,异人被送往赵国当人质。身处他国,处境自然很危险。当时,秦赵两国经常交战,赵国有意降低异人的生活标准,弄得他非常贫苦,甚至天冷时连御寒的衣服都没有。吕不韦见而"怜之",并以风险投资商的眼光看待异人,一番"审势"后,竟然觉得这个落魄失势看似"腐朽"难扶的公子,竟然是"奇货可居"。

吕不韦回到寓所,问他父亲:"种地能获多少利?"他父亲回答:"十倍。"吕不韦又问:"贩运珠宝呢?"他父亲又答:"百倍。"吕不韦接着问:"那么把一个失意的人扶植成国君,掌管天下钱财,会获利多少呢?"他父亲吃惊地摇摇头,说:"那可没办法计算了。"

吕不韦听了他父亲的话,决定做这笔大生意。他首先拿出一大笔钱,买通监视异人的赵国官员,结识了异人。他对异人说:"我想办法,让秦国把你赎回去,然后立为太子,那么你就是未来的秦国国君。你意下如何?"异人又惊又喜地说:"那是我求之不得的好事,真有那一天,我一定重重报答你。"吕不韦立即到秦国,用重金贿赂安国君左右的亲信,把异人赎回秦国。安国君有二十多个儿子,但他最宠爱的华阳夫人却没有儿子。吕不韦给华阳夫人送去大量奇珍异宝,让华阳夫人收异人为嗣子。秦昭王死后,安国君即位,史称孝文王,立异人为太子。孝文王在位不久即死去,太子异人即位为王,即庄襄王。庄襄王非常感激吕不韦拥立之恩,拜吕不韦为丞相,封文信侯,并把河南洛阳一带的十二个县作为封地,以十万户的租税作为俸禄。庄襄王死后,太子政即位,即秦始皇,称吕不韦为仲父。于是,吕不韦从巨富大贾跃为功名显赫的丞相,开创了商人从政的历史先河,一时权倾天下。

中国古代有个"塞翁失马"的故事,在德国有位新"塞翁"同样也化腐朽为神奇了。据《成功之路》2004年第12期载文报道:有一个德国工人在生产一批纸时,因不小心弄错了配方,生产出大量不能书写的废纸。他被扣工资、罚奖金,并遭解雇。正当他灰心丧气时，他的一位朋友想出了个绝妙的主意，叫他将问题倒着看，看能否从错误中找出有用的东西来。于是他很快就发现这批废纸的吸水性相当好，可以用来吸干家庭器具上的水。于是他就设法从工厂里低价买来这批废纸，将其切成小块，取名"吸水纸"，拿到市场上出售，结果相当抢手。这个错误的配方只有他一个人知道，他后来申请了专利。就这次失败，靠他朋友出的点子，这个倒霉的人却发了大财，成为大富翁。

在商业经营中，很多时候，当我们遇到一些看似无法解决的所谓"危机"与"难题"时，如果我们能够跳出狭隘的"有极图"思维，循太极之变化规律而进入"无极图"的整体状态之中，就能创造并获得意想不到的商业奇迹。

在美国举行的第54届总统选举中，候选人布什与戈尔得票数十分接近，但由于佛罗里达州计票程序引起双方的争议，因此导致新总统迟迟不能产生。原计划发行新千年总统纪念币的美国诺博·斐特勒公司面对总统"难产"产生的政治危机，灵机一动，化腐朽为神奇，利用早已经准备好了的布什与戈尔的雕版像抢先发行4000枚。银币为纯银铸造，直径三寸半，不分正反面，一面是小布什的肖像，另一面是戈尔的肖像，每枚订购价79美元。结果短短几日，纪念银币就被订购一空，该公司利用总统选举"难产"，而大赚了一笔。

第三节　借虚入实式

宇宙万物皆太极，一阴一阳之谓道。老子说，**"三十辐，共一毂，当其无有，车之用。埏埴以为器，当其无用，器之用。凿户牖以为室，当其无有，室之用。故有之以为利，无之以为用。"**

在老子看来，任何事情都要阴阳共济，虚实结合，才能够产生无穷的妙用。三十根辐条共一个车毂，辐条实有，间隔虚空，正因为虚实相间，才成就了车子的功用。用黏土烧制出来的陶器，外形实在，里面虚空，正因为虚实协调，才成就了陶器的功用。房屋要开凿门窗，才能让空气、阳光和人物进出流通，房屋实有，门窗和内室虚空，正因为虚实配合，才成就了房屋的功用。所以说，常人只知道一切实有能够利益众生，却不知道虚空在发挥着功能作用。一切有形的有用是有限的，而一切无形的无用却是无限的。

企业经营和商业发展也是如此，一般的管理者只知道向管理要效益，问生产要效益，却不知道高明的经营者却能极目思远，向虚空求实有，在无中创生机。企业要获得更大发展，就要虚实结合。老子告诉我们：**"天地之间，其犹橐龠乎？虚而不屈，动而愈出。"** 天地间的至真妙道，就像风箱中的虚空一样，正因为虚空，才取之不尽，用之不竭。所谓创新策划，就是如何利用智慧，将"虚拟"转化为"现实"的思维过程。真正的道商，往往善于从"虚构"出发，然后创造"事实"。

孙猴子就是"借虚入实"的大智者，这个感天地灵气而化生的石猴，在自己修炼成七十二变等神通法力后，又巧借豪夺得来金箍棒，但是还觉得无"名"无"势"。在以天庭为当权派的眼里，他即使再有能耐，也不过是个妖猴，身份不正，难以实现"利益最大化"。在这个前提下，孙猴子就巧妙地运用了"借虚入实式"，先扯出大横幅广告，公开号称自己是"齐天大圣"，结果闹腾到最后，玉皇大帝代表的天庭居然也承认了，还给了他封诰，在众天神的眼里，多少也有点面子了。

伟大的画家毕加索年轻时穷困潦倒，因为没有名气，一幅画都卖不出去。他不得不请画商帮他想办法打开销路。这位画商刚好懂得"借虚入实"的道学策术，于是就到市内所有画廊去，装着寻求一个名画家的画稿。画廊老板问他是谁的，他说叫毕加索，是什么什么的画稿，并详细介绍了毕加索的画在巴黎以外如何抢手。这番阔论下来，画廊老板为有这样一位名画家居然自己不知道而心惊，答应一定仔细寻找。后来，这位画商为了进一步吊起人们的胃口，在报纸上刊登广告寻求购买毕加索的画。不久，毕加索的画果然成了抢手货。

20世纪50年代，美国一家企业试制出一种新产品，但却无法提高产品在人群中的知名度。当时适逢美国试制人造地球卫星，在人造卫星即将大功告成之际，这家企业主一本正经地写信给五角大楼，要求他的产品能够在这颗人造卫星上做个广告。并询问若蒙许可，广告费用如何支付？价格是多少？五角大楼收到此信后，军方人士不禁哑然失笑。卫星升空后，影踪全无，要在人造卫星上做广告，岂不是拿钱往水里扔吗？后来这事就成为一桩笑料传扬开来。有的记者风闻此事，便在报纸上发表了报道。这件事便和世人瞩目的人造卫星一起，成为全美乃至全球人所共知的一条花边新闻。这家厂商最后当然未被获准在卫星上做广告，但却"借虚入实"，自己没有花一分钱，各地报纸却为他做了义务广告，产品知名度大大提高了，销售量也随之猛增。

一滴水10元钱，你听说过吗？而游弋于商海和文坛之间的国内著名作家张贤亮，则以一个文人独特的眼光，从文化的角度进行"借虚入实"，发现了一个极大的商机。张贤亮将一两滴黄河水装在一个小玻璃瓶中，吊在中国结里，美其名曰"中华民族母亲的乳汁"，作为旅游纪念品投入市场。张贤亮说："黄河被称为母亲河，在宁夏，人们将黄河称为金水、福水。我将黄河水装入瓶中做成工艺品，游客们带回家就是带回去了幸福和吉祥。"就凭这一个主意,张贤亮一年赚回几十万。

家住石景山的史宝晨,若不是成为北京市第一个公证发现权的人,让老百姓第一次听说了什么叫发现权,47岁的他也不过就是这北京城芸芸众生里的一个。出身普通的工人家庭,少年社会动荡,青年早早进了工厂,自学成才,也赶潮流自费出过国,做过大型企业的电子工程师,人到中年却遭遇重挫,一切从头再来……

从2002年秋天开始,史宝晨在潭柘寺镇潭柘寺公园附近搞开发种植。平时,他每天都要往返于城区与潭柘寺之间。去年秋天的一个傍晚,整日奔波在城里与山上的史宝晨驱车经过这里,偶然被眼前的景象惊呆了。他忽然发现在夕阳的照射下,远处山脉的山形呈现出一尊大佛安卧于莲花峰的壮观景象。只见该佛头枕东北,足抵西南,绵延两千米有余。大佛丰满的额头、挺直的鼻梁、微凹的眼窝、紧闭的双唇,以及下巴、颈、胸部等无不栩栩如生,形似神更似,活脱一尊仰卧的释迦牟尼佛像。其实山上的那片地从去年4月就租下来了,半年来这条山路不知走了多少趟,唯独这天秘密被发现了。

史宝晨一直进行发明创造,至今已有十几项专利,是个爱动脑筋的人,也由于多年从商的经验,他立刻将天然佛与旅游联系到了一起。在他看来,这尊由当地人称为大牛卧、大鼓肚、小坡、小东岭所组成的卧佛,非常具有开发价值,于是对照昌平的京北大佛,史宝晨给它取名京西大卧佛。

在基本确信自己是京西大卧佛的第一发现人后,为了给今后的开发寻求法律保护,史宝晨打算进行公证。公证员们看到他带来的睡佛照片连连感叹"太像了!"尽管他们也第一次遇到公证发现权的事,但第二天就跟随史宝晨来到现场。6月初,经过查询门头沟当地的资料、走访文化文物局,门头沟公证处最终确认史宝晨是京西大卧佛的第一发现人。

当地人认为史宝晨发现的卧佛,就是流传此地、以"福运、财禄、康寿、智慧、子嗣"五个愿望为人们祈福的五愿佛的化身,而五愿佛的泪水又化作了当地有名的潭柘佛泉。思路敏捷的史宝晨又将潭柘佛泉开发成矿泉水,喜欢创新的他为解决水桶污染的问题,发明出一次性盛水袋,已经申请下专利;同时,史宝晨还发现潭柘寺公路旁东坡附近有一座废弃的灰窑,在那里登高观看卧佛,视野开阔而清晰。他已经以一年5000元的租金,与潭柘寺镇草签下租地的合同,雄心勃勃地准备搭建一座"礼佛台",浇铸一鼎全国最大的香炉,开一家斋饭馆,再修一所汇集各地天然卧佛资料、图片的小型展览馆。

善于从"虚无"中探寻未来的史宝晨,终于获得了大自然对自己的最大恩赐,并且以"发现权"把握住了这个恩赐,正在实现自己对未来最美好的设想。

第四节　倒行逆施式

《道德经》说：**"有无相生，难易相成，长短相较，高下相倾，音声相合，前后相随。"** 一切事物，都有它的阴阳面，既对立又统一，在矛盾中构成和谐与平衡。从"因"到"果"形成一个逻辑链条，从"果"到"因"也是一个逻辑链条。相反者自然相成，相逆者自然相抱，地球是圆的，顺着相逆方向一直前进的两个人，有可能最终会在一个点上相遇。这就是"殊途而同归"的道理。但是，在一"因"多"果"的情况下，因果逻辑思维就可能发散，容易迷失方向。而反过来从"果"到"因"思维，就可能快速找到最短的思维途径，进而拟定出最简捷的操作路线。

在《淮南子》一书中，曾记载有一位墨家的学者田鸠，想去求见秦惠王，可惜在秦国整整等待了三年都没有机会见到秦惠王。这时，有人向楚王推荐了田鸠，田鸠就离开秦国去楚国拜见了楚王。楚王非常赏识田鸠，就派他作为使节出使秦国。到了秦国，就见到了秦惠王。惠王也很欣赏他。出来之后，田鸠长叹一声，对随从说："我留在秦国三年，没见到秦国国君；没想到见到秦国国君的道路在楚国呀。所以，有识之士做事，不是像沿着拉直的绳子走那样，只走直路，而是只要能够达到目的就行。"

老子在《道德经》中说：**"将欲弛之，必固张之；将欲弱之，必固强之；将欲废之，必固兴之；将欲夺之，必固与之。"** 太极在不断转化，我们的一生也充满着变数。要成为具有大成功的智者,一定要通晓辩证法。知道阴极必阳,物极必反的事物规律。老子把这都称作"微明",就是精微之处的高明。

"顺则凡,逆则仙,只在中间颠倒颠"。常人与非常人,常事与非常事,其中成败大小的区别,就在于一个"逆"字。若能识常人之所不识、为常人之所不为、行常人之所不行,自然其所得,也非常人之"得"了。常人只知道顺从、顺行、顺应自然之势,却不知真正的大英雄,都是善于倒行、逆施、迎难而上,颠覆常见,引领风潮的。所谓大英雄之气,就体现在一个"逆"字上。

《史记·货殖列传》中记载,富可敌国的卓王孙祖上原住赵国邯郸,当时是著名的冶铁中心,卓家祖上擅长冶铁,并因此致富。秦破赵以后,卓氏祖先以俘虏的身份被强制迁移至四川,很多移民以身边仅有的财物贿赂押送的官吏,争取在交通比较方便、生存条件较好的葭萌(今四川广元市西南)安顿下来,苟延残生。但是卓氏祖先敏锐地注意到葭萌这一带由于交通便利,移民集中,缺乏资源,已经没有多少开发余地,而远处的汶山脚下有大片草原,粮食充足,当地人富有商品意识,适于商业发展。更重要的是,那里有丰富的铁矿资源,很是利于自己的冶铁技术。因此卓氏祖先主动要求迁往远处,在临邛安置下来。卓氏祖先不但善于冶炼,还善于经营,他们将随地开采的铁矿石经冶炼后制成铁器,又通过发达的商业将产品销往各地,很快就大获成功,成为蜀中首富,拥有上千家僮,过着王侯般的生活。一直到西汉文帝时期,由于社会稳定,经营得法,卓王孙更加富有,卓家的显赫地位无人可替代。

"反者道之动,弱者道之用"。要想具备"逆转乾坤"的思维能力,需要不断强化"倒行逆施"的反向意识,凡事都要从相反的方向想一想。不仅要看到事物的正面,还要看到事物的反面;不仅要研究好正道,还要想象事物发展的反道;不仅要想到成功的进途,还要想到失败的退路;不仅要评估努力的正面效果,还要预计努力的反面效果。正如民间流传称颂八仙之一张果老的诗:"举世多少人,无如这老汉,不是倒骑驴,万事回头看。"回头看,即"逆施"也!

在传统观念中,人们对美丽有一个大致相同的认识和标准,而名模吕燕却从另外一个角度诠释了一种自然美、个性美,颠覆了世人的传统审美观念,一炮走红。未出名前,吕燕还只是江西一名普通矿工的女儿,小眼睛、塌鼻梁、厚嘴唇、雀斑、1.78米的身高,这就是一个世界名模的全部本钱。当初的她为了矫正体形,报名参加了一个模特培训班，在一个偶然的机会里，邂逅了2名来自法国的经纪人，随后被带到了法国。4个多月后，什么都"没想到"的她从世界超级模特大赛中脱颖而出，一举夺得亚军。国人眼中的"丑女"让众多国际顶尖设计师频频赞叹不已。我们不能不认为这是时尚界"倒行逆施"的神奇案例。

倒行逆施，反常而为，虽为"大逆不道"，但"不道"也是道的一种表现形式。道家称："大善得道，大恶证道，惟小民不得道。"物极必反，反也是"返"的意思。任何事物，一旦到达了极端后，都是有"异曲同工"之妙趣。一些智慧超人的企业经营者，通过充分运用充满唯物辩证法的"太极图"来经营决策，利用"反客为主""乘虚而入""逆转乾坤""出其不意""不变应变"等道术策略，赢得了显著的市场效益。

1991年，当教育还未被任何人当作产业来重视的时候，科利华一班人马就把目光投向了这里，并研制开发出中国第一套基于PC机的教育软件——科利华校长办公系统。怎么把它卖出去？当时，市场上一台微机要卖一万多元，对于大多数的家庭甚至企业来讲，高科技都是与昂贵画等号的。面对着用户根深蒂固地认为软件不值钱，硬件值钱，市场上也经常出现买微机赠软件的促销。在这个时候，科利华却反其道而行之地打出口号："买科利华软件，送微机。"

1993年5月1日，全国500多家学校的1000多名代表会聚北京参加科利华校长办公系统订货会。3天时间，定价1.8万元的校长办公系统卖掉了500套，科利华3天挣了500万元。科利华"倒行逆施"，通过买校长办公系统送微机进行营销，所取得的效果连他们自己起先也没有充分预料到。

第五节　分合有道式

"天下大事，分久必合，合久必分"，这是事物发展的规律。因为道化无穷，既可"道一本散为万殊"，由本达末；亦可"万殊复归于一本"，由末返本。孰分孰合，唯因其时，唯存一心。

《庄子·齐物论》中有个借"朝三暮四"而阐述分合有道的故事。说是有一年碰上粮食歉收，养猴子的人对猴子说："现在粮食不够了，必须节约点吃。每天早晨吃三颗橡子，晚上吃四颗，怎么样？"这群猴子听了非常生气，吵吵嚷嚷说："太少了！怎么早晨吃的还没晚上多？"养猴子的人连忙说："那么每天早晨吃四颗，晚上吃三颗，怎么样？"这群猴子听了都高兴起来，觉得早晨吃的比晚上多了，自己已经胜利了。其实橡子的总数（道）没有变，只是分配方式（可道）有所变化，猴子们就转怒为喜。对于消费市场而言，有时候，事物本身并不需要改变，我们只需要灵活调整市场的策略，就能够"顺应人心"，给顾客创造出"上帝"般的尊贵感受了。

从道的立场来看，一切事物都具有可分性，"一尺之棰，日截其半，万世不竭"。通过层层分离、节节分解，自然就可以发现重点、抓住机要、理清主次、强化责任。在企业经营中，划小核算单位，利于考核，便于使激励机制发挥作用。在学术研究中，分解课题，便于调动、分配科研力量，提高研究效率。在管理建制中，通过对组织、部门、岗位的分解，可以使人力各就各位、各司其职、各尽其能。

分离是"解除"矛盾和困扰的好办法。20世纪初，一位美国商人从法国进口一批女士手套，可是美国对法国进口的手套征收高额的关税。这位商人为了省掉这笔进口关税，将这批手套分成左手手套和右手手套两批，先后分别发往美国不同的港口，并且一直不去提货，直到过了提货期，海关只好按无主货处理，进行拍卖，因为这些手套无法戴，所以没有人买。于是，这个商人以远远低于关税的低价买下……

分解产生利润与机会。著名的希尔顿酒店产业创始于20世纪20年代。当初，创始人希尔顿在达拉斯商业街上漫步，发现这里竟然没有一家像样的酒店，便萌生了建一家高级酒店的想法。希尔顿是一个创造力与行动力都很强的人，想到就去做。他很快就看中一块"风水宝地"。这块地出让价格为30万美元，而他眼下可支付的资金仅仅5000美元！况且，解决地皮之后，还要筹集大量的建设资金。所以，表面上看，这个项目显然不可行。

但是，希尔顿没有放弃，他对这个难题进行了分解。首先，他把30万美元的地皮费用分解到了每年每月。他对土地拥有人说："我租用你的土地，首期90年，每年给你3万美元，按月支付，90年共支付270万美元，一旦我支付不起，你可以拍卖酒店……"对方感到占了个大便宜。在签订了土地租赁协议后，希尔顿马不停蹄，将自己开酒店的方案以及诱人的经营远景讲给投资商听，很快与一个大投资商达成了协议，合股建设酒店，酒店如期建成，经营效益超出先期预料，获得了巨大成功。从此，希尔顿走上世界级酒店大王之路，一度跻身于全球十大富豪之列。

正因为一切事物都具有无穷的可分性，只要我们抓住它们的规律和脉络，从广度到深度都可以进行衍生和派生，从而达到"天下万物生于有"。在同质化竞争日益突出的商业社会里，产品过剩、传播过度、品牌过滥已成为不争的事实。例如仅全球汽车市场，各种车型的车多得就让人眼花缭乱：轿车、跑车、商务车、旅行车、房车等。车的品牌也让人数不过来：福特、通用、铃木、宝马、奔驰、大众、本田、丰田、三菱、现代、大宇、红旗、马自达、奇瑞、吉利……要想在今天能够让消费者知道并使用你的产品，我们唯有层层分解和细化，发现差异、寻求机会。2004年吉利汽车依靠"色彩"为其赢得了满堂彩。其首家喊出的"色彩经济"，推出了"豪情色彩"系列车，用色彩吸引消费者。此法一出，消费者竞相追捧。中国流行色协会的专家指出：颜色是影响汽车售价的三大因素之一，选择不同颜色的车，反映出购车者的不同兴趣和爱好。

既然事物可以无穷分解和推演，那我们也可以从另外一个角度"逆转乾坤"，进行归纳统一，强势组合，收归一统。在"道商"中讲的"合"，就是把不同的事物、不同的个体，归纳、组合、集结成一个类似血脉交融、骨肉相连的整体，使整体效应大于各个不同个体的简单相加。

百川归海不归山，涓涓细流归宗于大海，岩石土包归宗于山岭。在大自然中，到处都体现着"合"的神奇。要达到"万法归宗"般的"合"，首先要学会"归纳"，要透过千奇百怪的现象，认识和理解事物的本质及其普遍运动规律，即道。再由"道"入手，去把握、应对和制约万事万物，使其"复归"。

在商业竞争中，"万法归宗"式的例子更是不胜枚举。现在的手机，经过科技的创新后，不但可以用来打电话，还可以发电报（短信）、拍照、上网、写博客、看电影、玩游戏、听MP3等，样样都能，产品的综合竞争力就得到强化了。在礼品市场中，有的企业将男士领带、腰带、打火机、钱包组合集中，放在一个套盒里出售，开发了一种馈赠男士的高档礼品套装，很受消费者的欢迎。市场上出现的一种新概念饮料——"牵手"，就是一种将蔬菜与水果榨汁合起来生产的果蔬饮料，经过这样"组合"和"归宗"后，开创了一种既满足人们对果品口味的需要，又可以使人们在喝饮料的同时获取到蔬菜丰富营养的全新饮料。

1995年7月3日，招商银行在深圳发行了"一卡通"银行借记卡。这一张印有金色葵花在蓝色的天空灿烂开放图案的小卡片，凝结着招行人的智慧和汗水。在这一卡之上，几乎汇聚了个人理财所可能的各种功能。例如一卡多户：可存人民币、外币、定期、活期；综合缴费：电费、水费、煤气费、液化气费、电话费、手机费、上网费；全国联网：消费、查询、通存通兑、自动存取款、转账；自助服务：酒店预订、电话银行、网上银行；招银博爱：电话银行捐赠、网上银行捐赠、终端捐赠、红十字捐赠；投资理财：代发工资、贷款、预存手机话费、双密码控制、银证资金转账、银证通炒股、证券买卖、外汇宝炒汇等。

招商银行的"一卡通"业务，使传统的、单纯的个人储蓄向创新的、综合的个人理财转变，被誉为"中国储蓄业务领域的革命性产品""中国金融电子化中的一座里程碑"。

第六节　以小博大式

道家讲究以柔胜强、以小博大，以四两拨千斤之"术"。我们在总结一些社会知名成功人士的成功经验时，会更多地发现：真正的道商，都是善于"四两拨千斤"，以"小"成大势的。如果我们懂得"盗"万物之机，就可以很巧妙地借助于外在力量，完成商业生涯的一次跳跃，实现"飞黄腾达"。

"道，可道，非常道；名，可名，非常名。"由此可以引申出"小，可小，非常小；大，可大，非常大。"小与大的关系，始终是对立统一并在变易中进行交易的。今日的小，只要掌握"可道"的变化规律就可以很快跃升为大；今日的大，如果忽略了"可道"的变化规律，很可能就难以长保而退化为小。从道学的智慧来看："背靠大树好乘凉"，人应当善于识势并且应该懂得在小与大之间，建立起交流与通达的太极螺旋与转化纽带。一旦有了强大的背景力量作为"荫护"和依靠，无论是人，还是商品、企业，都会在短期内由无势而生势、由弱小而强大。

在森林中，狐狸是相当聪明的动物，由于它个子小、没有力气，所以常常得不到其他动物的尊敬。为了克服这一点，狐狸就想到一个好的策划方案，进行融资，说服老虎跟它做朋友。通过与力大无比的森林之王的老虎密切交往，狐狸可以伴随老虎四处行走，享受百兽给予老虎的提心吊胆的尊敬；同时，狐狸通过"媒体"大肆传播它跟老虎之间的特殊交情，制造出一种假象，即它的安危受到老虎的极大关注。这样即使老虎不在狐狸身边，百兽得知狐狸与老虎的密切关系，也能保证狐狸在"弱肉强食"的森林竞争法则中得以生存，并且与时俱进迈入小康。

以小博大，首先要认识到，"小"是当前的"小"，"大"才是未来的"大"。自古英雄不问出处。有道之士，立身虽难免称"小"，心界却当怀"大"。当我们在竞争日益加剧的市场环境中，深感能够生存下来已属万幸，以小博大似乎只能是一个奢侈的梦想。是否真有一种"道术"，能够让我们以弱胜强、以小博大呢？

20世纪40年代，洛克菲勒在纽约市郊买了一大片荒地，按常规地产开发办法，此地可建设一个独立的小区，可以是住宅，可以是办公区，可以是商业区，也可以综合化。但无论如何规划，这么一大片地，投资成区，会需要巨额资金，特别长的工期，且由于不在黄金地段，不会卖出好价格，所以当时许多人认为这是个投资败笔，至少不是个好项目。但在此时，洛克菲勒已投入了数亿美元，取得了这大片土地的独家开发权，项目已走上了不归路。

这时，联合国在美国宣告成立，但一直没有一个气派的、有规模、有档次的总部办公大楼。洛克菲勒得知这个消息后，对联合国的情况进行了全方位的调查，结论是联合国将不同于其他世界性组织，它将成为处理国际性实质问题的权威机构，它的决策将涉及全世界每个国家的利益，为此各国都会花一定的代价来争取联合国做出对自己国家有利的决策。所以，联合国总部所在地，也必然是各国外交的重要发生地，各国会就近安营，派代表参与联合国事务。

尽管当时联合国还处于艰难维持的初期，但未来趋势必然如此。做出这个判断之后，洛克菲勒从他那片纽约的土地之中，分割出价值3800万美元的一小片，以1美元的价格"出售"给了联合国，这对于尚无安身之地的联合国来说的确是雪中送炭，于是联合国决定在洛克菲勒的土地上安营扎寨。

价值3800万美元的土地以1美元出售，其收益可称之为"小"。不久"二战"结束，新的世界格局形成，获胜的大国们开始经营联合国，联合国的作用迅速显化，各国纷纷去争取在联合国的利益，许多建筑商、宾馆发展商等也都看准了联合国的商业价值，于是洛克菲勒以联合国作为王牌，在大片土地上规划了外交区，土地迅速增值，获利无法计数，且名利双收。这种投资效果，是用3800万美元的传统广告投入所无法达到的，因为3800万美元买不下联合国！

以小博大，识得小中之大是"博"的资本和关键。美国康涅狄格州一位磨坊主的儿子查尔斯·刘易斯·蒂芙尼（Charles Lewis Tiffany），于1837年来到纽约百老汇，开设了一家不起眼的小铺子，经营文具和织品，后转为经营珠宝首饰。蒂芙尼是一位天才的道商，当年美国穿越大西洋的电报电缆中有一根因破损需要更换，他得知这个消息后，毅然买下了这根电缆。人们还在以惊异的目光看着他买下这根电缆到底想派什么用场之际，他已经在自己的蒂芙尼商店里，把电缆截成2英寸长的一小段一小段，作为历史纪念品出售，就这样大赚了一笔。另一次，他买下了欧仁妮皇后珍奇的鲜黄色钻石，但并不急于出手，而是从容地在纽约举办了一个展示会，从全球各地蜂拥而至急于一睹这件稀世珍宝风采的参观者身上赚进了几十亿美元。在他"以小博大"的策略下，简陋的小商店几经变迁，最后成了美国首屈一指的高档珠宝商店——蒂芙尼珠宝首饰公司，其实力堪与欧洲的珠宝王朝一争高下，名声超过了巴黎的名牌卡地亚。到19世纪末，蒂芙尼的顾客中包括了英国维多利亚女王，意大利国王以及丹麦、比利时、希腊和美国众多名声显赫的百万富翁。查尔斯自己则赢得了"钻石之王"的桂冠。

以小博大，"博"也有搏击、挑战的意思。在商业社会里，我们可以通过与强势的竞争对手叫板，发起挑战，来塑造自己的品牌形象，实现品牌关注度。1999年3月，方兴东趁世界首富微软的比尔·盖茨在中国推销"维纳斯计划"之际，在《南方周末》发表《"维纳斯计划"福兮福兮》。同年5月，方兴东与王俊秀合作出版《起来——挑战微软霸权》，以斗士面目出现，与世界首富比尔·盖茨公然唱对台戏，虽然到目前为止，大多数人仍旧搞不清楚什么叫"维纳斯计划"，但因为方兴东和微软公司及比尔·盖茨"攀比"而一夜暴得大名。同年9月，方趁热打铁，与人合伙成立互联网实验室，资本金10万元。两个月之后，两位风险投资商慕名而至，投资200万元，占公司股份5%。以此计算，方等人的10万元投资，两个月即升值接近400倍，创造了惊人神话。

第七节 转危为机式

宇宙万物，都在道的作用下向反面转化。老子在《道德经》第五十八章讲："**祸兮福之所倚，福兮祸之所伏。孰知其极？其无正邪。正复为奇，善复为妖。人之所迷，其日固久矣。**"太极判而阴阳生，对立显而善恶生。在老子看来，灾祸倚仗在幸福当中，所以，有福勿喜，福中隐祸，等你喜时则福已转祸而忧生。而幸福却伏藏在灾祸之中，灾祸里面有幸福，所以，有祸勿忧，祸中藏福，等你忧时则祸已化福而喜出。灾祸与幸福当中的是非界限，这是谁也定不准的。正直可以转化为枉曲奇异，善良可以易变为邪恶妖孽。人们之所以迷惑，是因为固习难解而已。

从前，有位老汉住在与胡人相邻的边塞地区，来来往往的过客都尊称他为"塞翁"。塞翁生性达观，为人处世的方法与众不同。有一天，塞翁家的马不知什么原因，在放牧时竟迷了路，回不来了。邻居们得知这一消息以后，纷纷表示惋惜。可是塞翁却不以为意，他反而释怀地劝慰大伙儿："丢了马，当然是件坏事，但谁知道它会不会带来好的结果呢？"

果然没过几个月，那匹迷途的老马又从塞外跑了回来，并且还带回了一匹胡人骑的骏马。于是，邻居们又一齐来向塞翁贺喜，并夸他在丢马时有远见。然而，这时的塞翁却忧心忡忡地说："唉，谁知道这件事会不会给我带来灾祸呢？"

塞翁家平添了一匹胡人骑的骏马，使他的儿子喜不自禁，于是就天天骑马兜风，乐此不疲。终于有一天，儿子因得意而忘形，竟从飞驰的马背上掉了下来，摔伤了一条腿，造成了终生残疾。善良的邻居们闻讯后，赶紧前来慰问，而塞翁却还是那句老话："谁知道它会不会带来好的结果呢？"

又过了一年，胡人大举入侵中原，边塞形势骤然吃紧，身强力壮的青年都被征去当了兵，结果十有八九都在战场上送了命。而塞翁的儿子因为是个跛腿，免服兵役，所以他们父子得以避免了这场生离死别的灾难。

这个故事在世代相传的过程中，渐渐地浓缩成了一句成语："塞翁失马，焉知祸福。"它说明人世间的好事与坏事都不是绝对的，在一定的条件下，坏事可以引出好的结果，好事也可能会引出坏的结果。而在有道之士的眼里和手上，就可以通晓变化之机，运转阴阳变易之术，而化害兴利、转危为机。

企业面对突发的危机事件，如何临危不乱，化险为夷，寻找转"危"为"机"之道，这是作为一名道商需要掌握的管理精髓。其实，商机总是隐藏在普通人看不到的地方，有时候看似一场灾难，其实是一个让你获得丰厚利润的机会。所以，当危机到来时，不要只顾疲于应付，不妨从另一个角度去找机会。

南宋绍兴十年七月的一天，杭州城最繁华的街市失火。火势迅速蔓延，数以万计的房屋商铺置于汪洋火海之中，顷刻之间化为废墟。有一位刘姓富商，苦心经营了大半生的几家当铺和珠宝店，也恰在那条闹市中。火势越来越猛，他大半辈子的心血眼看将要毁于一旦。但他并没有让伙计和奴仆冲进火海，舍命地救珠宝财物，而是不慌不忙地指挥他们迅速撤离，一副听天由命的神态，令众人大惑不解。与此同时，这位刘姓富商不动声色地派人从长江沿岸平价购回大量木材、毛竹、砖瓦、石灰等建筑用材。当这些材料像小山一样堆起来的时候，他又归于沉寂，整天品茶饮酒，逍遥自在，好像失火压根儿与他毫无关系。

大火烧了数十日之后就扑灭了，但是曾经车水马龙的杭州，大半个城已是墙倒房塌一片狼藉。不几日朝廷颁旨：重建杭州城，凡经营销售建筑用材者一律免税。于是杭州城内一时大兴土木，建筑用材供不应求，价格陡涨。刘姓商人趁机抛售建材，获利巨丰，其数额远远大于被火灾焚毁的财产。

曾经有一段时间，法国男子追求美式潇洒，不时兴戴帽子。市场上男帽滞销，帽商一筹莫展。最后，帽商请出著名的服装设计大师做电视广告。大师只说了一句话:"女人戴男帽,俏上加俏。"有的女郎一试戴,果然别有一番风韵。于是,法国妇女界立即刮起了一股戴男帽旋风,法国帽店因而门庭若市,不论是牛仔帽、鸭舌帽还是老式毡帽,多年的积存全部一扫而空。各时装店不得不临时增设帽子专柜,以接待潮涌而来的顾客,巴黎百货公司则干脆把男帽并入女帽部。帽商们大发其财,在抹掉一身冷汗后,喜不胜收。

2001年,武汉市的一家野生动物园的狮子突然向游客发起攻击,致使母子双双重伤。该事件影响恶劣,使游客对动物园的安全性产生恐慌,从而影响了客源。于是,武汉野生动物园就巧妙地进行了一次极其高明经典的危机策划。

先是这家动物园在报上发表申明:称这只狮子虽然从小吃的都是牛肉、鸡肉,一般情况下,它只对这种肉感兴趣,然而狮子总归是狮子,一旦它尝到人的血腥味,就会暴露出它吃人的本性。为避免类似事件发生,该动物园特向上级部门提出申请:枪毙伤人狮子。

市民在得知要枪毙狮子的消息后,纷纷打电话给动物园、野生动物保护协会和市政府,呼吁"伤人的狮子不能枪毙",有关专家也站出来为狮子鸣不平,最后连被狮子伤害的受害者都摇头反问:"狮子有什么错?"

动物园提出枪毙狮子,这在全国是头一次,正因为是破天荒的第一次,才引发了新闻效应,全国媒体纷纷报道。

第八节　由此入彼式

大道分而生阴阳。阴盛则阳衰，阳强则阴微，此起则彼伏，彼是则此非。《齐物论》说："物无非彼，物无非是，自彼则不见，自此则知之。故曰：彼出于是，是亦因彼，彼是方生之说也。……彼亦一是非，此亦一是非，果且有彼是乎哉？果且无彼是乎哉？彼是莫得其偶，谓之道枢。"世上之物没有不是彼的，也没有不是此的，从彼方看看不见此，从自己方面看自己则很清楚。

在庄子看来，彼相对于此而为彼，此相对于彼而为此，彼此是相对而并生的。此就是彼，彼就是此，彼有彼的是非，此有此的是非。如果我们能够将"彼""此"消除对待就叫掌握了"道枢"。掌握道枢就能够由此而入彼，亦能循彼而寻此，这样就可以应付圆转无穷的变化。彼的变化是无穷的，此的变化也是无穷的，所以说，不如双方互相流转通行而明达。

事与物之间，彼与此之间，浅看似毫无瓜葛，深究则必有关联。所以，明智之士，总是能够由此而入彼，借曲径而达幽深道境的。

唐高宗时期的大文学问家陈子昂，生于四川射洪一个富贵人家。当他自知所学足以应世时，便离开家乡前往长安，准备求取功名，一展鸿鹄之志。然而由于朝中无人，没有权贵人士为他吹嘘，陈子昂的诗文自然不受人注意，故四处碰壁，怀才不遇，令他忧愤交加。

陈子昂不愧是聪明的才子，他认为在此陌生环境下，非自己打开局面不可。一天，他在街上漫无目的地闲逛，见一人手捧胡琴，以千金出售，观者中达官贵人不少，然不辨优劣，无人敢买。陈子昂灵机一动，二话没说，买下琴，众人大惊，问他为何肯出如此高价。他说："此琴名贵，我擅弹此琴，故不惜高价买下了它。各位如果有兴趣，请明天到敝处来，我将为诸君演奏一曲。"

次日正午，许多豪贵及文士果然齐聚陈子昂住所。在此场合，陈子昂结识了一批新朋友，各人也幸会了这位陌生的豪华文士。应酬之后，陈子昂手捧那把胡琴，当众宣说："本人陈子昂，乃蜀中文士，写下诗文不少，自信皆为呕心沥血之作，不无可诵之处。只因初到贵境，不为人知，特为怏怏，现在操琴之前，特先为各位朋友朗诵拙作一篇。"

因为陈子昂文才好，朗诵时，听众大为敬服。忽然，陈子昂手捧胡琴站起，激愤而言："我虽无二谢之才，但也有屈原、贾谊之志，自蜀入京，携诗文百轴，四处求告，竟无人赏识，此种乐器本低贱乐工所用，吾辈岂能弹之！"说罢，用力一摔，千金之琴顿时粉碎。还未等众人回过神，他已拿出诗文，分赠众人。众人为其举动所惊，再见其诗作工巧，争相传看，一日之内，便名满京城。不久，借琴扬文，由此入彼的陈子昂就中了进士，官至麟台正字，右拾遗。

世界上的一切事物，只要我们有心，发现人性的需求和欲望递进规律，都可以由"此"而入"彼"，因"曲"而通"直"。在第一次世界大战时期，美国有一位叫哈利的大富翁，是一个做生意的奇才。哈利在15岁时，给一个马戏团当童工，主要工作是叫卖柠檬冰水。奇怪的是，哈利与别人卖柠檬冰水的方式有所不同，在马戏开始前，他总站在门口大声喊："来，来，顶好吃的花生米，看马戏的人每人赠送一大包，不要钱。"听到叫喊声，观众被吸引了过去。高兴地拿走不要钱的花生米，进入戏场看马戏。可哈利在炒这些花生米时，特地多加了一些盐，不但吃起来味道更好，而且越吃口越干，饮水的需求也就随之显现了。就在这时，哈利又出现了，几乎无须费力吆喝，他提着爽口的柠檬冰水一圈下来，几乎所有拿过免费花生的观众都买了他的柠檬冰水，很快他的柠檬冰水就销售一空啦。

1999年，毕业于耶鲁大学MBA的沈南鹏与梁建章、季琦合资创办携程旅行网。2003年年底，沈南鹏将携程带上纳斯达克。2006年的10月26日22点40分，沈南鹏再次携带如家快捷酒店在美国纳斯达克挂牌交易。从携程到如家，沈南鹏觉得自己走的是一条"由此入彼"的连贯之路。

1999年，当时正是互联网第一波热潮的时候，沈南鹏和梁建章、季琦3个人聊天。大家谈到了新浪、网易、搜狐，很自然就谈到了能否在互联网上做些文章，想着还有什么产业能和互联网擦出火花。就在这次普通的午餐中，一个关于改造传统旅游产业的想法诞生了，沈南鹏以最大个人股东身份出任携程网总裁兼CFO。

2001年年底，携程已经实现了盈利，而且有了一定的市场地位。几个创始人希望能够利用携程的独特优势，发展出一块新的业务来。有一次沈南鹏去美国，经过达拉斯，从郊外开车到市内，也就30分钟车程，在道路两边闪过的低星级酒店有30来家。在达拉斯，美国第七大城市，从郊外到市内有30~40家酒店，市场容量有多大！同时，曾经也有携程的顾客在订旅馆的时候，询问有没有既干净、舒适，又价廉的酒店。最后携程发现，这样的酒店竟然很难找到。他们考察后发现，为中低收入的商业人士而专门设置的酒店很少，高档酒店往往价格昂贵，而便宜的招待所却无法保证卫生和舒适，因此经济型酒店很有潜力。美国酒店业协会的统计显示，美国经济型酒店约有6万家，数量上占到酒店总数的88%。但在中国，这一类酒店才刚刚兴起。于是，如家快捷酒店就这样应运而生。

虽然携程是利用互联网预订机票、酒店的概念股，如家是经济型连锁酒店，属于传统行业，但两者的共同之处都是旅游服务性企业。携程的管理经验派上了用场，而且实际上也正是因为携程的经历，他才注意到经济型酒店的商机以及巨大的市场需要。

从2001年年底开始创业到2006年10月，如家经营及授权管理的酒店数量已经达到110家。截至2006年6月底，总收入已达到2.49亿元。由于扩张迅速，如家已经超越历史更长的锦江之星连锁酒店，成为同类市场的第一名。2006年10月26日，如家登陆纳斯达克的开盘价为22美元，比发行价13.8美元上涨59.4%。在首次公开招股（IPO）中，如家共发售了790万股美国存托凭证，融资1.09亿美元。

第九节 物我两忘式

老子认为：**"万物将自化。"**《庄子·齐物论》中曾言："昔者庄周梦为蝴蝶，栩栩然蝴蝶也。自喻适志与！不知周也。俄然觉，则蘧蘧然周也。不知周之梦为蝴蝶与？蝴蝶之梦为周与？周与蝴蝶，则必有分矣。此之谓物化。"庄子继承发展了老子的思想，也把"道"看作宇宙的最高本体。"道"是感官不能把握的"非物"，是先于万物而存在的精神本体，一切事物都由它产生。庄子认为天下一切差别都可以泯灭，万物都可以通而为一。忘"物"忘"我"，"物""我"不分，与"物"俱化，这就是庄子所谓的"道"的境界。

庄子认为，天下事物都是一气（道）化生。圣人就是根本取消了万物间的差别、对立，而任之自然、随物变化，从而进入"物化"的境界。生和死、醒与梦，以及一切事物间的差别都是相对的。因为它们都是由"道"变化出来的不同物象，所以在根本上是完全一致的。在庄子的心目中，主体与客体是一样的，没有本质区别。人可以通于物，物也会应于人，庄周可以是蝴蝶，蝴蝶也可以化为庄周，它们之间的生死差别、彼我区分没有必要去追究了。庄子通过"庄周梦蝶"这个近乎玄虚的寓言故事，向我们传递了"物我界限消解，万物融化为一"的自然化境，视"天地与我并生，而万物与我为一"为人生智慧的最高境界。

《投笔肤谈》认为："凡用兵之法，主客无常态，战守无常形，分合无常制，地退无常度,动静无常期,伸缩无常态。"所谓的"无常",是因为时势变易而呈现的"水"之德,在商业领域也是如此。定位清晰是一种策略,定位模糊与似是而非同样可以成为制胜的利器。我们应当尽可能多角度、全方位地展示自己,只有"与民同化",才能"与民同乐",只有物我两忘,才能随心所欲。

要做到"物我两忘"的无极图状态,必须首先达到"物""我"界定消融的中极图状态。

话说有师徒二人东游,来到一个地方感觉腹中饥饿,师父就对徒弟说:"前面有一家饭馆,你去讨点饭来。"徒弟领命就来到饭馆,说明来意。

那饭馆的主人说:"要饭吃可以呀,不过我有个要求。"徒弟忙道:"什么要求?"主人回答:"我写一字,你若认识,我就请你们师徒吃饭;若不认识,乱棍打出。"徒弟微微一笑:"主人家,恕我不才,可我也跟师父多年。漫说一字,就是一篇文章又有何难?"主人也微微一笑:"先别夸口,认完再说。"说罢拿笔写了一个"真"字。徒弟哈哈大笑:"主人家,你也太欺我无能了。我以为是什么难认之字,此字我五岁就识。"主人微笑问:"此为何字?"徒弟回答:"不就是认真的'真'字吗?"店主冷笑一声:"哼,无知之徒竟敢冒充大师门生,来人,乱棍打出。"

徒弟就这样回来见师父,说了经过。大师微微一笑:"看来他是要为师前去不可。"说罢来到店前,说明来意。那店主一样写下"真"字。大师答道:"此字念'直八'。"店主笑道:"果然是大师来到,请!"就这样吃完喝完不出一分钱就走了。徒弟不懂,问道:"师父,你不是教我们那个字念'真'吗?什么时候变'直八'了?"大师微微一笑:"有时候是认不得'真'的。"

老子告诉我们:"上德无德,是以有德,下德不失德,是以无德。""执着之者,不明道德。"同一件事情,因旁观者的角度不同,就会有不同的认识,产生不同的价值评价标准。唯有当德行高深近于道时,其行为以"道"为标准,而不依据于世人以为的局限性的德,这个德为"活"德,亦是"水"德。下德不失德为什么终归还是无德呢?就是下德者所持守者,仅仅为表象之形式,此德为"死"德。如果拘执于教条形式、受限于世俗常理,今生必将难有作为了。

一个项目、一种策略,是否具有创意、是否具有新意,关键在于我们能否打破固有的思维模式,走向广阔的思维领域,悟出万事万物都存在一种相似的"共性"——道。物我两忘式,关键在于"忘掉"框框,抛弃教条,消融固化,让一切万法源心,随心所欲。如精明的商家发现蛇的嘴巴可以张得很大,大大超过了它自己的头部特征这个现象时,于是就发明了蛇口形晒衣夹。将衣物搭在横竹竿上后,用这种衣夹可以从上往下连竹竿一起夹住,从而解决了普通木夹不能夹竹竿的问题。

可口可乐公司是全球最大的饮料公司,其系列产品畅销200多个国家和地区,拥有近400个饮料品牌。可口可乐公司在全球生产超过2600种产品,每日销量超过5亿杯,并拥有全国最畅销软饮料品牌前五名中的四个,包括可口可乐、健怡可口可乐、雪碧和芬达。可口可乐是全球最有价值的品牌,2007年的品牌价值达650亿美元。

在可口可乐的发展中,也不得不归功于可口可乐瓶子的不断改进设计。20世纪20年代,美国有个名叫鲁托的青年制瓶工人,一天和女友约会,女友穿着一条款式新颖的裙子,这条裙子在膝盖上面的部分比较窄,使腰部显得富有吸引力。鲁托神情专注在望着女友的裙子,使女友觉得很难为情,便问道:"你在想什么?""我想着瓶子。"鲁托答道。

"你明明看着我的裙子,怎么想着瓶子呢?"女友觉得很奇怪。"如果把瓶子做成你这条裙子的式样就好了。"女友知道鲁托是个很有事业心的小伙子,就支持鲁托吸收裙子设计的优点来改进瓶子的设计。鲁托于是把女友裙子的线条引进到瓶子上来,做成了一种富有线条美的瓶子,还在瓶子上加上女友裙子布料一样的花纹。

1923年,鲁托将新设计的瓶子的专利卖给了可口可乐公司,获得了600万美元,这使他一夜之内名利双收。这种瓶子不但美观、别致、易握,而且由于瓶上有了线条,使里面装的可口可乐看起来比实际的分量多。这个设计的成功,使可口可乐获得了巨额的利润。

谭紫霄《化书》中说:"道之委也,虚化神,神化气,气化形,形生而万物所以塞也。道之用也,形化气,气化神,神化虚,虚明而万物所以通也。是以古圣人穷通塞之端,得造化之源,忘形以养气,忘气以养神,忘神以养虚。虚实相通,是谓大同。"要追求商业成功的大境界,同样离不开"忘乎所以",同样需要"得意忘形"。

香港和记黄埔集团董事总经理霍建宁说：做生意不能墨守成规、一成不变。"生意"二字本身就有"灵活"和"意念"的含义。其实，商人的本性就是水。大商若水，随其利益而流动。所以，经商有道者，基本都具有"流动性、流通性、灵活性"这些水的品质。道商作为创意经济时代的领潮者，更应该具有像水一样善于应变和顺势的特性和品质，善于创新达变、善于把握时机而顺势作为。

《庄子·大宗师》说："鱼相忘乎江湖，人相忘乎道术。"鱼通水性是天生的、自然的，而人通万物之性则要靠道术。靠"太极九式"这些"有为法"返璞归真，借道回家。在物我两忘的道术中，一切都是娱乐，一切都是游戏。我们唯有通过道术掌握万物之本性，方可不执着于人自身种属的立场，自然可以设身处地替万物着想，而与万物同化……

第六章　丹篇

第一节　定位创新　安身立命

　　道家三千六百门，唯有金丹是正道。丹道之说，属于圣贤安身立命之法，是通达道的捷径，为仙道之极。作为道家最重要的一种修炼方法，以内丹术为代表的金丹大道以"人身一小天地"的"天人合一、天人相应"思想为理论，进行性命双修，形神兼炼，以人的身体为鼎炉，采养"精、气、神"等而在体内结丹，达成强身健体、提高人体的生命功能，并最终实现庄子所说的"真人"境界。

　　所谓金丹者，"圆陀陀，光灼灼，净裸裸，赤洒洒，寂然不动，感而遂通，此即是丹"。但是，丹本非丹，强名曰丹。《道商》认为，仙真圣人为度化世人，不得已而设此"有为"之道，目的是使人返本归元、认识真我、认识自然，是希望让人的心像明镜一样照透整个宇宙万物。假如我们的生活都能够按照阴阳的规律去旋转，按照道的法则去行为，就能"上知天文，下知地理，中知人事"，并且适应和创造出"得天时，得地利，得人和"的客观条件，既知其然，又知其所以然，就可以在人间有守有为，大显神通。

　　孔子说："三十而立。"安身立命，所谓安身，就是能在人生中找准自己的位置，知道自己有什么优势，有什么不足，可以干什么，不能干什么，此谓道商立身兴业之先决条件。运筹之初，定位先行，不二法门，执一精进，不为众议所动，不为假象所迷，如此方是定力十足。

要安身立命，我们首先要正确认识自己。

众所周知，在中国古代，由于历代统治者"重农抑商"的政策影响，商业自古就被视为"贱业"，所谓"士农工商"，商业处于社会末端地位。再加上在以农业为主导的传统中国社会对"商业"和"商人"的天生偏见，商人不仅地位低下，而且名声也不太好。以儒家精英为代表的社会主流群体对商人的这种有失公允的评价，不但让商人失去了对自我价值的合理认定，更严重影响和制约了中国商业的健康发展。

相较于中国传统社会对财富和谋利天性的约束，金钱至上的犹太商人视赚钱为堂堂正正的追求和理想，犹太民族也以善于经商、精于理财而著称于世。在犹太教经典——《圣经》和《塔木德》中，上帝常常给虔信者以功利性的回报，或富足繁华，或多子多福，或长寿无忧。他们认为"钱不是罪恶，也不是诅咒，它在祝福着人们"，"钱会给予我们向神购买礼物的机会"。正因为其经商的天性合理合法，所以自我价值认定清晰而明确，这对其商业上的成功无疑是极有助益的。

犹太商人不同于其他民族的最显著的特征是：他们不仅重视金钱而且还珍惜自我。他们教导了敬神求财的最佳方式手段，即获取知识，使用智慧。爱学习、喜钻研、重教育早已成为犹太民族的传统。学识渊博、专业精湛，崇尚公平正义，诚实无欺，使得犹太商人看起来更像是学者而非商人，这份人文修养正是他们不断增强自信和获得客户信赖的优势条件。

国家的富强离不开商人的贡献，而中国商人的商魂缺失却制约了商人群体的健康发展。正如《列子·杨朱》借严恢之口所问："所为问道者富。今得珠亦富矣，安用道？"对于商业和商人的处贱地位，老子首提了"良贾"的概念。他认为，"贵以贱为本，高以下为基。""处众人之所恶，故几于道。"今天，当我们以"道商"来重塑和凝聚商人价值信仰时，只有遵循"以道经商"的法则，才能真实认识商业经营的核心本质，领悟财富聚散的演变规律，不为金钱所障目。道商站在"道"的高度，超越了普通商人对利益的浅层理解，突破了普通商人"金玉满堂，莫之能守"的历史怪圈，为我们重塑了"以道经商，以商显道，道商合一，富民强国"的道商价值观。

老子曰："知人者智，自知者明。"其实无论是为商为政之道，还是为圣为凡之道，都需要清楚地认识自我，安身定位，如此方尽其能而成其用，达到和谐有序。俗话说，天生我材必有用！我们每个人其实都有可能成为能人、名人甚至伟人，关键是你能否发现"自我"的精彩之处并且给予准确定位。歌星姜育恒以一曲《再回首》走红，却在经商的道路上输得一败涂地，这就是他迷失了"自我"的错位。

"王侯将相宁有种乎"？事实上，王侯将相还真有"种"。这个"种"即种子、根基。有道之士常言：站的菩萨站一生，坐的菩萨坐一生；既然是松树，勿求结仙桃。要成为一位经商有"道"的商人，也必须通过"定位"给自己的事业和产品进行安身立命。

在商业经营中，为"产品"准确定位而取得成功的案例可谓屡见不鲜。当"七喜"饮料现身市场的时候，美国的饮料市场早已被可口可乐、百事可乐等饮料所垄断。是继续扮演"可乐"的小弟，还是打破这个规律，提供给消费者一个全新的、与竞争对手全然不同的商品概念，来引起受众的注意，以导致消费者产生新的消费欲望和购买行为呢？七喜饮料厂家经过缜密的"审势"分析后，通过"不争"的道家思想创造性地提出了一个新的经营观念，即把饮料市场分为"可乐型"和"非可乐型"。七喜汽水则以"非可乐型"饮料的代表出现，其广告词是"七喜、非可乐"。极其高明地重新区划了市场，确定了自己产品的市场地位。非可乐的本质还是可乐，但是它却打破了可乐型饮料在市场上一统天下的局势，成为人们选择可乐以外的第一选择，这就是老子所说的**"夫唯不争，故天下莫能与之争"**。

安身立命，只有先安而后能立，先安而后能定，先安而后能乐。如果心身难安，神魂不定，也就难以经营立业，轻者造成财物损失，重者造成生命终止。例如美国 Scott 公司曾经生产了一种"舒洁牌"卫生纸，是卫生纸市场的头号品牌。但随着"舒洁餐巾纸"的出现，顾客的心理发生了微妙的变化。美国人曾经说："舒洁餐巾纸与舒洁卫生纸，究竟哪个才是为鼻子准备的？"结果，舒洁卫生纸的头牌位置很快就被宝洁公司的"Charmin"牌卫生纸所取代。如果我们每一次的决策大方向都没有偏离正确的轨道，能保证前进的道路上大方向始终没有错误，那么你就是一个了不起的人了。

宋朝的张载说，"为天地立心，为生民立命，为往圣继绝学，为万世开太平"。安身之后，就要考虑"立命"。为生民立命就是要把自己贡献给天下人，以

"无我"而实现"真我"和"大我"。这个"真我""大我"也可以看作是道家之"丹"。所以真正千古难成的最上一乘金丹大道，应该是包罗天地，养育群生，是推崇"天地就是八卦炉，人生就是炉中丹，事业就是药物，中极就是火候，忘我就是入门"的。

第二节　战略创新　铸鼎置炉

当今企业界用得最多的一个词汇就是战略。企业从生产、管理到营销、品牌、投资、转型等涉及企业活动的每一个领域都有战略。另外，还存在长期、中期、短期战略划分以及整体和局部战略之分。美国波士顿顾问公司的创始人，国际著名企业战略问题大师亨德森综其毕生研究所得，于1980年概括出了被国际上视为经典的企业战略的定义："任何想要长期生存的竞争商家，都必须通过形成差异化而建立压倒所有其他竞争者的独特优势，勉力维持这种优势差异，正是企业长期战略的精髓所在。"

道商在安身之后，就需要以战略思想来"立命"，以构建其企业愿景，统一其信仰，实现其社会价值与存在意义。一位管理大师曾说过，没有战略的企业就像流浪汉一样无家可归！在道家看来，如果人生失去了"道"，则流浪生死，认"贼"做主，而无法真实有效掌握自我命运，当然也就难以实现天人合一了。

中国式战略，它有着与众不同的高远意境，注重在宏观性、前瞻性的思维状态下，营造出高屋建瓴、叱咤风云的独特感觉，追求一种"善战者不怒，善胜敌者不争""民不畏威，则大威至矣""不战而屈人之兵""制形于无形"的战略之势。以气势夺人"心魄"，以王道御制四海，始终给人笼罩着一种高深莫测、超凡脱俗的"王者"之气。

老子是一位伟大的战略家。在他看来，**"治大国，若烹小鲜"**，治理一个大的国家，就好像煎炸一条小鱼一样简单，为什么呢？因为他有道，有"战略"思想，**"以道莅天下，其鬼不神；非其鬼不神，其神亦不伤人"**，**"道：常，无名，朴，虽小，天下不敢臣"**。这个战略看起来虽然无关紧要，甚至虚无缥缈的，但是，在具体经营行事中，倘若一旦祭出战略这个武器，天下却没有不臣服的。

中国古人有"王""霸""强"的说法："王夺之人，霸夺之与，强夺之地。夺之人者臣诸侯，夺之与者友诸侯，夺之地者敌诸侯。臣诸侯者王，友诸侯者霸，敌诸侯者危。"（《荀子·王制》）。在荀子看来，人生最大的成功，是懂得"王者"之道，因为它能够具备"夺之人""臣诸侯"的气势。

当年赵文王特别喜欢剑术，闻风聚集的剑士达三千人之多，每年比剑死伤的人数以百计。民间尚剑之风大盛，侠客蜂起，游手好闲之徒日众，耕田之人日益减少。太子赵悝忧虑不已，大臣推荐庄子善辩可说服大王之好。于是，太子派使者去请庄子。三天后，庄子身穿儒服来见太子，太子带他去见赵文王。

庄子于是为赵文王谈用之术，他把剑分为三种：天子之剑，诸侯之剑和庶人之剑。"天子之剑，以燕溪、石城为锋，齐国、泰山为锷，以晋、卫两国为背，以周、宋两国为首，以韩、魏两国为把，包以四夷，裹以四时，绕以勃海，系以恒山，制以五行，论以刑德，开以阴阳，持以春夏，行以秋冬。此剑直之无前，举之无上，按之无下，挥之无旁。上绝浮云，下绝地纪。此剑一出，匡正诸侯，威加四海，德服天下。此即我所谓天子剑也。"

文王听后，茫然若失。又问："诸侯之剑何如？"庄子道："诸侯之剑，以智勇之士为锋，以清廉之士为锷，以贤良之士为背，以忠圣之士为首，以豪杰之士为把。此剑直之亦不见前，举之亦不见上，按之亦不见下，挥之亦不见旁。上效法圆天，以顺三光；下效法方地，以顺四时；中和民意，以安四乡。此剑一用，如雷霆之震动，四海之内，无不宾服而听从君命。此乃诸侯剑也。"

文王听了，频频点头。文王接着问："庶人之剑又如何？"庄子道："庶人之剑，蓬头突鬓垂冠，浓眉长须者所持也。他们衣服前长后短，双目怒光闪闪，出语粗俗不堪，相击于大王之前，上斩脖颈，下刺肝肺。此庶人之比剑，无异于斗鸡，一旦不慎，命丧黄泉，于国事无补。今大王坐天子之位却好庶人之剑，臣窃为大王深感遗憾！"赵文王听了，马上起身牵庄子手上殿，摆上筵席款待庄子，后三月未出宫门，自此戒绝好剑之癖，一心治理国家。那些剑士自觉再无出头之日，个个心怀忧惧，不久都纷纷逃散了。

什么是战略思维？一句话，就是大局思维，超前思维。老子提倡"无为"，为君为王者，因有所大为，故必有所不为。在庄子看来，天子之剑之所以直之无前，举之无上，上绝浮云，下绝地纪，是因为天子剑气象大，气势强，而并不凭其狠、赖其尖。而庶人剑"相击于前，上斩颈项，下绝肝胆"，虽气势逼人，却无异于斗鸡，于国无用。在庄子的眼里，凡成大事业者，并不能靠暴力去征服，而应依仗于大气象、大魄力、大战略的"气度"而让四海归服。

真正的道商，应该"有所为"与"无所为"。如果一个公司不是在做"正确的事情"，那么"正确地做事情"或者有效率地做事情并不能挽救一个公司的命运。所以，企业战略重点解决有所为和有所不为的问题。一项针对企业成败根源的调查显示：世界上1000家倒闭的大企业中，有850家系因战略失误造成的。所以一切想要成就大业的组织领导者都必须具有战略思想和战略意识！

事实上，中国企业最薄弱的环节是战略环节，最大的误区是战略误区，最需要转变的是对战略的偏见，最缺乏的能力是制定正确战略的能力，最应当提高的是战略执行水平。许多人忽略战略："我一个小人物、小企业，讲什么战略？"战略并不是大公司的专利，当中小企业处于非常复杂、高速的成长阶段时，更需要战略的远见、战略的眼光，以及战略的实施能力。你若不想战略问题，你就会一直存在远期隐患、永远长不强大。所以，真正的道商首先应当是战略家，其次才是优秀的经营管理者！没有战略思想和战略意识的经营者只能算是一个买卖人！

有一次，张瑞敏在哈佛大学演讲，当时与会者问他："总裁先生，你把中国的海尔经营得那么成功，请问你有哪些秘诀？"当时，张瑞敏卖了个关子，他说："我经营海尔之所以成功，并不是我的成功，而是我请了三位著名的老师，是他们教我如何成功的。我的第一位老师是老子，老子教会我战略性的思考；第二位老师是孙子，孙子教会我策略性的思考，是战术；第三位老师是孔子，孔子教会我做人做事的道理。"

在张瑞敏看来，企业的价值观是指企业及其员工的价值取向，即对事物的判断标准。所有员工的价值取向，就是企业对事对人一个统一的判断标准，所有的员工应该达到共识。这个标准是什么呢？这个标准就是：什么事情是重要的，什么事情是不重要的；什么事情是正确的，什么事情是不正确的；什么事情你要放弃，什么事情你要争取。在海尔整个发展过程中，张瑞敏就牢牢地抓住这一条，他在不同的发展时期，总会及时地给所有的员工建立一个统一的价值观标准。他说："《道德经》当中所讲的无为而治，我经营海尔主要是无为而治。我只抓大事，企业的大事就是文化、组织和战略。"

海尔在自身的发展路程中，正是因为有一个宏观的、长期的战略方向、思路、决策，才取得了今天的非凡成就。当初海尔一开始做规模，等别人开始做规模时，海尔已经开始整合业务；别人开始整合业务时，他已经开始追求产品品质；别人开始注重产品品质时，海尔已经开始走多元化道路；而当别人开始多元化发展时，海尔已经开始走国际化道路。海尔经历了从小到大、从弱到强的变化，始终比别的企业快半拍，如果没有战略的眼光，绝对做不到这一点。

《道德经》里说："夫唯不争，故天下莫能与之争！"张瑞敏的思想当中，有一个很重要的内容就是不争。国门之内无名牌，这是海尔始终在走的一条经营战略之路。很多企业在都在"竞争"国内的名牌，海尔却不与之争，张瑞敏的目标是要做名牌一定是全世界，在全世界，在全球范围内的名牌才是真正的名牌。

1999年4月28日，美国海尔贸易有限责任公司正式在联合国大厦举行揭牌仪式。又过了两天，4月30日，海尔将3000万美元投资砸到美国南卡罗来纳州，建立了海尔在海外的第一个工业园。然而，面对着海尔将自己的厂建到美国的"班门弄斧"之举，当时国内外的许多专家学者的各种质疑声一浪高过一浪，他们的唾沫星子直指张瑞敏："张瑞敏疯了吧？"更有甚者，非常悲观地替海尔盖棺论定："海尔完了！"他们给出了许多强有力的理由：成本太高，美国工会组织非常健全，工人不好管理；卧榻之旁岂容他人酣睡？海尔一定会受到打压；人才的问题，企业文化融合的问题等。

面对外界的各类质疑，张瑞敏只是"倾听并加以学习"。后来，不管是来自何方的质疑、诽谤和谣言，张瑞敏都秉承"不争"的道家理念，就连郎咸平"保姆做好了就要变主人"的"大帽子"，张瑞敏最狠的一句回应也仅仅是："不知有汉，无论魏晋。"后来，在"20年·1000亿元·世界的海尔"的研讨会上，张瑞敏最后总结了一段话："生于忧患，死于安乐，一片赞扬声中企业不可能很好地生存。……对质疑最好的回应就是发展。"海尔人的生存理念是永远战战兢兢，永远如履薄冰。

海尔集团在张瑞敏的带领下，创造了从无到有、从小到大、从弱到强的发展奇迹，由一个亏空147万元的集体小厂，发展成为2007年全球营业额1180亿元的中国家电第一品牌，并在全世界获得越来越高的美誉度。2005年11月，英国《金融时报》评出"全球50位最受尊敬的商业领袖"，张瑞敏荣居第26位，是唯一一位上榜的中国企业家。2008年3月，海尔第二次入选英国《金融时报》评选的"中国十大世界级品牌"。无论从哪一方面，海尔的成功之路都堪称中国经济发展史上一个罕见的成功案例。

为什么要把企业的战略策划称为"铸鼎置炉"呢？因为鼎者，一言九鼎，有容乃大。道商要想立命恒久，必须用志高远，不能被小道小得所误。只有立下大志许下大愿才有大成。倘若只是钻研一些浅识小语，并希冀求得高名，几乎是不可能的。只有明达大智之人思想深刻，方可有一番成就。

春秋时代，宋国有一位任公子南游越国，到会稽城寻访技工，锻造了重万斤的大型钓钩，绞制头号缆绳长百里。问做何用，任公子答"钓鱼"。全城轰动，怀疑他是不是宋国来的傻子。钓具做成，任公子买下肥牛五十头做钓饵，用一台绞盘车做钓竿，他蹲在高高的会稽山顶，投钩于东海里。他就这样天天钓，一年过去了，任公子没有钓到一条鱼，可他还是毫不气馁地蹲在会稽山上，任凭风吹雨打，信心依旧。围观的人一天比一天少了，会稽山旅游业盛而复衰。

又过了一段时间，突然有一天，一条大鱼游过来，一口吞下了钓饵。这条大鱼即刻率着鱼钩一头沉入水底，它咬住大鱼钩只疼得狂跳乱奔，一会儿钻出水面，一会儿沉入水底，只见海面上掀起了一阵阵巨浪，如同白色山峰，海水摇撼震荡，啸声如排山倒海，大鱼发出的惊叫如鬼哭狼嚎，那巨大的威势让千里之外的人听了都心惊肉跳、惶恐不安。任公子转动绞盘车，不慌不忙的缓缓收回长缆，借海潮的推掀牵引大鱼上岸。众人将这条大鱼割碎，用海盐腌渍，堆成肉山。从浙江流域到岭南，家家户户饱吃鱼肉，生活改善，百姓们欲歌功颂德，却被任公子拒绝。他说："我在山顶上蹲着无所作为，哪里有什么功德？无所作为，结果是无所不做，又何必感谢呢？"

多少年以后，那些听了任公子故事的人，无不奔走相告，引为奇谈。但是他们只见大鱼不见大道，能惊呼而不能觉悟。这些眼光短浅、只会按常规做事的人，只知道拿普通的鱼竿，到一些小水沟或河塘去，眼睛盯着鲵鲋一类的小鱼，便已满足。他们要想像任公子那样钓到大鱼，当然是不可能的。

人无远虑，必有近忧。要想摆脱近忧，只有先从战略的远虑入手。企业家的能耐不在于看清企业目前是什么样子，而在于能够预测企业3年后、5年后、10年后甚至更长时间会成为什么样子。1980年时，杰克·韦尔奇就预测出"10年后高新技术产业主导世界经济"。1997年时，奇瑞公司前董事长夏詹来就预测"轿车进入百姓家"，事实发展果然如此。

19世纪50年代，"松下"集团创业之初是一家名不见经传的小作坊。当时，电视机出现不久，还是少数社会贵族享用的奢侈品，但按照规模化发展规律，可以预测，不出五年，日本的中产阶级家庭都能拥有电视机。"松下"看到了电视机背后的巨大商机，到那时，谁占据了这个市场，谁就将成为日本的一流企业。但是要抓住这个战略机会，需要找一个背景，在强大的背景支持下，直接向规模化生产进军，先占有市场，后独享市场。这就是松下的如意算盘。

在这个时候，"松下"公司发现了日本皇太子五年后将举行隆重的结婚典礼这样一个战略机会，而一睹皇太子结婚的盛况是日本国民当时的一个时尚追求。于是，"松下"进言天皇要让全国百姓观看5年后的皇太子结婚盛典。老百姓买不起，可到松下租用。于是天皇大喜，下诏由"松下"具体操办此事。不久，"松下"聚积了大笔电视租用费及其他资金。到了1956、1957年前后，松下率先在电视机行业实现了规模化生产，到向用户提供电视机的时候，电视机销售价格已远低于当时的租金。"松下"借此一举成为日本家电巨头。

有了战略这个让天下归心的"神器"——鼎炉，要想进行"金丹"炼制，还必须集五行之药物而烹炼。这"五行"分别是**战略机会、战略手段、战略阶段、战略目标、战略目的。**

要想进行战略创新，先得有"战略机会"，即影响企业长远利益的外在的、重大的有利变化，包括产业升级、技术进步、市场开放等具有时代性的发展机会。它像一个方程式的初始条件，没有"战略机会"这个初始条件，什么好的发展公式都不能启动运行。

有了"战略机会",但你没有"战略手段",那"战略机会"也要远离你而去。企业战略手段一般包括"技术领先""品牌价值""低价优势""渠道垄断""组织文化""人才优势""地缘优势""公关优势"等。用"战略手段"抓住"战略机会",再用"战略手段"培育"战略机会",让"战略机会"像生命一样成长,这需要几个"战略阶段",一般采用"打基础——过渡——冲击目标"这三步走法则。

在经历必要的"战略阶段"后,就可以达到"战略目标"。"战略目标"是对战略理想的指标化、具体化描述,或确定、衡量、检验战略行动成败的指标。战略目标的定位方法和口径主要包括企业在行业中的地位、市场占有率、利润、营业额、国际市场空间、技术领先程度等。

"战略目标"是具体的,"战略目的"是抽象的。刘备要成为皇帝的目标是具体的,"匡扶汉室"的目的是抽象的。企业战略目的往往是资本家价值观和人生观的体现,它不仅是对企业家最大的鼓励,也是对企业员工的最大激励。当一个企业家具有强烈的战略意识时,他的事业往往已经很大了。伴随着事业变大,企业家的想法也发生着深刻的变化,小企业的阶段一心想钱,中型企业想的是企业本身,到了大型企业阶段就开始想社会。此时钱成了符号,企业成了工具,为什么活着的问题会成为企业家心中的首要问题。是"报国",是"兴业",还是"博爱"?此阶段的企业家都会追寻自己的"道"。

而每至于此,企业家才会由"有形"经营而渐入"无形"经营,而"执大象,天下往。"大象者,万化归一之象!有了大象(大战略),自然就能够号令天下。

第三节　生态创新　运风调火

在道家金丹大道中,"火候"是秘中之秘。"丹经易得,火候难求","圣人传药不传火,从来火候少人知","药物易知,火候难准"。这是丹道中普遍对"火候"说法,由此可以看到"火候"在丹道中的重要性。在企业经营过程中,是否也需要讲究和注重"火候",适时地进行"运风调火"呢?以达到生态化、健康化发展呢?

《道德经》讲:**"万物负阴而抱阳,中气以为和。"**"中和""和谐""执中守一"的观点,是老子最先提出来的。中国文化的大义,也全在"中和""中庸""中极图"的火候把握上。修道也好,经商也罢;企业也好,家庭也罢;个人也好,法人也罢,情况大体上都是一理相通的。"努力构建和谐社会"是我们现阶段提出的治国之大策略,"和气生财"是我们行商的重要原则。要想实现真正的大成就,只有把握住中和的生态发展观,适时有度、天地人合一做全局筹划,不但要负阴抱阳正合奇胜,更要把握住中和的原则。任何人,无论事业搞多么大,一旦违背这个规律,就必将导致"物极必反",走向毁灭。

把握方向靠战略,把握大局靠生态,如何才能让企业和事业保持生机勃勃的状态?老子告诉我们,要"复归于婴儿"。这就是企业生态创新所要解决的。作为道商,方向和大局必须是心中有数的。战略管你能走多远、成多大,生态管你变多强、变多旺。"强大""强大"——只有先做强，才能有希望做大。

万事万物都讲究"火候"，都需要进行生态化、健康化发展。行商之"火候"，须静观自定，不急不躁，不滞不呆，时疾时速，能文能武，无过之亦无不及，凡事要恰到好处。老子讲"绵绵若存，用之不勤"；又言"知足不辱，知止不殆"。许多企业发展到一定的时候，都喜欢走多样化或称"多元化"的经营道路。他们的基本理论是：多样性导致稳定性，即在多个领域经营，可以降低风险，所谓"东方不亮西方亮"，有些领域不盈利，但其他领域可能盈利，总体还可以平衡。这个理论乍一看有道理，但实际有问题，即许多规模或实力不济的企业，在进行多元化经营时，将有限的资源分散了，即"撒胡椒面"，面面俱到，其实是没有一面突出的，往往是业绩平平，或者精力太多分散而将企业拖垮。

1989年8月，在深圳大学软件科学管理系硕士毕业的史玉柱和三个伙伴，用借来的4000元钱承包了天津大学深圳科技工贸发展公司电脑部，并用手头仅有的4000元钱在《计算机世界》利用先打广告后付款的方式做了8400元的广告，将其开发的M-6401桌面排版印刷系统推向市场。广告打出后13天，史玉柱的银行账户第一次收到三笔汇款共15820元。巨人事业由此起步，4个月后，M-6401的销售额一举突破百万大关，从而奠定了巨人集团创业的基石。

1991年，巨人公司成立，推出M-6403，实现利润3500万元。由于国际电脑公司的进入，电脑业于1993年步入低谷，巨人集团也受到重创。1993、1994年，全国兴起房地产和生物保健品热，为寻找新的产业支柱，巨人集团开始迈向多元化经营之路——计算机、生物工程和房地产。在1993年开始的生物工程刚刚打开局面但尚未巩固的情况下，巨人集团毅然向房地产这一完全陌生的领域发起了进军。欲想在房地产业中大展宏图的巨人集团一改初衷，拟建的巨人科技大厦设计一变再变，楼层节节拔高，从最初的18层一直涨到70层，投资也从2亿元涨到12亿元，气魄越来越大。对于当时仅有1亿资产规模的巨人集团来说，单凭自身的实力，根本无法承受这项浩大的工程。

1994年8月，史玉柱突然召开全体员工大会，提出"巨人集团第二次创业的总体构想"。其总目标是：跳出电脑产业，走产业多元化的扩张之路，以发展寻求解决矛盾的出路。1995年2月，巨人集团隆重召开表彰大会，对在巨人脑黄金战役第一阶段做出重大贡献的一批"销售功臣"予以重奖。5月18日，巨人集团在全国发动促销电脑、保健品、药品的"三大战役"。霎时间，巨人集团以集中轰炸的方式，一次性推出电脑、保健品、药品三大系列的30个产品。巨人产品广告同时以整版篇幅跃然于全国各大报。不到半年，巨人集团的子公司就从38个发展到228个，人员也从200人发展到2000人。

然而，这种违背企业生态发展的多元化的"猛火式"快速发展，使得巨人集团自身的弊端一下子暴露无遗。1995年年底，巨人集团面临着前所未有的严峻形势，财务状况进一步恶化。1996年巨人大厦资金告急，史玉柱决定将保健品方面的全部资金调往巨人大厦，保健品业务因资金"抽血"过量，再加上管理不善，迅速盛极而衰。巨人集团危机四伏。1997年初巨人大厦未按期完工，国内购楼花者天天上门要求退款。媒体"地毯式"报道巨人财务危机。当1996年底大楼一期工程未能完成时，建大厦时卖给国内的4000万楼花就成了导致巨人集团财务危机的导火索。巨人集团终因财务状况不良而陷入了破产的危机之中。

现在，总结巨人大厦带动珠海巨人集团的失败，很多人都提到了战略失误。仔细想想，与其说是战略失误，其实不如说是人心这个"有极图"（欲望）惹的祸。正是在贪大求快的欲望驱使下，史玉柱疯狂抽取珠海巨人集团下属的不同业务公司的资金，导致整个"巨人"集团失血过多而轰然倒塌。若此种情景出现在道家丹道修持进程中，恐怕也得火旺水竭，鼎炉炸裂，而走火入魔吧。

所以，在《道德经》中，老子认为**"多藏必厚亡""企者不立，跨者不行"**。踮起脚尖站着的人，是站不久的，迈开大步跨行的人，是走不远的，因为这都违背了自然的规律。过分的追求成功，反而会导致更大的失败！人体、企业和国家一样，稳定要高于一切，中和重于一切。

老子告诫我们："守其一，万事毕""为道日损"。认真回顾一下许多成功的企业，都是在某一领域做得非常专业，因为专业，所以受到消费者的青睐，从而使企业迅速壮大。就互联网企业而言，近几年发展迅猛的盛大网络公司，专做网络游戏，基本占据了全国60%以上的市场份额；腾讯公司，也是靠一款即时通讯软件（QQ）而成名。当企业从事一件简单重复的生产时，正是利润最丰厚的时期，当火力集中在一个点上时，也是能量最集中旺盛的时刻。肯德基能够发展壮大，主要还是他们发明了一种简单的、可以反复复制的食品加工技术。可以这样讲，当一个动作练习到极致，就成了绝招。对企业也一样，在一个领域深入下去，做到质优价廉，也就是企业利润滚滚而来的时候。

人生之成败，商业之兴衰，其要在于"运风调火"，孰急孰缓，孰众孰寡，当据自身之生态健康，以"虚静"为法，以"适中"为度，如此，可执"一"而通于"万"。

第四节　融资创新　采药添物

唐诗《寻隐者不遇》中曾写道："松下问童子，言师采药去。只在此山中，云深不知处。"道家内丹术将人体视为"炉鼎"，以体内的精气为"药物"，运用神意为"火候"，最终结成"圣胎"。假如没有"药物"，要想九转成丹，无异是痴人说梦。在企业经营中也同样如此。企业是法拟的"人"（法人），人不吃饭不吸收营养不行，企业不融资不吸收营养也不行。所以，道商治企下的"采药添物"，就是融入资源，以获取必要的生产要素或经营资源。

道家识得天地自然之秘窍，所以他们提倡"盗天地""夺造化"，推崇"无""弱""虚"的思想。认为真正的智者生存于天地间，要想与天地同春共寿，必须懂得"食其时""盗其机"的道理。《阴符经》中讲"三盗"的关系，天地，万物之盗；万物，人之盗。人，万物之盗也！这里的"盗"应该是互相获取和给予的意思。宇宙间各物为了求得生存及繁荣、互相"盗"用，三盗互依互存，这是天地自然间规律。作为道商一定要懂得、识别和"动""用"事物发展的深层次规律，才能真正做到虚无生妙有，化腐朽为神奇，从无中融资，发现资源、整合资源、利用资源，进而创造更大的资源优势。

列子在他的书里，给我们讲了一个关于"盗"的故事：宋国有一个姓向的穷人，他向齐国的一个姓国的富人请教致富的诀窍。国氏说："原来我也很贫困，现在日子过得富裕,因为我每天都在盗呀。第一年生活就能维持,第二年已吃穿不愁,第三年我家就粟满囷谷满仓了。从此我帮助乡里,他们也都好起来了。"

向氏听了相当高兴,也不问清楚国氏是怎样"偷盗"的,自以为懂得致富的诀窍了,就回到家乡动起手来。每天晚上,他翻墙挖洞,大肆盗窃,家里居然也富足起来。不料官府捉赃将他判罪,连家里原来的破旧什物也统统没收。这个小偷刑满释放后,跑到齐国把那国氏着实埋怨了一顿,抱怨国氏使他误入歧途,身败名裂。

国氏听了向氏的诉苦,不禁仰天大笑道:"哎呀,你竟然不知盗之理,而把偷盗的方法误会了,现在我告诉你吧。天有四时,地藏大利,我盗取的是天地的时、利,云雨的滋润,山泽的生化,用来生长我的禾谷,种植我的庄稼,建筑我的围墙,建造我的房屋。我从陆地盗取禽兽,从水中盗取鱼鳖。想那禾谷、庄稼、土木、禽兽、鱼鳖,都不是我本来拥有的东西,他们都是天地自然生成的。我向天地自然偷盗,所以没有灾祸。如今,那些金玉珍宝,谷帛财货都是别人聚敛储藏的东西,并不是天地的赐予。你去偷盗原本属于人家的东西而获罪,你怨谁呢?"

资源是人类开展任何活动所需要具备的前提,要把握商业机会,需要具备相应的资源。资源的种类很多,有有形资源,也有无形资源;有物质资源,也有非物质资源。而成功的创业者大多都是资源整合的高手,创造性地整合资源是他们成功的关键因素之一。哈佛商学院教授斯蒂文森先生认为,创业是不拘泥于当前资源条件的限制下对机会的追寻,将不同的资源组合以利用和开发机会并创造价值的过程。

要想实现"采药"融资,首先应该"定义资源",即明确企业究竟需要什么样的资源。比如花钱打广告,资源的定义就是"广告"而不是"钱"。其次应该"确定资源",即按照资源的定义找到企业需要的资源在什么地方,包括其位置、存在方式、被使用情况等。如何确定资源呢?我们可以通过"上下需求""左右关联""远近因果"来寻求资源的所在,识别资源的形态。再次就是"引导资源",即正确掌握和使用获取资源的途径与方法。融资方式十分繁多,主要可以采用内部承包法、借贷法、易货法、战略合作法、项目合作法、特许法、股份制、风险投资、上市融资等。最后就是"评估资源",即指出获取资源所付出的代价。

史料记载,道商"始祖"范蠡就是一位善于"采药"融资的高人,当时由于诸侯割据、战事不断，范蠡发现了一个巨大的市场需求：吴越一带需要大量战马，同时北方多牧场，马匹便宜。假如能将北方的马匹低成本、高效率地运到吴越，一定能够大获其利。然而问题是：买马不难，卖马也不难，就是运马难。千里迢迢、人马住宿费用代价高昂且不说，更要命的是当时正值兵荒马乱，沿途常有强盗出没。怎么办？

经过一番调查，范蠡终于了解到北方有一个很有势力、经常贩运麻布到吴越的巨商姜子盾，姜子盾因常贩运麻布早已用金银买通了沿途强人。于是，范蠡就把主意放在了姜子盾的身上。在获知某天姜子盾将要经过城门时，范蠡写了一张告示张贴在城门口，大意是：范蠡新组建了一支马队，开业酬宾，可免费帮人向吴越运送货物。果然，姜子盾看了告示之后主动找到范蠡，求运麻布，范蠡满口答应。就这样范蠡与姜子盾一路同行，货物连同马匹都安全到达吴越，马匹在吴越很快卖出，范蠡因此获得了巨大的商业利益。

第五节　管理创新　导引周流

什么是管理呢？简单地说，"管"就是领导、组织、计划、控制。通过什么去"管"？是道理、是理想、是理论、是理念……总之，凡是涉及"管"的学问，都必须讲一个"理"。"理"就有理清、理顺的导引畅行的意思在内。你若明白了"理"，坚持用"理想"去构建战略，用"理念"来引导人心，用"理论"来指导行事，用"法理"约束下属，用"情理"和"道理"调和矛盾。那么，你就掌握"管理"这个武器了。

没有"来龙"就没有"去脉"，管理的"理"是从战略上一脉下来的。战略给规划了长远轨道，生态告诉了你和谐大局，融资使你把外部世界化为己有。企业在融入外部资源后，一旦与自身"内势"结合，势必形成紧密凝结状而成"气丹"雏形。在这个时候，就需要从气脉通道上进行导引运转周流，以真正实现化"外物"为我所用，通过神气交融，心息相依的不懈修炼与养护，最后才有可能形成道商之"金丹"（核心竞争力）。有了资源才能谈到管理，这种消化吸收与"引导"资源并让其"周流"的能力，就是企业管理。

在丹道修炼中，我们要让"气丹"在人体经脉这个主线上运转，使百骸通畅，必须过"三关"。同样，在现代企业管理中，我们也可以将管理分解为五个重要的步骤，这就是：**机构设置、岗位设置、岗位标准、业务流程、制度保障**。

中国式管理学之创立，可以远溯华夏文明的肇始者黄帝，这位中华民族共同的人文始祖，在统一了黄河中下游地区各部落后，便组建了具有国家职能的社会管理机构。他举风后、力牧、常先、大鸿等以治民，设百官而各有专司，政和清明、上下通畅。整饬营卫，盟炎帝以壮社稷；威临四海，平蚩尤以弭战乱，怀德归心，天下宾服，扩土开疆。

在中国古代政治体制中，宰相制度曾一度居于核心地位。秦始皇统一六国后，在对政治制度进行改革时，便确立宰相"掌丞天子，助理万机"，使之成为正式官制。而汉唐盛世的"宰相制"，一向是中外宪法学家所推崇的楷模，也是老子"有为、无为、无不为"三段论思想在管理学上的完美体现。

在这个制度里，君主被虚位化，就是无为。君主无为就是不直接负行政上的责任，所以他永远都不会犯错误。因此，他一方面代表象征国家的伟大庄严；另一方面人民永远无法抓到他犯错，也永远大于人民心目中的希望。可是谁来办事呢？宰相"佐天子"，真正办事的是宰相。因为他负有立法、行政和司法上的实际责任，就是有为，有为就难免会犯错。宰相（当时宰相是诸侯的首领，有诸侯推举的意义，他代表诸侯们的势力，并不是皇室的家奴）犯错，可以立刻撤换（经过一定的程序，最后由君主正式任命），并不影响全国政局的稳定。这不比君主，要撤换君主是不得了的大事，那就是革命。

那么如何保证宰相尽责尽力，不做错误的事呢？于是就有一个御史大夫（御史大夫也有诸侯势力作后盾）在他后面作监督，就是专弹劾，专挑毛病（御史们有权说话不必要有证据，所谓风闻奏事），所以称为监察御史。怎样保证御史大夫不跟宰相串通勾结来做违背国家民族利益的事呢？一方面当然要挑选好人去当宰相和御史大夫；另一方面在制度上规定，御史大夫是宰相天然的候补人。同时，假如宰相的报酬是两千担，那么御史大夫只有六百担。只要你把当朝宰相弹劾倒了，你马上就贵为宰相，富有两千担。御史大夫当上了继任宰相后，君主再任命一个御史大夫做他的监察人；反之，宰相若不愿失去荣誉和富贵，就得拼命做好事。政府就一定是个清廉有能的政府。因此，宰相是"正"，御史是"反"，二者统一在君主里是"合"。总之，政府（宰相和御史的行政机能）是"有为"，君主（没有实际行政职责）是"无为"，二者统一在国家里，国家是"无不为"，历史简称"无为而治"。有了这样的好制度，又有好人去好好维护它，因此宰相的行政就必然是爱国利民的，不允许有任何的失误。所以中国就有了汉、唐盛世，天下大治，富强无比，是中外古今永远引以为荣的。

中国古代政治制度中三权分立，权力之间相互制约，即使从今天看来，也充满了智慧。这个世界上最优良的、肇造中国汉唐盛世的体制，后来被英国模仿效法，蜕变而成英国的国会制（英国首相制），国会代替了御史的职务，国会里面设有主要的正、反两党，这又是一个正、反、合。黑格尔说：英国的国会制是当时世界上最合理的体制。日本维新后，把英国的制度照搬到日本，效果也是立竿见影。所以，中国汉唐的宰相制是世界上最早、最优秀的体制。而现代企业治理结构的完善，关键也在于如何平衡决策权、执行权、监督审计权，即如何平衡股东会、董事会的决策权，与经理人的执行权、监事会的监督权的关系。

通过好的体制来设置好管理机构与管理岗位后，我们该如何选拔人才，以确定"岗位标准"呢？老子告诉我们，要"无弃人"。他曾说，我有三宝，在这三宝中最重要的是"慈"。"慈"就是慈爱，老子主张对人要慈爱为怀，要爱一切人，不抛弃任何人。他说"**圣人常善救人，故无弃人；常善救物，故无弃物。**"对于人来说，无论是善与不善，无论是完美无缺还是有各种各样的缺点，老子都不主张抛弃。他说："**善者，吾善之，不善者，吾亦善之。**"从人力资源的角度来看，所有的人都是人才，善者与不善者是可以相为为用的，关键看你把他放在什么样的位置上。贞观之治的出现，得益于李世民在秦王府就开始网罗人才，登基后又不分亲疏，唯才是用，注重秦府旧人和太子旧人、关陇人士和山东人士、世家和寒族的平衡，各尽其长。康熙帝为了拉拢汉族知识分子，不惜采用特殊方法，用极简单的题目举行博学鸿词科，对被迫到京而不愿考试的杜越、傅山等人不加怪罪，授予官衔礼送回籍，对故意不答完卷子的名士严绳孙等人照样录取。取中的五十人全部进入翰林院，为照顾他们特有的明朝情结，还让他们专修明史，在赢得汉族文士的支持上取得了极大成功。

《论语》中说："夫有国之主，不可谓举国无深谋之臣，合朝无智策之士，在听察所考精与不精，审与不审耳。"开明君主不仅要自知，而且要知人；不仅要知人，而且要善任。一个领导再神通广大，也有"玩不转"的地方，一个成功的企业家，要想让事业发达，买卖兴隆，关键在于能否得到智慧人才的辅助，集众人之智与力，才能在商海中成就王霸之业。然而，如何甄别和求取人才呢？对于企业家来说，这是最困难的事。老子告诉我们，**"自见者不明，自是者不彰，自伐者无功，自矜者不长"**。自作主张的人并不明智，自以为是的人并非肯定，自我炫耀的人并无功德，自觉贤能的人并无专长。杰克·韦尔奇总是不厌其烦地给那些年轻的、缺乏经验的各级领导者以忠告和建议，他说："我能给你们最大的忠告，就是千万不要企图自己单独完成某件事情。你必须精于和你统领的团队里的每一位聪明的家伙打交道，与他们建立良好的合作，并充分激励他们。"

要实现以道治企，在选拔任用人才后，必须制订有效的业务流程，明确是"当为"还是"不当为"。汉文帝有一次在朝廷问右丞相周勃说："全国一年中判决多少案件？"周勃说："不知道。"又问："全国一年中钱粮出入多少？"周勃急得汗流浃背，惭愧得不能说话，仍然是"不知道"。文帝又问左丞相陈平，陈平说："有主管这事的官员。"文帝问："那主管人员是准？"陈平说："陛下问断案，可以问廷尉，要问钱粮，可问治粟内史。"皇上说："各事都有主管人员，那么你管什么？"陈平说："主管官吏。陛下不知我们没有才能，让我们担任宰相。宰相就是辅佐皇帝，理顺阴阳，调顺四时，保护万物各得其所。对外镇抚各国，对内安抚百姓，使百官各尽其职。"文帝说回答得好。右丞相周勃非常惭愧，下朝后他埋怨陈平说："您为什么平时不教我怎样回答皇上的问题。"陈平笑道："君居宰相之位，难道不知自己的职责吗？假如皇帝问你长安城中有多少小偷，你也要硬说出个数字吗？"周勃虽居宰相之位，却不熟知自己的"岗位标准"与"业务流程"，难怪最后会失去右丞相之职。

完美的管理体系需要相应的制度保证。所谓"国有国法，家有家规"，企业制度对于企业来讲，就是经企业全部人员认可，并对全部人员权益同时具有约束、保护双重作用的"规矩"。老子说，"为道日损"。在制度的制定上，一定要秉持"简易"的原则，尽可能地做到简单明了，才容易被认同和遵守。有许多企业团体，对员工莫不竭尽所能地制定各种烦琐严苛的规则，殊不知这样反倒适得其反，流于形式主义。甚至，洋洋洒洒铺天盖地的制度制定到最后，连制定制度的人都很难说清楚究竟讲了些什么。

前206年，刘邦率领大军攻入关中。为了取得民心，刘邦一进咸阳城，就禁止部下在城内大肆掠夺，并宽待投降的秦王子婴。接着他又把关中各县父老、豪杰召集起来，郑重地向他们宣布道："秦朝的严刑苛法，把众位害苦了，应该全部废除。现在我和众位约法三章。那就是：杀人者要处死，伤人者要抵罪，盗窃者也要判罪！"这著名的"约法三章"一经公布，咸阳城内普天同庆，人民欢欣鼓舞，誉为一大善政，百姓们纷纷取了牛羊酒食来慰劳刘邦的军队。由于坚决执行约法三章，刘邦得到了百姓的信任、拥护和支持，最后取得天下，建立了西汉王朝。

黄老道学强调"刑德并重""恩威并施"。老子主张天下应该无为、无事。他说：**"故圣人云，'我无为，而民自化；我好静，而民自正；我无事，而民自富；我无欲，而民自朴。"** 伟大的史学家司马迁就非常赞同老子这一主张，他在"法令滋彰，盗贼多有"下写道："太史公曰：信哉是言也！法令者治之具，而非治清浊之源也。"指出法令和制度只能治末，不能治本。因此，真正的道商企业都强调企业制度建设和文化建设并重，用"企业文化"从人文关怀的积极意义上防止"法令滋彰，盗贼多有"之弊。

企业管理中，一定要遵循"道法自然"的原则，处处体现和谐、有序，各居其位，各司其职。领导者的位置该如何正确摆放呢？老子认为"**善用人者为之下**"。老子以江海为例，告诉我们说，江海之所以能够成为千百条河流、溪流之王，就是因为它处于河与溪的下游，所以百河千川归往于江海。百谷之王如此，人中之王亦如此。善于用人者要处于谦下的地位，不与下属争名争利，不摆出一副高高在上的架势板起脸训人，不随便对别人的工作横加指责，这才能借用人力，调动各方的积极性，推动事业全面发展。同时，善用人者还要注意不要使自己成为别人实际上、心理上的负担。老子说：**"是以圣人处上而人不重，处前而人不害，是以天下乐推而不厌。"** 能做到这一点才合于自然法则。所以后来美国的艾博契特在其《二十二种新管理工具》修订本的序言中指出，《老子》书中的**"善用人者为之下，是谓不争之德，是谓用人之力，是谓配天古之极"** 是一种境界高超的用人哲学。

齐桓公从莒国回到齐国，任命鲍叔牙为相国，鲍叔牙推辞说："我是个愚蠢的庸臣，您给我恩惠，使我不挨饿受冻，就是对我的赏赐了。如果要治理好国家，则只有管仲能行。我之所以不如管仲，有五个方面：宽容厚道，安抚百姓，我不如他；治理国家，不失权柄，我不如他；属守忠信，组织百姓，我不如他；制定礼义使四方效法，我不如他；执枪鼓立于军门，指挥作战，使百姓个个勇敢，我不如他。"桓公说："可是管仲射中我的带钩，使我差点丧命。"鲍叔牙说："那是为了他的主子效力啊。您如果能宽恕他，让他回来，他也会一样效忠于您的。"管仲从鲁国回到齐国，齐国人为他三次熏香，三次沐浴。桓公亲自到郊外迎接他，同他坐在一起，向他请教治国的道理。在管仲的匡扶下，齐国终于日益强大并称霸。

《道德经》中有这样一句话，**"太上，不知有之"**。意思是说，最高明的领导让部下不知道你的存在。作为管理的最高决策人，最好能够有效的授权你的下属去有为，而不要让自己介入具体的事务中去，免得影响下属员工的自由发挥能力。因此，学会授权是高层次领导者所必须具备的基本素质。诸葛亮可谓一代英杰，身在茅庐之中，就已经看到三分天下的鼎足之势，并且制订了辅助皇叔刘备匡复汉室的宏伟计划。然而他却日理万机，事事躬亲，乃至"自校簿书"，终因操劳过度而英年早逝，留下了"出师未捷身先死，长使英雄泪满襟"的遗憾。诸葛亮虽然为蜀汉"鞠躬尽瘁，死而后已"，但蜀汉仍最先灭亡，其个中原因与诸葛亮的太"有为"不无关系。

作为道商，在经营管理中应该采取"自然无为"的管理方法。老子的无为并不是完全不作为，而是一种方法和手段。老子将"无为"和"自化"联系起来讲，他说，**"我无为而民自化"**。自化就是要企业员工学会自我管理。从前，齐桓公奢侈淫逸，不守礼法，为一般人伦所不齿，可是他却把大权委以管仲，结果还做了诸侯的盟主。齐宣王高洋贪鄙残忍，疯狂暴虐无与伦比。然而，他把朝政大权委予杨愔，得以保护了国家和宗族的安全。所以，在管理学界，有这样的话：高层的管理者，一定要学道家，以无为而治理；中层的管理者，一定要学儒家，以仁义来管理；基层的管理者，一定要学法家，以制度来管理。管理者若能依照企业发展的规律，放手让各岗位的员工按照"业务流程"做好自己的事，充分调动工作人员的积极性，最终达到"无为而无不为"，必将取得企业发展的良好效果。

第六节　营销创新　七环九转

人与人之间因需求、利益交换（交易）而产生的各种"商务行为"，不但影响和改变了人们的世界观，而且也影响和改变了整个人类社会。亚当·斯密（Adam Smith）早在1776年就指出，消费是生产唯一的目的。从战略到管理，企业已经积累了两大价值，一个是企业的社会价值，一个是产品的市场价值，这两个价值必须要得到社会和市场的承认。如何得到社会和市场的承认，营销创新的目的就是最大限度地实现企业的社会价值和产品的市场价值。

什么是营销呢？它是指个人和集体通过创造、提供并同他人交换产品价值，以获得其所需所欲之物的一种社会和管理过程。营销是以满足人类各种需要和欲望为目的，通过市场变潜在交换为现实交换的活动总称。

老子告诉我们，**"上善若水"**。要像"水"一样满足消费者的消费欲望，就必须站在顾客需求的角度，**"以百姓心为心"**，为已知的顾客提供产品和服务。关于营销的观点，在《道德经》中可谓比比皆是，俯首可拾。如**"以正治国，以奇用兵"**（《道德经·第五十七章》）。在企业管理中，要以正的形象用正谋行正道而正治，到了营销这个环节，就必须用兵以奇，以奇谋奇思去吸引消费者的眼球，激发他们的消费欲望，并且出其不意地战胜竞争对手，使其莫能"与之争"。

如何做到"以奇用兵"呢？老子通过道的变易法则，以"太极图"理论为要，提出了**"将欲弛之，必固张之；将欲弱之，必固强之；将欲废之，必固兴之；将欲夺之，必固与之"**的营销主张。观天之道，执天之行，顺而取之，逆而施之。圣人者，乾坤都在一掌中，天翻地覆大逆泰，万物生化有自然，逆言逆行逆心玄。想要收束它，必须暂且扩张它；想要削弱它，必须暂且增强它；想要废黜它，必须暂且兴举它；想要执取它，必须暂且给予它……

正所谓天地之道，一阴一阳；文武之道，一张一弛，直中难取曲中求。老子主张以柔弱灵动的行为方式处世，如果懂得并施行这种荡秋千式的"取与之术"，就能够在精微之处见高明。**"是谓微明，柔弱胜刚强。"** 也正是柔弱可以战胜刚强的机理之所在。老子还同时告诫我们，这些精微高明的智慧是不能轻易让别人知道的，**"鱼不可脱于渊，国之利器不可以示人"**。

在道家金丹大道修炼中，经历了以气运丹的导引周流、河车搬运后，还必须经过"七还九转"的过程，才由"气丹"而成"金丹"，获得生命本质的跃升。在营销创新中，同样也需要"七环"与"九转"，这七环就是在营销创新中我们必须注重的七大环节，九转就是熟练掌握营销策略的九大术法，即我们在《道商·术篇》阐述的太极九式。

在营销理论的发展过程中，最典型最持久的概念组合就是"4P"了。1960年，杰罗姆·麦卡锡提出了业界最著名也是最公认权威的4P组合，即产品（Product）、价格（Price）、渠道（Place）和促销（Promotion）的营销组合，为我们提供了一个有助于记忆营销组合主要工具的简便方法。"4P"是站在企业的角度看市场，立场在于企业及产品的制造者。后来，学术界又相继提出了以站在市场角度看企业，站在顾客角度看产品的"4C"和最近的"4R"营销理论组合。在《道商》提出的"七环"中，分别是**"产品、市场、价格、渠道、促销、服务、广告"**这七大环节。

产品创新：

打铁先要自身硬，要想取得好的市场营销效果，必须树立自我、强壮自身，在产品上下深功夫，以优良的质与量赢取市场。产品是企业与消费者联系的最重要的途径，是满足消费者需求的一种手段，也是营销组合的重要因素。要生产什么产品、创造什么产品，主要取决于市场。所以产品创新的最终目的不在于如何使消费者接受企业的产品，而是企业如何最大限度地满足消费者的各种需求。

千百年来，首饰一直是婚恋、喜庆的专用品。但是，南京的通灵翠钻公司却反弹琵琶，逆向创新，开发出世界首创的情侣分手礼物——"情人的眼泪"，那纯情泪滴造型的晶莹剔透钻石吊坠一上柜台就受到年轻男女的偏爱。据该公司设计中心负责人解释说，前不久一对恋人来到该公司的专卖店，说是两人打算分手，但以前相爱的时光都很难忘，想买一款分手专用首饰来纪念那段恋情，于是公司就此开发出了打破国际惯例的情侣分手时专用的首饰，以帮助分手的情侣纪念那段难忘的恋情。

一位经济学家认为，通灵推出的"情人的眼泪"，世界首创性地为情侣们打造分手礼，这种别出心裁的设计，有力地开拓了首饰市场，不但为珠宝行业寻求到新的市场空间，也再一次证明了老子《道德经》"反者道之动，弱者道之用"的逆向思维策略在产品定位与创新领域的重要地位。

市场创新：

我们有了产品，要给产品找市场，找客户，这就是市场定位。在产品同质化异常严重的今天，小企业与新产品往往很难进入市场，争得自己的一席之地，我们往往把这个归结于竞争的残酷和市场的无情。仔细想想，市场真的完全饱和了吗？表面上看好像是，其实无穷的新机遇就蕴藏在这个表面现象之中。所以，《道德经》的智慧思想告诉我们，要学会由表入里，由此及彼，善于把目光穿透表面现象看到更深入的细微层面。当天下人都一哄而上，争夺一域时，我偏偏去做他们不愿意从事的工作，当竞争者都在忙着做大事时，我偏偏去把他们不愿意做的小事来做好做强。从小处见功夫，从细处觅出路，寻找属于我们的市场机会。

19世纪中叶，美国西部淘金热兴起之时，许多人认为这是一个千载难逢的机会。于是，各地民众蜂拥而至，怀着淘金梦而来到加州，当竞争被高度集中于一处时，天下皆为之时，"淘金"也就越来越难，再加上气候干燥、水源奇缺，许多人不但致富梦没有圆，反而葬身此处。17岁的小农夫亚默尔千辛万苦来寻求淘金发财，跟大多数人一样，没有淘到金不说，反而被折磨得半死。当亚默尔听着人们对缺水的抱怨，望着淘金者水袋中一点点舍不得喝下的水，突然发奇想：既然淘不到金，我干脆卖水吧。"为"他人之不为，"事"他人所不事。于是，在"大道若水"的灵活变通原则下，亚默尔毅然放弃淘金，而转行卖水。结果，所有的淘金者都没有赚到钱，而卖水的亚默尔却赚了个盆满钵满。

在市场营销中，我们把它归结为差异化营销。谁能想到，2500年前的老子，早就揭示了"夫唯不争，故天下莫能与之争"的思想。

价格创新：

产品在市场中的定价如何，完全可能影响到整个公司的发展、存亡。关于价格的确定，以及如何选准时机进行涨价、降价，有很深的技巧。生活中我们也经常遇到某衣服标价几十元时，无人问津；标几百元时却有人大掏其手，当标几千元时，还有人视为精品，这也是价格问题在作祟。

有个笑话说一个小偷，偷来一张虎皮，为了快点儿变现，要价5000元，结果，没有人相信那是一张真虎皮。一个老兄终于被小偷说服了，几轮谈判下来，以3000元价格成交。这老兄带着小偷兴高采烈地回家取钱，妻子连看都没看那张虎皮，断定一定是假的，提出500元的新价，小偷不干了，争吵了起来。妻子偷偷地报了警，警察把他们三个都抓了起来。

随着经济全球化和区域贸易自由化的迅速发展，国际市场竞争日趋激烈。对于缺乏很强品牌、技术优势的出口方来讲，商品价格必然成为主要的竞争手段。近年来许多企业为占领国际市场，采取低价出口策略。如果这种现象是由低价竞销的恶性竞争带来的，受损的将不仅仅是厂商的收益，包括了市场秩序、国家的声誉，甚至会引发国外贸易限制措施的打压，造成巨额附加值的流失和长期的机会损失。据报道称，中国产品自1979年首次遭遇外国倾销指控，至今已受到各国和国际组织600多起指控，位居全球之首。在这种情况下，中国企业应立即转变观念，在对发展中国家出口时要提高警惕，改变用低价打开外国市场的习惯。

渠道创新：

有了市场和产品，有了价格，接下来，怎么把产品送到客户的面前呢？这就涉及"渠道"。老子讲，"上善若水""大道泛兮，其可左右"。国内营销专家指出：在当前形势下，渠道的边界正在逐渐融化、打破，各种跨行业通路正在得到广泛应用，产品渠道与传播渠道正在进行交叉组合，使商品到达消费者的渠道越来越丰富和有效。

国内领先的防盗门企业美心集团，在渠道创新上，把目光从专业市场和大商场的普通终端，转移到了更接近消费者的社区。每当新楼盘落成，业主即将入住时，即在新楼盘附近临时搭建一个美心专卖店，在业主眼皮底下展示美心系列产品，为业主提供选择、购买、搬运的方便，这是一种比任何宣传和促销更有效的社区销售方式。

在雅芳的产品销售中，雅芳小姐打破传统，采用了家庭聚会的方式把雅芳产品介绍给女性消费者，并给予相应的化妆培训和指导。而雅芳小姐要成功进行销售，也要接受雅芳公司的不断的培训，学习产品知识、美容化妆知识。凭借丰富的产品知识和美容知识，以及良好的服务，雅芳小姐成为热情、友好的代名词，进入千家万户。雅芳采取的这种直销模式获得了巨大的成功，它甚至比那些传统百货商店销售能赚更多的钱。

促销创新：

促销指企业向消费者或用户传递和沟通产品或服务的有关信息，帮助消费者认识产品或服务给消费者带来的利益，促进和影响人们的购买行为和消费方式。简单地说，"促销"就是确定促进销售的方式方法。

促销一定要以合适的理由、合适的时机"合情合理"地推出，这样才不落商业痕迹。20世纪50年代初，法国白兰地决定将名酒白兰地打入美国市场。1957年，恰逢美国总统艾森豪威尔67岁寿辰。法国白兰地公司经过周密策划，决定将广告宣传时间定在艾森豪威尔生日这一天。于是，他们通过各种新闻媒介向美国人民宣告：法国人民为了表示对美国总统的友好感情，将赠送两桶极为名贵的、窖藏时间长达百年之久的白兰地作为寿礼。就这样，法国的白兰地巧妙地利用新闻媒介的免费广告打入美国市场，走上美国的国宴和市民的餐桌。

服务创新：

市场营销的宗旨就是以顾客为中心，所以如何对待顾客进行服务，也是营销取得成功的核心内容。《道德经》告诉我们，**"后其身而身先，外其身而身存"**（《道德经·第七章》）；同时还说，**"大小多少，报怨以德。图难于其易，为大于其细。天下难事，必作于易，天下大事，必作于细"**（《道德经·第六十三章》）。在今天竞争越来越激烈的商业社会里，如何通过服务赢得顾客，在市场营销中取得竞争优势，在吸引人们的消费中已经占了很大的比例。

海尔集团从十几年前的一个濒临倒闭的小企业发展成为一家年营业额近2000

亿元的国际性扩张型大公司，品牌驰名世界，产品畅销全球，这一切都得益于海尔以用户为中心的服务意识，紧紧抓住市场这只"无形的手"。

海尔早就确立了"真诚到永远"的服务理念，他们坚信：即使没有尽善尽美的产品，也要有百分之百让人满意的服务；谁能赢得用户的心，谁就能赢得市场。为此他们采取了很多措施来完善售后服务体系：推出"无搬动服务"——送货上门；免费上门设计、安装、现场调试；推出"五个一服务模式"，服务人员进门前先套上一副鞋套，递上一张服务卡，干活时在地上铺一块垫布，服务完后用抹布把地板擦干净，临走时再赠送一件小礼品，这种星级服务让顾客真正感受到当上帝的滋味；海尔在全国三十多个城市开设了 9999 服务电话，用户不管白天黑夜，逢年过节，只要一个电话，海尔人随时登门服务。海尔人懂得，市场永远在变，如果只去适应当前的需求，永远处于被动。海尔人竭尽全力通过"真诚到永远"的服务，去满足客户潜在的需求，永远走在了市场的前面。

广告创新：

好产品的质量并不是自己认可就行，关键是得到消费者的承认。要达到一呼百应，火爆卖货的目的，必须通过精心策划，广而告之来达到大面积传播的效果。所谓"广告"就是以一定的信息内容、信息数量、信息渠道、信息形式，向最广泛的消费者传达企业和其产品的价值，以达到实现企业或产品价值增值的目的。

但是，广告应该怎么打呢？对于企业来说，广告宣传该如何创新，铺天盖地的广告宣传之后，是否能够达到满意的效果，都是一个未知数。声势浩大的央视广告招标会，曾几何时已经成为了中国经济的"风向标"。然而，首届标王孔府宴酒，在 1995 年"砸下"3079 万元，不仅没有"叫人想家"，而且连自己的"家"都没有了；秦池在短暂的辉煌后，即陷入长期困顿。从道商的观点来看，真正高明的广告不是用钱硬砸出来的，而是内心智慧的外化，是属于四两拨千斤的。

富士山是日本民族的骄傲，日本人对富士山有特殊情感，而日本 SB 公司利用日本人民这种感情，行为艺术化地进行人为"制造"了一起危言耸听的"富士山危机"。

据称，该公司为推销滞销的咖喱粉作了一则广告——"富士山将旧貌变新颜了，本公司将雇数架飞机，把满载的黄色咖喱粉撒在雪白的富士山顶。届时，人们将会看到一个金顶的富士山。"此广告一出，一下子激起日本民众的情绪，一时间舆论哗然，SB 公司旋即成了日本国内大众媒体的议论中心，声讨之声骤起：富士山乃日本国民所有，岂容 SB 公司胡来……但是各种议论、指责正中策划者下怀，几天之后，公司在报纸上公开表态："本公司原意在于美化富士山，如今考虑到社会的强烈反对，决定撤销飞机撒咖喱粉的计划……"

经过这么一折腾，SB 公司声名鹊起，广大消费者感觉自己胜利了，对 SB 公司的咖喱粉产生了"不打不相识"的微妙心理，于是人们争相尝试购买 SB 咖喱粉。其高妙之处，在于组合运用了老子道学智慧中的"逆反法则"与"柔弱法则"，这正是**"善战者不怒，善胜人者不争"**。

在《道德经》的积极指导意义下，只要我们胸怀全局创新未来，合理运用我们的"七环"与术篇中的"九转"，一定能够发现更大的新战场，获得更多的利益点，形成广泛的新资源，实现企业经营的"天人合一"，从而进入品牌经营时代。

第七节　品牌创新　圣胎出游

人是万物之灵，灵在知道"真常"之道，以保持心平气和，通过循道而行并"复归于婴儿"。《道德经》第五十五章说："**含德之厚，比于赤子。毒虫不螫，猛兽不据，攫鸟不搏。骨弱筋柔而握固，未知牝牡之合而朘作，精之至也。终日号而不嗄，和之至也。**"在老子看来，修行有道之士具有深厚的功德，好比初生的婴儿一般。婴儿虽然天真无邪，但是各种毒虫遇见了却不蜇刺锥扎；各种猛兽见了而不扑据伤害；各种凶禽看见了而不抓住搏杀。婴儿虽然筋骨柔嫩软弱，而两只小手却握得很紧；虽然不知道男女性交和合之道，而幼小的生殖器却常常勃起，这是因为精气充沛至极的缘故。终日哭叫嗓音却不会嘶哑，这是心平气和至极的缘故。

当我们经历营销的"九转七环"，而道商之丹初成后，企业就会因为营销的"运转"而获得增值，实现经济效益或社会效益的大幅度提升与增长。但是，要想让企业一劳永逸地实现长远盈利，要想将产品卖到天边，卖到我看不见的地方去，卖到客户的心里去，这就需要进一步进行"品牌创新"，主动树立和强化品牌意识。在道家的内丹学说中，元神可以飞越大千世界，突破时空的阻隔。有了品牌的企业（产品），就能够将营销之丹进一步培育为"圣胎""元神""不出户，传天下"，先通过品牌直接传播深入到客户的心里去，把客户的心给俘虏了，让客户对企业

（产品）产生出无限的信仰，实现"神乎其神"。

在产品同质化越来越严重的今天，越来越多的消费者往往只为品牌特别是名牌而消费。品牌不仅仅是企业产品的牌子，区别于其他产品或服务，更是现代企业的声誉和价值所在，是企业之"神"与"灵"所体现。

随着市场竞争的不断加剧，企业要想获得成功，必须向品牌化方向发展，通过把产品做成著名的、知名的、驰名的品牌，企业才能走得长远，才能在残酷的竞争态势中立足于不败之地。在《商业周刊》网站公布的2006年度全球最佳品牌百强排行榜中，排名前六位的企业依次是可口可乐、微软、IBM、英特尔和诺基亚。可口可乐以670亿美元的品牌价值高居首位。难怪有人开玩笑地说：哪怕一夜之间可口可乐公司在全球的所有企业都被大火烧尽，可口可乐公司也不会倒闭，第二天就可以在各地银行得到贷款……由此可见，品牌之所以被人推崇备至，是因为其具有巨大的无形资产。对于这种无形的品牌价值，老子早就揭示说，**"故有之以为利，无之以为用"**。人们只知道一切实有能够产生利益，却不知道无形的"虚空"在发挥着巨大的功用。

该如何创造和体现出企业或产品的品牌价值呢？老子提出了他的观点——**"合抱之木，生于毫末；九层之台，起于垒土；千里之行，始于足下"**。(《道德经·第六十四章》)。让人合抱的大树木，都是从细小的萌芽生长起来的；那些高耸云端的楼台，都是由一筐筐的泥土堆垒起来的，人能够远行千里万里之遥，都是从足下的第一步开始的。常言道，"罗马不是一天建成的"，品牌的成长也是如此。一般来说，品牌的特征主要表现为以下三个方面：品牌知名度、品牌美誉度和品牌忠诚度。

品牌的知名度是消费者对品牌的认知程度。例如我们喝酒首先想起的是茅台、五粮液、剑南春等；抽烟首先想起的是中华、红塔山、白沙等。品牌的美誉度是消费者对品牌的认可程度。谁不知道秦桧？但骂名累累的知名度是没有用的。企业品牌的知名度虽然通过大量的广告就可以得到，但是美誉度的取得却不是一件简单的事情。品牌的忠诚度是消费者对某一品牌持续关心、持续购买的情感和行为，哪怕是面对更好的产品特点、更多的方便、更低廉的价格等诸多外界诱惑时，都能够实现对品牌的坚持度。

作为道商，我们在进行企业的品牌创新时，需要把握什么样的原则，注意什么问题呢？老子告诉我们："**载营魄抱一，能无离乎？专气致柔，能婴儿乎？涤除玄览，能无疵乎？爱民治国，能无为乎？天门开阖，能为雌乎？明白四达，能无知乎？生之畜之，生而不有，为而不恃，长而不宰，是谓玄德。**"这段话与企业的品牌之道有何联系呢？我们接下来阐述。

载营魄抱一，能无离乎？

《黄帝内经》上把人体之气分为"营气"和"卫气"。"营气"主管内部，起运化的作用；"卫气"主管外部，起屏障的作用。没有"营""卫"之气，就没有生命和身体的机能，所以在这里"营"可以看作是身体里有形有质的东西。与此同时，我国古代认为人有"三魂七魄"，"魄"就是"魂魄"的意思，泛指人的五脏所生的一切精神状态。"一"就是由"道"化蕴出来的那个阴阳对立而统一的"太极"。

老子在这里首先问我们，你自己懂得如何做才能让形体健康与精神状态凝聚一体，抱元守一，让形神永远不离分的道理吗？在企业的经营过程中，你能够做到让企业的管理与营销步调一致吗？你能够让经营决策（策划）与具体执行知行合一吗？你能够让产品的质量与广告的宣传表里如一吗？你能够让企业的资本拥有者与普通员工上下一心吗？如果能够调和"阴阳"，使企业在运作过程中，各个环节都能正常有序，平衡和谐，团结一心，这是创建真实不虚品牌的第一步。

专气致柔，能婴儿乎？

庄子认为："人之生，气之聚也。聚则为生，散则为死。""专气"，是聚合、采纳气（资源）的意思。"致柔"，是在得气（资源）之后，能够将此资源贯通企业各部门各环节之间，实现畅通一气，灵活机动，不允许有任何僵化现象。为什么老子要问我们"能婴儿乎"？因为他讲过婴儿的状态是"骨弱筋柔而握固，未知牝牡之合而朘作，精之至也。终日号而不嗄，和之至也"。在婴儿那里，一切都是自然的，他毫无目的和欲望，不会人为地追求和索取无用之物。

企业在品牌创新过程中，决不能盲目"专气""采药"，贪求品牌在一夜之间壮大起来。瑞士斯沃琪手表公司在其品牌经营中，就决不滥用"瑞士制造"概念，而是严格规定其产品只有在瑞士国内生产、加工、组装的产品才可以使用。多年来严格的质量管理和工艺要求，使之产生了浪琴、雷达、欧米茄、劳力士、天梭等一个个如雷贯耳的著名品牌，建立了无可匹敌的质量信誉，以其华贵的品牌个性几乎垄断了全球高端手表市场。

涤除玄览，能无疵乎？

"涤除"，就是清除、清理的意思。所谓"玄览"，玄就是变化与深远，览就是观看、认识。在对品牌进行创新与定位时，我们应该把握什么原则呢？老子告诉我们，先要静心下来，洗涤和清理我们头脑思维中的固化与成见，然后面对变化万千的竞争市场，站在一个新的角度，以相对超前的深远目光看待品牌发展问题，这样，才没有什么瑕疵和过错。

美的空调在其品牌创新过程中，采取的"静""大""康"三字传播策略就非常深远、简易、到位，在每一个阶段只诉求一个字，达到环环相扣，紧紧抓住了消费者的心。首先是"静"，大多数人对空调的噪音存有戒心，美的空调为此推出的报纸广告是：左边为一蒲扇，下写"全国最静最省电"；右边为美的空调，下写"全国次静次省电"，一针见血地突出了品牌特点。其次是"大"，其创意是美的吉祥物将居室顶得空间更广阔，充分说明了"变频一拖二"的神奇作用。最后是"康"，当今家电的热门话题是环保，美的广告紧紧抓住这一点不放，将负离子发生的技术对洁净空气的作用大肆宣传，使家庭绿色和健康深入人心。通过以上三步的层层深入，运用"玄览"的品牌定位，对消费者在选择空调的犹豫之心同时起到了"涤除"作用，使目标客户对美的空调的品牌认知起到了极大的促进作用。

爱民治国，能无为乎？

道商企业家创建品牌、创立名牌，其目的是什么？我们在"战略创新"中谈到了企业家的战略目的——"报国""兴业""博爱"。在中国，国家国家，国与家一体，国就是家。同样，企业家企业家，企业也是家。我们的企业经营者在要求员工做到"企业是我家"的同时，你自己能够关爱你的员工亲人，能够以全身心治理企业，创立商业"帝国"为己任吗？在进行品牌创新的时候，能够做到"有所无为"吗？

曾宪梓是香港著名的企业家，金利来（远东）有限公司董事长。他靠一把剪刀和聪慧的头脑起家，所创造的"金利来"领带是享誉全球的世界名牌产品，产销在香港和东南亚均首屈一指，成为男人们庄重、高雅、潇洒的象征，为民族工业的发展作出了杰出的贡献。曾宪梓更具有一颗可贵的中国心，他曾说："我是中国人，我要创造中国人的名牌，有中文的名牌。创业之初，我就发誓要为中国人争口气。二十多年来虽然很艰苦，但金利来终归是中国人创出来的中国字的世界名牌。"十几年来，二百多项、高达四亿多元的教育、体育捐款彰显对家乡、对祖国的倾情之爱。

1971年，金利来为了提高自己品牌的知名度，曾宪梓孤注一掷，凑钱在香港无线电视台转播的中国乒乓球队表演赛打出自己的广告后，获得了巨大的社会效应。有一家百货店的老板过去对曾宪梓冷眼相向，嘲讽曾宪梓的领带连送给外国人当裤带都不要，现在看到"金利来"领带声名鹊起，市场走俏，赶紧带了现款来见曾宪梓，赔着笑脸说："曾先生，鄙人过去有眼不识泰山，望不要见气。今天我特地带了12000元现款，想进100打金利来领带，你可要帮个忙呀！"曾宪梓虽然还有几百打现货，但仍回绝道："领带现货已订完，你来迟啦！"曾宪梓这样做，一方面是给这位老板一个教训，另一方面也是以他的"无为"来深化金利来领带的品牌广告。果然，这位老板空手而归，不胜懊恼，在酒楼饮茶时向同行们叹息道："金利来领带一下子成了热门货，我用现款去进货都进不到"。听他这么一说，有的百货店老板怕晚了订不到货，都纷纷上门向曾宪梓要货，几天之内就订走数千打。这种品牌的"口碑效应"比广告的效果还要好。

天门开阖，能为雌乎？

老子认为"信言不美，美言不信"。作为道商，首先要做到"言善信"，要讲诚信，这样才会提升品牌的美誉度。在企业品牌创新与传播中，老子告诫我们，在通过言语进行广告时，在天门（嘴巴）一开一阖（合）夸夸其谈的时候，你会不会"信口雌黄"呢（为雌乎）？

从某种意义上讲，企业的品牌创新之目的，也就是获取和维护其品牌在消费者心目中占据的地位和信誉。具有悠久历史的北京同仁堂有一副300多年的楹联，上书"泡制虽繁必不敢省人工；品位虽贵必不敢减物力。"是这家百年老字号的企业价值观。在长期的生产经营实践中，同仁堂形成了不偷工减料，童叟无欺且注重产品质量的企业文化，铸就了同仁堂的"金字招牌"。这样的企业自然深受消费者的青睐。

2008年8月，一篇名为《康师傅：你的优质水源在哪里？》的文章在网上广为传播，文章作者称曾潜入康师傅杭州水厂"探秘"发现，康师傅矿物质水广告中声称的"选取的优质水源"，原来竟是自来水灌装的。文章一经发布，众多市民纷纷指责康师傅涉嫌虚假宣传。而康师傅方面近日向《每日经济新闻》承认，其杭州生产基地所生产的矿物质水确实是城市自来水净化而成的。更令人吃惊的是，有业内人士向记者透露，用自来水加工生产矿物质水在业内已成普遍现象。"天门开阖，能为雌乎？"值得品牌企业深思。

明白四达，能无知乎？

"四达"就是四通八达，智慧空明的意思。当你在掌握了道的规律，能够穷通事物的生长发展规律后，你还能做到以谦虚的、低卑的、若婴儿的"无知"心态，去不断适应新的时代环境和竞争形势吗？当品牌经营出现意想不到的危机时，我们能够以开放的心态，接受外界的批评和质疑，并且具有"从善如流""无知"吗？

法国"碧绿液"矿泉水素有"水中香槟"之美誉。其产品年产10亿瓶，其中有60%销往国外，名副其实地享誉全球。1989年2月，美国食品卫生检验部门突然宣布，在抽样检查中发现一些"碧绿液"矿泉水含有超过规定2~3倍的苯，长期服用有致癌的危险。消息传出，无疑是对这家公司的迎头一击。

面对这种尴尬局面，一般的做法是收回那些不合格产品，表示歉意，以期息事宁人。但出人意料的是，这家公司的董事长却召开记者招待会，宣布就地销毁已运往全世界的1.6亿瓶矿泉水，随后用新产品抵偿。此举，公司的直接损失是2亿法郎。有人不解，为了几瓶有问题的矿泉水何必如此大动干戈？公司的总裁勒万回答说："我们要让公众感受到的是超一流的服务，我们绝不能允许顾客对我们产品的质量和形象抱着丝毫的怀疑，否则我们将信誉扫地。"当"碧绿液"新产品上市的那一天，巴黎、纽约等大城市的报纸全用整版的篇幅刊登了广告，画面上还是人们熟悉的那个葫芦状的小绿玻璃瓶。电视屏幕上，观众看到了一只正在"哭泣"的绿色玻璃瓶，一滴矿泉水从瓶口淌出，犹如一滴眼泪。画外音是一个慈父般的声音："不要哭，我们仍然喜欢你。"

因为几瓶矿泉水有问题算不上什么大事，而"碧绿液"销毁全部产品却是个特大新闻。在"碧绿液"董事长看似"无知"的举措中，"碧绿液"的名字顷刻间家喻户晓，达到了直接用2亿法郎做广告难以产生的巨大的影响力。在美国，大约有84%以上的消费者仍热衷于"碧绿液"。

老子从"载营魄抱一，能无离乎？专气致柔，能婴儿乎？涤除玄览，能无疵乎？爱民治国，能无为乎？天门开阖，能为雌乎？明白四达，能无知乎？"中，从品牌创新的基础、品牌定位的原则、品牌定位的策略、品牌的美誉度、品牌的信誉度、品牌的忠诚度进行了详尽的阐述。如果我们能够依照这些标准来进行品牌创新，同时做到"**生之畜之，生而不有，为而不恃，长而不宰**"，就可以具备品牌之"玄德"。

第八节　文化创新　神虚合道

让一个商标成为一个品牌并不难，让所有的人都知道一个品牌许多企业也能够做到，但让品牌成为顾客实现梦想的方式，却是屈指可数。企业在完成品牌创新后，如何才能让顾客对品牌忠贞不渝，让品牌升华为顾客的一种信仰，引导顾客的需要，这是每一个品牌的终极使命。

美国著名智囊公司——兰德公司花费了 20 年的时间跟踪世界 500 家大公司，发现百年长盛不衰的企业有一个共同特征，就是树立了超越利润的社会目标，不以利润为唯一追求，他们都有一套坚持不懈的核心价值观，有一种崇拜式的企业文化，有一种有意识地灌输核心价值观的行为。

一切伟大的商业成就，都来源于一个伟大的创业梦想和正确的战略思路。在《道商》的炼丹流程中，通过战略策划的"铸鼎安炉"，给企业的生命发展启动了"道"的程序，无论是其生态创新、融资创新、管理创新、营销创新，都围绕此虚无之"道"而演化推行，由"虚"中生"实"。到了品牌经营的过程时，又由"实"渐渐转"虚"，以"实"的产品服务和"虚"的品牌价值同步发展，"虚实"互补。到最后，强大的品牌文化必然促使消费产品成为一种文化的自觉，实现"神虚合道"的境界。例如美国人到异国他乡，一看到麦当劳就会不由自觉想去吃，原因可能已经不再是因为麦当劳食物适合他的口味，而是内心潜在的一种文化认同，使他感觉亲切，让他潜意识去消费。

身处2500多年前的老子，有没有给予我们现代道商在企业文化创新方面的启示和教育呢？一个良性发展的现代企业，应该具备什么样的企业文化呢？

老子说："**小国寡民。使有什伯之器而不用；使民重死而不远徙；虽有舟舆，无所乘之；虽有甲兵，无所陈之，使民复结绳而用之。甘其食，美其服，安其居，乐其俗，邻国相望，鸡犬之声相闻，民至老死，不相往来。**"在这里，老子为我们勾勒描绘出一个类似"世外桃源"般的自然群团生活模式。"小国寡民"是对这个圈子的总体描述和定位。"使有什伯之器而不用；使民重死而不远徙；虽有舟舆，无所乘之；虽有甲兵，无所陈之，使民复结绳而用之。"这段话讲的是"小国寡民"中折射出的"和谐、爱心、勤奋、非战、简单"的精神文化内涵。"甘其食，美其服，安其居，乐其俗，邻国相望，鸡犬之声相闻，民至老死，不相往来"则是阐述的在"小国寡民"中生活的人群，他们的"幸福度"、"满意度"与"忠诚度"。

在《论语》中，曾记载有一次孔子叫几个得意门生各言己志的故事。子路首先说："一千辆兵车的国家，处在几个大国的包围当中，既要防备外敌侵犯，国内又有连年灾荒。这样一个国家，假如让我去治理的话，只要三年光景，便可以让人人有勇气，而且懂得和列强抗争的办法。"孔子微微一笑，问另外一个门生："冉求，你怎么样？"冉求说："一个纵横六七十里，或者五六十里的小国，让我去治理，等到三年光景，可以使人人丰衣足食。至于修明礼乐，那只有等待贤人君子来了。"

最后孔子问到正在弹瑟的曾点："点，尔何如？"曾点把手中的瑟放下，站起来道："我的志愿跟他们不同。我只想在暮春三月，春天的衣服做好了，我就穿着轻暖的春装，陪同五六位成年人，六七个小孩子，在沂水里洗洗澡，在舞雩台上吹吹风，一路唱歌，一路走着回来。"孔子听了，不由赞叹道："我与点也！"看来，孔子和曾点一样也都向往这种"小国寡民"的生活状态。

时下，越来越多的企业更多地关注起了普通员工的工作、学习和生活。现在每年都有很多企业员工纷纷跳槽，与"邻国相往来"，甚至不辞而别进行"远涉"。员工为什么跳槽？对企业不满是一个很重要的原因。在不少企业，企业经营管理者一味强调用户满意度，却很少过问员工满意度。其实，员工满意度与用户满意度以及企业的命运是直接相关的。员工满意度高，为用户提供满意服务才有可能。

没有满意的员工就没有满意的客户。员工是企业利润的创造者，员工对企业的满意度是关系到企业能否顺利发展的大事，也是企业管理好坏的重要指标。对于企业来讲，只有多关注员工满意度，多了解员工满意度，让他们能够在企业中"甘其食，美其服，安其居，乐其俗"，企业才会有长足的发展和进步，才能在激烈的市场竞争中立于不败之地。

比尔·盖茨有一次发现，员工们每天临近下班的一个小时内，心思已经跑到公司外面去了，这不利于保持工作效率。工程师们都想些什么呢？这些人绝大多数是年轻人，他们惦记的主要有两个：孩子、情人。给孩子买点小礼物、图书、文具等；给情人买束鲜花……买的东西都不值多少钱，但要到商店，要找停车位，很占心思。

比尔·盖茨认识到：必须让每一个员工在公司里有在家的感觉，在自由自在的状态下工程师们才能发挥出创造力。所以，要采取措施，发展"家"文化。于是，比尔·盖茨决定在公司的大厅里配备小礼物店，员工可以免费或优惠带走小文具、鲜花、图书等，工程师们就不用提前把心思挪到公司外了。微软通过实施这种"小国寡民"式的企业文化后，工程师们的开发效率有了本质的提高。

如何创造出"甘其食，美其服，安其居，乐其俗"的"小国寡民"企业群团文化呢？老子在《道德经》中，一直反对个人英雄主义，而提倡"**不尚贤，使民不争；不贵难得之货，使民不为盗；不见可欲，使民心不乱。是以圣人之治，虚其心，实其腹，弱其志，强其骨。常使民无知无欲，使夫智者不敢为也。**"（《道德经·第三章》）。治理天下首在安民，安民则不须尚贤。因为崇尚贤能，虽是好事，但不贤不良的无能之辈，却可以伪装作为假的贤能，这样就会鱼目混珠，真假难辨，贤者非贤，能者非能，使民心大乱。所以，真正成功的道商，他们的企业文化"**其政闷闷，其民淳淳；其政察察，其民缺缺**"。他们个人在企业中的定位也是"**方而不割，廉而不刿，直而不肆，光而不耀**"的。

事实上，当一个企业在进行商业贸易的时候，人们已经不只把它看作是一种商业行为，而把它与文化联系起来。我们经常说到，开德国汽车、用日本相机、戴瑞士手表、听荷兰音响、坐美国飞机等。这些说法，就把这些商品上升为一种世界广泛传播并认可的文化了。所以，企业文化的最高特征，就在于它不仅仅是一种商业行为而成了某种文化的象征。

星巴克这个很多消费者耳熟能详的咖啡品牌创建于1971年。自1992年在纳斯达克成功上市以来，星巴克的经营一飞冲天，其销售额平均每年增长20%以上，利润平均增长率则达到30%。经过十多年的发展，星巴克已从昔日西雅图一条小小的"美人鱼"进化到今天遍布全球四十多个国家和地区，连锁店达到一万多家的"绿巨人"。星巴克的股价攀升了22倍，收益之高超过了通用电气、百事可乐、可口可乐、微软以及IBM等大型公司。今天，星巴克公司已成为北美地区一流的精制咖啡的零售商、烘烤商及一流品牌的拥有者，它的扩张速度让《财富》《福布斯》等世界顶级商业杂志津津乐道。

经常听那些小资们说："我不在星巴客就在去星巴客的路上。"在美国很物美价廉的大众饮料星巴客，作为咖啡中的快餐，是如何从一个微不足道的小公司发展成为全球咖啡帝国的？其成功秘诀究竟何在？

有人把公司分为三类：一类公司出售的是文化，二类公司出售的是服务，三类公司出售的是质量。事实上，星巴克的成功与其独特企业文化分不开。作为一家跨国连锁企业，星巴克品牌成功的传奇，也正是其文化的演绎。星巴克人认为：他们出售的不仅仅是优质的咖啡、完美服务，更重要的是顾客对咖啡的体验文化。正是通过咖啡这种载体，星巴克把一种独特的格调传送给顾客。就像麦当劳一直倡导销售欢乐一样，星巴克把典型美式文化逐步分解成可以体验的元素：视觉的温馨、听觉的随心所欲、嗅觉的咖啡香味等。

在星巴客，出售的不仅仅是咖啡还有Third Place（第三场所）。试想，透过巨大的玻璃窗，看着人潮汹涌的街头，轻轻啜饮一口香浓的咖啡，这非常符合"雅皮"的感觉体验，在忙碌的都市生活中何等令人向往！如果三四个人一起去喝咖啡，星巴克就会为这几个人专门配备一名咖啡师。顾客一旦对咖啡豆的选择、冲泡、烘焙等有任何问题，咖啡师会耐心细致地向他讲解，使顾客在找到最适合自己口味的咖啡的同时，体味到星巴克所宣扬的咖啡文化。

星巴客CEO霍华德·舒尔茨说："我们追求的不是最大限度的销售规模。我们试图让我们的顾客体会品味咖啡时的浪漫。"雅斯培·昆德在《公司宗教》中指出:"星巴克的成功在于,在消费者需求的中心由产品转向服务,在由服务转向体验的时代,星巴克成功地创立了一种以创造'星巴克体验'为特点的'咖啡宗教'"。他认为星巴克的"咖啡宗教"是由具有大致相同的人生情调、社会身份的人组成的一个共同体。

第九节　上史经营　长生不去

《吕氏春秋》言："贵富而不知道，适足以为患，不如贫贱。"所有的商人都希望自己的事业永远"日不落"，但是万事万物都有一个特定的规律，那就是"由生至死""有始有终"。

中国的老祖宗在给后世子孙留下浩如烟海的文化遗产同时，也给我们甩出了一句深刻的俗话，叫"富不过三"。古今中外大量家族兴衰史表明，无论某一家族通过什么途径发家致富，保持富裕状态的时间，很少有超过三代的。"富不过三"就像是一个可怕的魔咒，不但在中国国内得到了不断的验证，在国际社会上似乎也已经深入人心。一份调查数据显示：全世界约 70% 的企业是家族式企业，在这批企业中，大概有 80% 的家族式企业的生命在第二代的手中完结，约有 13% 的家族式企业能够传到第三代，美国家族式企业的平均寿命长达 24 年，而中国家族式企业的平均寿命只有 2.7 年……

面对全球家族企业普遍面临的"穷子孙"问题，我们道商追求"金丹"永恒的永续经营，是不是只是一个可望而不可即的梦想呢？如何才能激活出传说中可以延续企业长寿基因的企业家精神，让自己的家族可以"富 N 代"呢？

老子认为："出生入死。生之徒十有三，死之徒十有三，人之生，动之于死地，亦十有三。夫何故？以其生生之厚。盖闻善摄生者，陆行不遇兕虎，入军不被甲兵，兕无所投其角，虎无所用其爪，兵无所容其刃。夫何故？以其无死地。"（《道德经·第五十章》）。从企业的创业伊始到最后的逐渐消亡，大约有十分之三的企业属于经营到一定时候的尽其天年的"正常死亡"；有十分之三的企业属于在市场竞争的环境下，被自动出局而造成的"短寿"；还有十分之三的企业，本应该可以"长寿"下去的，却由于自己的无知妄动，错误盲目地进行多元化投资，结果人为地被拖垮而破产"伤生"。这十分之九的企业家，都是不善于重视企业与"生意"的养生之道的平常之人。但是，却有十分之一的非常企业，由于懂得道的规律，秉持道的商用，却能够在任何时期的市场风险中，处乱不惊，遇险无伤，成为基业长青的百年企业（甚至更久）。这是什么缘故呢？在老子看来，这是因为他们进入了"无死地"的境地。

由于人心私欲的膨胀和商业利益的驱动，许多企业在经营到一定时候时，总是希望将"蛋糕做大"，以期踏上"股市"的快车道，借助于"资本运作"的手段，而使财富急剧暴增。为什么有这么多公司青睐上市融资呢？一位业内人士一语道破天机："股市的钱不用还，谁都想要，如果不是为了圈钱，很多公司上市干什么？"那些已经上市的部分公司已尝到了从股民手中大笔圈钱而不回报的好处，在惯性的利益驱动下，一大批用心不良的公司将会前赴后继选择上市这条道路，不择手段地从股民手中圈钱。

智慧的老子，早就看穿了在巨大商业利益后生存的大多数商人的真实面目，他认为："**天之道，损有余而补不足；人之道，则不然，损不足以奉有余。**"（《道德经·第七十七章》）商道也好，人道也罢，基本上都是亏损那些不够的，以供奉那些盈余的。长久下去，社会贫富差距就会越来越大，这才是动乱与不和谐的根源所在。所以，"**罪莫大于可欲，祸莫大于不知足；咎莫大于欲得**"（《道德经·第四十六章》）。"**孰能以有余奉天下？唯有道者**"。只有真正的道商，才能够把自己有盈余的东西拿出来，去化散有余、弥补不足，平衡阴阳、德泽天下。古今中外，只有有财富重责任、有资本厚道德、有地位善良知的企业家才能驰骋国内外，积累财富，服务社会，才会留名青史。所以道商应该追求的是"上史"，而非盲求"上市"。那些借"上市"之名而圈钱，昧着良心进行巧取豪夺的富商，必将是"**金玉满堂，莫之能守**"，终将遭到社会和民众的唾弃。

聚财不如聚人，求财不如求福，积财不如积德。《道德经》告诉我们："重积德，则无不克。"只有我们"重积德"，才能从财奴、财迷的狭隘圈子走出，进入财主、财神的大视野。只有我们以道经商，财德两施，这样天下人都会欠你一个人情，都会感念你的恩德，都会用满腔的真心化为无边的念力回报给你。这才是范蠡道商思想体系"积贮之理，福生于内"的不传之秘。

想当年，道商始祖范蠡作为先富起来的财富榜领军人物，他并没有为富不仁，穷奢极欲地追求个人享乐，也没有遮遮掩掩，害怕露富而当起守财奴。范蠡每过一段时间，每到一个地方，都会进行慈善救济，广施钱财给身边需要帮助的穷朋友，《史记》上记载他在19年中曾有三次轰动世界的裸捐行为，事实上范蠡更多的随机性不具名的慈善援助行为，应该不胜枚举，他是中国商业史上最早设计并实施"天使创投"项目的商人。

当年，范蠡来到鲁国的一个集市后，他见人气虽旺，可是商人只习惯于摆地摊经营。范蠡很好奇，便上前问那些摊主："这么旺的人气为啥不开店铺？"摊主告诉他，这里是5天一集，所以没有必要开设店铺，更主要的原因是开设店铺所需的资金可不是小数目。

范蠡掌握情况后，就对这些摊主们说："我在你们的摊位前踩上一个脚印，三天后你们从脚印往下挖，就可以挖到建造店铺的资金。但你们切记，经商要以诚为本，不可欺诈盈利。两年后，我来收回本金，利息随意。"说完，范蠡便顺着众人的摊位走了一圈，他的这番话，有人信有人不信。三天很快到了，有人记起范蠡的话来，便顺着他当时的脚印往下挖，果然挖出一锭金元宝来。原来这事是真的？于是在这条集镇上摆地摊的商人们，纷纷欢天喜地挖起元宝，他们用这元宝造起了店铺。不久，这里就形成了一个天天有集市的集镇了。

两年后，当范蠡再次踏上这片街市时，富裕起来的商家们纷纷热情相迎，个个都奉还上本金和利息。就这样，范蠡通过天使投资，扶持帮助了众多的商人进行了规模化经营，春秋战国时期的商业也因范蠡的周游，而一片兴旺。

大道若水，上善若水，百川归海不归山。作为道商，如何才能获得永恒的"金丹"之道，必须把事业和企业先建立在人们的心中，"**以百姓心为心**"，使"**万物恃之以生而不辞，功成不名有。生养万物而不为主，万物归焉而不知主**"，如此，"**故能成其大**"。俗话说，得人心者得天下，如果一个企业或品牌，能够植入人心，依附人性，就能获得让竞争对手永远也无法超越的核心竞争力，哪怕是自己的老板想把自己的企业搞破产，都难以实现，这才是真正的"无死地"。所以，**是以圣人终不为大，故能成其大"**（《道德经·第三十四章》）。

天生万物，以人为贵；天地万物，人居其中。得人心者，得天下；失人心者，失天下。一切学问，唯有得其"中道"者方可顶天立地，获得大成功。

道家哲学的阴阳太极规律告诉我们：一切现象界的事物都是不长久的。阳尽阴生，阴尽阳生，形极必变，理穷必变，物极必反。一切事物都在变易中走向它的反面，一切有无都在交易中完成彼此转换。虽然阴阳万变无穷，但一切差异都是从"中"而起，一切对立都是经过中间环节而相互过渡。如果我们不知用"中"之法，过分地贵重爱惜名利地位，必有无辜的耻辱和大破费；过多地收集珍藏资金财物者，必有惨重的损失和大灾难。为什么呢？因为宇宙万物本平衡，你得到多少，就会失去多少；失去了多少，也会得到多少，多付出则多收入，多收入则多付出，一切尽在自然中，一切尽在阴阳中。

司马迁在《史记》中评论范蠡说："故范蠡三徙，成名于天下，非苟去而已，所止必成名……范蠡三迁皆有荣名，名垂后世。臣主若此，欲毋显得乎！"

正是由于对"中和之道"的深刻理解和透彻领悟，化名为陶朱公的范蠡在"居天下之中"的陶地，转眼间便又创造了无数的财富，家财亿万，富比王侯。范蠡的"三迁"，并不是简单地消极隐匿，避祸保生，而是以积极的姿态重新规划定位人生。他顺从天地自然的演变规律，以"复归于婴儿"的无极状态择善而居，白手起家。每到一处新的环境，范蠡总能以常人难以想象的艰苦创业精神和非凡的远见智慧，择人任时，审时度势，带动共同富裕，践行功成不居，屡屡创造出人生奇迹。所以太史公赞其"三迁皆有荣名"。

中国从来就不缺少身家显赫的富豪，也不缺少好善乐施的好人，缺的往往是既有钱又懂如何行善的有道之士。如何让自己的身体生命或者事业恒久于天下呢？老子为世人给出了他的药方："是故甚爱必大费，多藏必厚亡。知足不辱，知止不殆，可以长久。"一个成功的大商人，只有从中极图的观点去为人处世，才能中和圆满，左右逢源，在商业经营的重大转折时期，化干戈为玉帛、化对手为朋友、化竞争为竞合。不要让财富积累突破人生的中线滑向极端深渊，唯有知足知止者，身体生命和事业才会长久平安，只有当财富不再成为心灵羁绊的时候，它才有可能转化为智慧境界与幸福人生。

　　范蠡正是遵循老子"圣人不积"的教诲，他乐于奉献，热心助人，不像其他商人那样自私保守，忌恨打击同行参与者。他不断扶助贫困弱小，用自己的商业经验和人脉、渠道帮助他人实现共同致富。借助于这种"用中"的手段，范蠡可以使自己选择进入、开发创新的新兴产业快速实现规模化效应，能够有效拉动一个地区的产业集群发展。喝水不忘挖井人，共同富裕起来的人们纷纷发挥品牌传播的作用，于是天下皆称道陶朱公，到处都传诵着陶朱公范蠡的美名。

　　有时候，范蠡自己也想不明白："我到底靠什么赚钱的呢？我好像什么也没做过呀？我为什么就摆脱不了富贵的命运呢？"被财富追着赶着缠着恋着的范蠡，在创造了一个又一个人生奇迹后，给我们留下了一句最让人摸不着头脑的话——"我不求财而财自来！"

　　数千年来，陶朱公范蠡在经商贸易上的道商思想，后来均被视作商界久久奉行的商业准则，而范蠡"以道经商，以智启财，散财济贫，天下共富"的思想，也成为中华民族世代相传共同推崇的一种美德，其"陶朱遗风"被永久地留传下来。商人世代祭祀陶朱公范蠡的习俗也令人难忘。每逢年节，商人都要悬挂一幅装裱讲究的范蠡圣像于中堂，点香焚烛后，再由长及幼依次向范蠡圣像行跪拜之礼，其典礼之隆重，较之民间祭拜祖宗神位，远有胜之。

　　同样被载入史册的还有范蠡的弟子猗顿。作为先富起来阶层的代表人物，猗顿尊道贵德，广行仁义，乐善好施，赈济穷人。每遇到国难当头，他便把自己的粮食和马匹捐给了国家，保家卫国；看到流离失所无家可归的灾民，就开仓放粮济贫民，"急公奉饷上有利于国，恤孤怜贫下有利于民"。猗顿的言行一致，从不妄语，有求必应，从不落空，生前为乡民办了不少实事，官皆敬之，民皆仰之。猗顿祠古碑文载："猗顿不朽有三：为国立功，为民立德，己身立言"。司马迁称："长袖善舞，多财善贾，其猗顿之谓乎"，又赞他"其财能聚，又复能散"。汉·桓宽在《盐铁论》中说："宇栋之内，燕雀不知天地之高；坎井之蛙，不知江海之大；穷夫否妇，不知国家之虑；负荷之商，不知猗顿之富……"在现今山西临猗县城南有王寮村西有猗顿墓，而当地的王寮村、王景村，据说都是以猗顿儿子命名。

　　是以《史记》言："故言富者，皆称陶朱。"

　　真正的财富是什么？洛克菲勒说："如果把我剥得一文不名丢在沙漠的中央，

只要一行驼队经过——我就可以重建整个王朝。"美国可口可乐公司前任董事长罗伯特曾说："只要'可口可乐'这个品牌在，即使有一天，公司在大火中化为灰烬，那么第二天早上，企业界新闻媒体的头条消息就是各大银行争着向'可口可乐'公司贷款。"真正的财富并不是一连串的银行数字和堆积如山的实物，而是一种思维方式、一份人生经历。真正的财富是以道经商，富而好德的金字招牌，是藏天下于天下的"众口铄金"和集体认同，是薪火不息的思想传承与道德延续。

在姜太公《六韬》中，文王问太公："如何才能治理好天下呢？"太公回答道："大盖天下，然后能容天下；信盖天下，然后能约天下；仁盖天下，然后能怀天下；恩盖天下，然后能保天下；权倾天下，然后能不失天下；事而不疑，则天运不能移，时变不能迁。此六者备，然后可以为天下政。"太公接着告诉文王，"所以为天下人谋取利益的，天下人就欢迎他；为天下人招致灾祸的，天下人就反对他；使天下人得以生存的，天下人就感激他的恩情；使天下人无法生存的，天下人就痛恨他的残暴；顺应天下人的意愿的，天下人就拥护他；使天下人陷入贫困的，天下人就憎恨他；使天下人得到安定的，天下人就把他当作依靠，使天下人陷入危难的，天下人就视他为灾星。"所以最后太公总结说，"天下者非一人之天下，唯有道者处之。"只有先将事业和企业（品牌）建立在天下人的心中，才能长存于世，留名万代。

如何才能道商合一，利物益生呢？老子告诉我们不二法门——**"后其身而身先，外其身而身存"**。只有我们将自我的一颗真心（事业心）投入到为人类的文明、发展与进步中，为人类的幸福、美好生活而谋求，这样才能"借假修真""以私入公""超凡入圣"，以人道而通仙道，以商道而登大道，成就自己与事业的永恒。

道书上讲，下乘丹法以身心为鼎炉，精气为药物，心肾为水火，年月日时行火候。中乘丹法以乾坤为鼎器，坎离为水火，乌兔为药物，一年寒暑为火候。上乘丹法以天地为鼎炉，日月为水火，性情为龙虎，以心炼念为火候。然而，还有世所罕闻，不著文字之《道商》丹法，以天下为鼎炉，以古今为接引，以事业为丹基，以有无为水火，以财智为龙虎，以中和为火候，以取舍为抽添，以循环为妙用，以管理为导引，以利益为凝结，以品牌为出神，以文化以合虚，以不败为丹成，以上史为了道。

老子还告诉我们，"善建者不拔，善抱者不脱，子孙祭祀不辍。修之于身，其德乃真；修之于家，其德乃余；修之于乡，其德乃长；修之于国，其德乃丰；修之于天下，其德乃普"。真正善于建立大言大功大德的道商，他们的利益是不能脱离天下百姓这个人心基础的。就像道教祖师丘处机说的那样："其富贵者，济民拯世，积行累功，更为易耳。但能积善行道，患不能为仙乎？"如果能够依此行商演道，子子孙孙、世世代代的人们都会敬仰、怀念、颂扬和祭祀他们，并且会以道心继承和延续他们的事业，代代相传，绵绵不绝，惠泽天下的。

第七章　境篇

第一节　大智若愚

道家认为，智有小智大智之分。小智谋于心计，大智合于自然。世人往往专任小智而忽视大智。专任小智，也许会取得一时的成功，但最终难免失败。只有以大智立身，方可永远立于不败之地。

春秋时候，有一只神龟被一个打鱼人捉住了，于是神龟托梦给宋国君主宋元君。这天夜间，宋元君睡梦中只见一个人披头散发、探头探脑地在寝宫侧门窥视，并对宋元君说："我住在一个名叫宰路的深潭里，我替清江水神出使到河伯那里去，路上，被一名叫余且的渔人捉住了。"

宋元君早上醒来，想起夜间的梦，觉得奇怪，于是叫人占卜这个梦。占卜的人说："这是一只神龟给大王托的梦。"宋元君问左右的人说："有没有一个叫余且的渔人？"左右回答："有一个渔人就叫余且。"于是，宋元君命令手下人传余且来朝见。

第二天，余且来见宋元君。元君问他说："你打鱼捉到了什么东西？"余且回答说："我用鱼网捕到了一只大白龟，龟的背围足有五尺长哩。"宋元君命令余且将白龟献上。余且赶忙回家将捉到的白龟献给了宋元君。

宋元君得到这只神龟后，几次想杀掉它，又几次想把它养起来，心中总是犹豫不决，最后只好请占卜的人来做决断。占卜的结果是："杀掉这只龟，拿它做占卜用，这是吉利的。"于是，宋元君命人将白龟杀死，剖空它的肠肚，用龟壳进行占卜，总共卜了72次，竟然次次都灵验。后来，孔子对这件事深有感慨地说："这只神龟有本事托梦给宋元君，却没有本事逃脱余且的网；它的智慧能达到72次占卜没有一次不灵验的境地，却不能避免自己被开肠剖肚的灾祸。这样看来，聪明也有受局限的地方，智慧也有照应不到的事情。"

老子讲：**"古之善为道者，非以明民，将以愚之。"** 天道极则反，盈则损。好自夸其才者，必容易得罪于人；好批评他人长短者，必容易招人之怨，此乃智者所不为也。大智者，穷极万物深妙之理，究尽生灵之性，故其灵台明朗，不蒙蔽其心，行事皆合乎道与德，不自夸其智，不露其才，不批评他人之长短，通达事理，凡事逆来顺受，不骄不馁，看其外表，恰似愚人一样。故大智者之愚，乃是退藏其智，表面似愚，实则非愚也。

正因为"鱼不可脱于渊，国之利器不可以示人"，所以精明强干，富于智慧的人，要用愚鲁的方式来自律；博闻强记，善于雄辩的人，要用收敛简约的方式来自律；强健刚勇的人，要用畏惧的方式来自律；富贵广大的人，要通过主动减削的方式来自律，恩德博施天下的人，要通过谦让的方式来自律。故有道之士显露出来的道德之容，往往是**"俗人昭昭，我独昏昏"**；**"俗人察察，我独闷闷"**。难得糊涂也！

春秋五霸之一的楚庄王有次打了大胜仗，十分高兴，便在宫中设盛大晚宴，招待群臣，宫中一片热火朝天，从中午一直到日暮，君臣仍然意犹未尽。楚王也兴致高昂，叫出自己最宠爱的妃子许姬，轮流着替群臣斟酒助兴。忽然一阵大风吹进宫中，蜡烛被风吹灭，宫中立刻漆黑一片。黑暗中，有人扯住许姬的衣袖想要亲近她。许姬便顺手拔下那人的帽缨并赶快挣脱离开，然后许姬来到庄王身边告诉庄王说："有人想趁黑暗调戏我，我已拔下了他的帽缨，请大王快吩咐点灯，看谁没有帽缨就把他抓起来处置。"

庄王说："且慢！今天我请大家来喝酒，酒后失礼是常有的事，不宜怪罪。再说，众位将士为国效力，我怎么能为了显示你的贞洁而辱没我的将士呢？"说完，庄王不动声色地对众人喊道："各位，今天寡人请大家喝酒，大家一定要尽兴，请大家都把帽缨拔掉，不拔掉帽缨不足以尽欢！"于是群臣都拔掉自己的帽缨，庄王再命人重又点亮蜡烛，宫中一片欢笑，众人尽欢而散。

三年后，晋国侵犯楚国，楚庄王亲自带兵迎战。交战中，庄王发现自己军中有一员将官，总是奋不顾身，冲杀在前，所向无敌。众将士也在他的影响和带动下，奋勇杀敌，斗志高昂。这次交战，晋军大败，楚军大胜回朝。

战后，楚庄王把那位将官找来，问他："寡人见你此次战斗奋勇异常，寡人平日好像并未给过你什么特殊好处，你为什么如此冒死奋战呢？"那将官跪在庄王阶前，低着头回答："三年前，臣在大王宫中酒后失礼，本该处死，可是大王不仅没有追究、问罪，反而还设法保全我的面子，臣深深感动，对大王的恩德牢记在心。从那时起，我就时刻准备用自己的生命来报答大王的恩德。这次上战场，正是我立功报恩的机会，所以我才不惜生命，奋勇杀敌，就是战死疆场也在所不辞。大王，臣就是三年前那个被王妃拔掉帽缨的罪人啊！"

作为君王，楚庄王以他那不同寻常的度量，通过大智若愚的领导艺术，既保全了臣属的面子，又不失自己的尊严，体现出自己容纳天下的人格魅力。这样一来，难怪臣属们会为这些君王效犬马之劳。

姜太公在为周文王讲述治国之道时曾说："雄鹰要搏击猎物时，就敛翅缩身；猛兽要搏击猎食时，就伏身而蹲；圣人将要有所作为时，则必须大智若愚。修养身心，广施仁德，谁也无法限制你；不听不看，装聋作哑，谁也摸不透你在想什么"。当初，刘备落难投靠曹操后，为防曹操谋害，就在后园种菜，亲自浇灌，以此迷惑曹操，放松对自己的注视。一日，曹操约刘备入府饮酒，议论谁为世之英雄。刘备点遍袁术、袁绍、刘表、孙策、刘璋、张绣、张鲁、韩遂，均被曹操一一贬低。曹操指出英雄的标准——"胸怀大志，腹有良谋，有包藏宇宙之机，吞吐天地之志。"刘备问"谁人当之？"曹操说，只有刘备与他才是。刘备本以韬晦之计栖身许都，被曹操点破是英雄后，竟吓得把匙箸也丢落在地下，恰好当时大雨将到，雷声大作。刘备从容俯拾匙箸，并说"一震之威，乃至于此"，巧妙地将自己的慌乱掩饰过去，从而也避免了一场劫数。刘备藏而不露，人前不夸张、显炫、吹牛、自大、装聋作哑，不把自己算进"英雄"之列，实具大智若愚的王者气象。

在《三国演义》中，杨修是个属于古代知识分子中的精英人物。其人才思敏捷，聪颖过人，舌辩之士，恃才放狂，得到曹操赏识器重，委以"总知外内"的主簿，成为丞相曹操身边的一位高级幕僚谋士，理应算得上一位重臣。然而，他却不懂得"大智若愚"的道学智慧，经常显露自己的才学而让曹操下不了台，以致招来杀身之祸。自从阔门、一盒酥、曹操梦中杀人、吴质等事件后，曹操对杨修心中已暗存芥蒂，暗暗忌之戒备之，直到后来杨修又暗中插手废立太子之事，引起曹操极度不满和嫉恨。曹操平汉中时，恰逢杨修又显弄才学，见曹操令传"鸡肋"后，便让随行军士收拾行装，准备归程。于是，曹操顺便以扰乱军心罪杀了杨修。杨修死时年仅34岁。后人有诗评曰："聪明杨德祖，世代继簪缨。笔下龙蛇走，胸中锦绣成。开谈惊四座，捷对冠群英。身死因才误，非关欲退兵。"

在商业经营中，道商的"大智若愚"往往表现为善于隐藏自己的聪明才智，做人行事低调，从来不向人夸耀自己抬高自己，注重自身修为、层次和素质的提高，对于很多事情持大度开放的态度，有着海纳百川的境界和心态。在内部管理中，企业家若能秉持"大智若愚"之心，必将有效统率和调控企业内部的才智之士，使其才能得到施展、价值得到体现，让聪明的员工下属不但有"用武"之地，更能在此获得成就和认同感。

在商业伦理相对缺失的时代，聪明人常常因为智谋丰富而被人怀疑，质朴的人却往往因为智谋不足而获得信任。我们若能怀"大智若愚"之心，不但可以赢取商业伙伴及客户的真诚相待。更能以常人所不具备之深远目光，发现和掌握不易得之战略机遇，从而轻易进入无人相争的市场"蓝海"，赚取丰足的绿色财富。

第二节　大巧若拙

老子在《道德经》第四十五章说："大巧若拙。"即最高明的技巧，依据自然规律，制成器物，不附加人为的雕琢。但是由于其高明、自然，所以总好似笨拙。王弼解释说："大巧因自然以成器，不造为异端，故若拙也。"宋苏辙《老子解》解释说："巧而不拙，其巧必劳。付物自然，虽拙而巧。"

欲成大巧，必先以"拙"心行专一之道。能工巧匠者，因自然之性而加工，循自然之机而作为，虽施以人工，仍合于自然。古代，有一位叫做梓庆的木匠，特别擅长砍木头制造一种乐器，那时人们称这种乐器为鐻。据说，梓庆做的鐻，看到的人都惊叹不已，认为是鬼斧神工。

鲁国的君王听说此事后，便询问梓庆凭借什么窍门制造出如此精致的鐻。梓庆凝神想了想，回答："回大王，我只是一介工匠，谈不上什么技法。我在准备制作鐻前，不敢消耗精神，一定要斋戒静心。斋戒到三天后，不敢想到庆功、封官、俸禄；斋戒五天后，不把别人对自己的非议、褒贬放在心上；第七天，我已经进入了忘我的境界。此时，心中早已不存在觐见君主的奢望，给朝廷制鐻，既不希求赏赐，也不惧怕惩罚。"

接着，梓庆向鲁王详细介绍了制鐻的过程，他排除所有的外界干扰后才进入山林中，观察树木的质地，精心选取自然形态合乎制鐻的材料，直至一个完整的鐻已经成竹在胸，这个时候才开始动手加工制作；否则，我不会去做！梓庆继续说："以上的方法就是用我的天性和木材的天性相结合，我的鐻制成后之所以能被人誉为鬼斧神工，大概就是这个缘故。"

庄子借梓庆所做的如同天生而成的鐻这个故事，来说明"以天合天"的道理。要想成就一番大业，在确立目标后，就需要集中精神，摒除杂念，逐步让"机巧"之心复归于"拙"，化解有形及无形的干扰，系心如一，方能成功。

大巧者无所不巧，故显之以拙，随"机"而化。郑国有位神巫叫季咸，是从齐国来的。他擅长相术，能够通过观相预知人的生死存亡，福祸寿夭，能推算到何年、何月、何日，丝毫不差，简直跟神仙差不多。郑国人看到季咸，唯恐他说出什么不吉利的话，都老远就躲开。而列子遇到季咸，也佩服得五体投地，回去就把此事告诉了他的老师壶子。列子说："我原以为老师的道行是最高深的，现在又见到超过老师道行的季咸。"

壶子淡然一笑道："我传授给你的道行只是一些文字性的东西，还未涉及道行的深远妙理，你只知一点皮毛的知识，就自以为得道，不觉得自己浅薄可笑吗？想一想这个道理，一群雌鸟没有雄鸟之结合是不会产生生命的。只懂得一点表面知识，不深究道行的玄机妙理，不可能得道。你捡取道的浮浅知识如同世俗计较轩轾，既然没有大彻大悟，必然相信季咸了。你不妨把季咸请来，看他的相术在我身上灵验不？"

次日，列子把季咸带到壶子面前为他相面。刚离开壶子家，季咸就对列子说："惨哪，你老师面相怪异，形容湿灰，不出十天就会死了！"列子伤心痛哭，他回去把"噩耗"告诉壶子。壶子毫不介意，笑而言道："刚才我显示的是宁静寂泊的地文之象，不震不动，无心无正，所以他断为杜塞生死的危相，以为我来日无多，改日让他为我重相。"

第二天，季咸又去了，并且在出来之后高兴地对列子说："您的老师走运，好像又有生机，原来杜塞的气机开始萌动，不会死了。"列子照例把季咸的话转告壶子，壶子说："刚才我显示的是应动变化的天壤之相，名利不是这种应动变化的动力，感应变化的动力来自我的根本，他看到我的善机所以说我还有生的希望。让他再来为我相面。"

过了一天，季咸又来为壶子相面，他对列子说："您的老师变幻莫测，我实在没有把握，等他心迹齐一，我再来为他相吧。"壶子对列子说："刚才我显示的是太冲之相，此象动寂平衡，优劣齐一，胜负相等，不可捉摸。其实，气有九渊，太冲之气占有三渊：一是鲵鱼回游聚居形成的水波之渊；二是由静止的水面形成的渊；三是由流水形成的渊。虽然波流变化不定，其机理则是一样的。季咸不明白其中的道理，心中迷乱，不能远测。明天再去请他。"

列子遵照老师的嘱咐果然又将季咸请来了，季咸一见壶子便惊慌失色转身奔逃。壶子要列子追上去问个明白，列子追出门外，季咸已经跑的无影无踪了。列子问壶子，为什么季咸立脚未稳，即掉头狂逃。壶子道："刚才我给他显示的相，虽变化无常，而深根溟极。我不执所宗，虚己忘怀，随顺逗机，世俗根本看不出名目。世事流波，随物而变，顺其自然。相者无法评论，只得仓皇奔逃。"

至此，列子方知壶子道深，神巫术浅，自知未学真道，于是向壶子告退，回家修习。三年内闭门不出，为妻子烧水做饭，忘却荣辱；饲养牲口，不嫌污秽。均等彼我，无亲无疏。返璞归真，独立于世俗之外而尽享天年。

壶子相面是庄子在《应帝王》中讲的一段故事。"应帝王"即因循自然、顺从民心的帝王之道，这是庄子的治世主张。"大巧若拙"，庄子把壶子精神的频繁变化喻作人间纷繁复杂的政事。通过壶子一次次的变化，季咸一次次地失败。所以，治理天下不能只短视局部，不见整体。如果领导者没有宏观的控制能力，不能处处顺应自然的规律而"守拙"，偏偏去违背自然的规律去卖弄自己的机巧聪明，必将难以把握变化而穷于应付的。

第三节　大勇若怯

要想干事业，没有勇气和胆识，没有勇于改革、敢于创新的精神，肯定不能取得超越前人的成绩。但是，在很多时候、很多方面，作为最高领导者，还要懂得和做到勇于"不敢"。老子《道德经》第七十三章说：**"勇于敢则杀，勇于不敢则活，知此两者或利或害。"** 意思是说，怀有勇气，恃勇而为的必然是落下个死亡的结局，如果怀有勇气却又行为谨慎，才能够生存下来。这其中的利害关系我们尤要知晓。

在自然界中，每当狂风袭来时，坚挺的大树往往迎风折断，而小草随风飘摇，却没有摧折之虞；流水是柔弱的，但经年不息的流水却可以消磨坚硬的岩石。在动物界，猛虎威风凛凛，但在追捕猎物时往往落入猎人的陷阱；嗜勇好斗的猿猱，在彼此搏斗中伤残身体，死于非命。人类社会也是如此，那些所谓的勇士，逞一时之勇力，嗜血好杀，只能博得君王的一悦和世俗的喝彩，于国于民都是毫无用处的。而他们也将在血腥的游戏中丧失生命。因此，这种任勇的行为是"天之所恶"。苏轼在《贺欧阳少师致仕启》中说："力辞于未及之年，退托以不能而止，大勇若怯，大智如愚，至贵无轩冕而荣，至仁不导引而寿。"王夫之说：天有所不敢，故冬不雷而夏不雪；地有所不敢，故山不流而水不止。真正的强者从不显示自己的力量，最勇敢的人外表常常做出好像很胆怯的样子。"不争而善胜"才是大勇。

《淮南子·道应训》说，惠孟拜见宋康王，康王很不满意，跺着脚、咳嗽着，大声说："我所喜欢的是勇猛有力的人，不喜欢那些讲仁义的人。你这位客人对此有何高见指教我？"

惠孟回答说："我这里有一种道术，能够让你有这种功夫：再骁勇的人也刺不进你的身体，再有力的人也击不倒你。大王难道不想具有这种功夫吗？"

康王说："好。这种功夫我倒想听你介绍介绍。"

惠孟于是接着说："刺你而刺不进身体，击打你而击不倒你，但这还是使受刺激的你感到是一种侮辱。我这里还有一种道术，能够让你有这种本事：再骁勇的人不敢刺你，再有力的人不敢击打你。但不敢刺你，不敢击打你，不等于他没有这种想刺击你的意图。所以，我这里还有一种道术，能够让你有这种品行：使别人就根本没有这种想伤害你的意图。但是没有这种想伤害你的意图，不等于说他就有一种爱护你、使你得利的心。由此，我这里再有一种道术，能够使你有这种德行，即别人非但没有伤害你的意图，还无不欣喜愉悦地爱你，使你得利。这种德行要远远超过勇武有力，在这四种情况中属于最好的一种，大王难道不想获得这种德行吗？"

康王听后说："这正是我想获得的。"

惠孟接下说："孔子、墨子就是具有这种德行的人。所以，他们尽管没有任何领地但却成为众人敬仰的精神领袖，他们尽管没有任何官职但却能成为人们的主宰。天下男男女女无不伸长脖子踮着脚尖仰望他们、并希望他们平安幸福。今天大王你是一个大国的君主，如果你真有孔墨这样的德行，那么，全国范围内的人、包括你自己，都能得到利益，这不比孔墨强多了吗？"听了之后，宋康王无话可答。

惠孟出去之后，宋康王对身边的人说："这位客人很会说话，他的辩说使我十分佩服。"所以《老子》说："勇于柔弱就不会陷于死地。"由此看来，大勇反而成了不勇了。假如我们能够以"大勇"破除成见，为百姓谋求利益，这种"勇"不知要比匹夫之勇强过多少倍了。

要成为不怒而威，不战而胜的真正勇者，必须要去除躁浮与鲁莽，"知清静为天下正"。西周时，有一个人叫纪渻子，他善于养鸡，远近闻名。当时的周宣王酷爱斗鸡，因此就把纪渚子召进宫来，专门替他一个人精心养鸡，准备参加搏斗。

过了十天，周宣王问纪渚子："鸡已经训练好了吗？可以斗了吗？"纪渚子回答说："还没有，这只鸡表面看起来气势汹汹的，其实没有什么底气，上阵是不能持久的。"

又过了十天，周宣王熬不住了又询问，纪渚子说："还不行，因为它还是沉不住气，一看到别的鸡的影子，就像'离弦之箭'一样，马上就冲上去搏斗，这是要吃亏的，它还不懂得以逸待劳的道理。"

十天又过去了，周宣王心想，现在总可以了吧，于是又去问了。纪渚子笑了，解释道："没有呢，还要等一下。那鸡有时还免不了抖抖冠子，瞪瞪眼珠，目光炯炯，气势未消。这种娇气和盛气，都是一种孬气，成事不足，败事有余。只有养成一股浩然正气，才能稳然临敌，战无不胜。所以我还要磨磨它的性子。"

好不容易又熬了十天，周宣王又问了。这一次纪渚子高兴地回答："差不多了。如今那只大公鸡视群鸡如草芥，就是听到它们的叫唤也只当是蛤蟆叫，能够始终保持神色不变，纹丝不动。它虽然还偶尔鸣叫，但脾气已不再浮躁，看上去呆若木鸡，这就具备了斗鸡之德了。这样的大公鸡真可以说是修养到家，将无敌于天下。"

周宣王一听，大为愕然，心想：养成了"木鸡"，还能斗得过旁的鸡吗？

说也奇怪，旁的鸡每每遇到这只"木鸡"，见它如泥塑木雕般的一动不动，往往都傻了眼，心想，它这算哪门子鸡，葫芦里卖的是什么药呀，这样要死不活的，连眼珠子都不转动一下。拍拍翅膀，冲上去斗吧，又觉得没趣，又感到害怕。众鸡都感到木鸡稳如泰山，高深莫测，仿佛身后埋伏着十万只雄鸡，会猛地一下子冲出来帮它的忙似的。所以尽管很热闹地瞧了瞧，却没有一只鸡敢上去交锋一下。最后，群鸡都茫然不知所措地溜开了。

纪渚子认为，比赛用的斗鸡必须完全去掉虚骄和意气，见到其他鸡的影子视而不见，对于敌方不怒目而视和盛气凌人，看起来像木鸡一样静寂淡漠，这样才算是德性完美。如此毫无好胜之心的鸡，才能够无所不胜。

第四节　大白若辱

老子曾经问过我们：**"名与身孰亲？身与货孰多？得与亡孰病？"**（《道德经·第四十四章》）名誉、财富、生命哪一个重要呢？这似乎是一个仁者见仁、智者见智的话题。人们常说名利是身外之物，可是那么多的人却趋名逐利，乐此不疲，甚至为了名与利而轻视生命的存在与价值。

有感于此，老子教导我们说：**"故贵以贱为本，高以下为基。是以侯王自谓'孤'、'寡'、'不谷'。此非以贱为本耶？非乎？"**（《道德经·第三十九章》）尊贵了要不忘低贱为根本，崇高了要保持善下这个基础。你看自古以来的君王和诸侯们，他们都自称"孤""寡""不谷"（不善），难道自我称呼自己为孤家、寡人、不善人，自己就会从尊贵和崇高而变得卑贱和低下吗？这大概就是他们懂得了以贱为本的道理吧，难道不是吗？

在老子看来，最高的荣誉就是无荣誉，也就是无须要别人赞美称誉来抬高和标榜自己。**"故致数誉无誉。是故不欲禄禄如玉。珞珞如石"**。具备最高的荣誉和道德的人，不要求别人称赞他为晶莹的宝玉，而宁愿坚守坚硬质朴的山石。

从前，士人成绮见老子问道："我听说先生是圣人，故而我不辞路远而来，期望见到您，走了百舍路程，脚上磨出层层老茧也不敢停下。现在我看您不是圣人，您家鼠洞口积土狼藉着菜蔬，说明您不爱惜粮食，这是不仁慈！生的和熟的食品摆在面前，享用不尽，还屯积聚敛财物无止境。这也不能算仁慈吧？"老子表情冷淡，未做回答。

第二天，成绮又来相见，说："昨天的话伤害到了您，今天我感到很后悔，但您为什么能够这样对我呢？"老子回答说："是不是圣人，这个名其实与我毫不相干。况且，你所说的那种圣人，我早就不愿为之了。昨天，你称呼我为牛，我就自认为牛；你称呼我为马，我也自认为马。因为我认为，如果我真的是牛，你说是牛，用牛这个名称来讽刺我，而我拒绝接受，这就是双重罪过了。我接受别人给我的名称，常常是顺其自然地接受，并不是高兴接受才接受的。"

老子说：**"知其荣，守其辱，为天下谷。"** 强弱、祸福、荣辱等等一切对立的事物，在老子的观点中，都是可以相互转化的。知道什么是荣耀，却又安于卑辱的地位，似乎处于受欺凌压制的下风，实际上他却处于上风的位置。因为他可以给对手以假象，使对手摸不清他的真实情况而放松警惕，只有懂得这种"太极图"对立而转化道理的有道之士，才能在复杂万变的世事中立于不败之地。

《淮南子》中记载有这样一个故事，周文王还是诸侯的时候，就磨砺德行，修明政事，只三年功夫，天下三分之二的诸侯就归顺了他。纣王知道后忧心忡忡地说："我如果起早摸黑地和他竞争，那就会费尽心思，劳累形体；我如果对此放纵他置之不理，又担心他以后会讨伐到我的头上来。"这时崇侯虎说："周伯姬昌仁慈仗义而且足智多谋，他的二太子姬发勇敢且果断，三太子姬旦恭谦节俭且知道时变。如果我们任其发展，那就难以忍受他们的祸殃；如果我们对他们放纵和宽容，以后我们必将遭受危险和灭亡。帽子再破，还得戴在头上。所以还是趁他们还没形成大气候时，请尽快制止他们。"于是纣王让屈商把文王拘囚在羑里的大牢中。这时候，周臣散宜生用重金来收买天下的珍奇宝物，收得瑞兽驺虞，良马鸡斯，玄玉百珏，大贝百朋，玄豹、黄羆、青犴、白虎毛皮上千合（一合为两件），通过费仲疏通，送到纣王手里。纣王见了礼物十分高兴，于是赦免了文王，并杀牛赏赐文王。

文王回去后，便用玉来装饰屋门、修筑起灵台、并挑选了不少美女，经常在灵台上奏乐寻欢，以此来等待纣王的进一步失误。而此时的纣王被假象所迷惑，却说："周伯姬昌终于改弦易辙了，放弃了野心，我不必担忧了。"于是更加荒淫无耻、残暴无道，以致发展到设置炮烙酷刑、挖比干心、剖孕妇腹，杀死直言劝谏的大臣。此时，文王已经做好伐纣的准备了。文王死后，武王在姜尚的辅佐下，一举推翻了商王朝。

"大白若辱"的智慧境界，还体现在老子说的**"受国之垢，是谓社稷主；受国不祥，是为天下王"**中。作为领导人，如果能够勇于承担国家的灾祸与不祥，能够主动向天下坦诚自己的过错，必定会得到社会民众的支持与拥戴。

宋景公的时候，楚惠王灭掉了宋国的近邻陈国。而此时天上荧惑星（火星，主刀兵的凶星）侵入了心宿星的范围，依当时星象的分野理论，心宿区对应的是宋国地区，因此宋景公非常忧虑，生怕上天会给宋国带来灾祸。于是，他招来星占学家子韦来询问。

子韦告诉景公，这是"天罚"，而且灾祸就应在景公身上。不过他又告诉景公，可以移祸于宰相、百姓或年成。景公表示，宰相是辅助自己治国的，移祸于他不祥；如果移祸于百姓，百姓死了自己还当什么君主？移祸于年成，同样是害民，岂是为君之道？景公决定自己来承受"天罚"，一死了之。

不料子韦听后，立刻拜倒称贺，他说景公拒绝了三种嫁祸于人的方案，说了三句身为人君该说的话，是"有至德之言三，天必三赏君"，必将感动上天，转祸为福，不但火星马上会离开心宿，景公还会增加二十一年的阳寿。

当天夜里，景公在子韦的陪同下观察星象，火星果然迁到三舍之外了。人们都说景公以苍生为念，德行感动了上天，宋国也得以躲避了灾难。

第五节　大成若缺

人生需要完善但不可能做到完美。老子告诉我们，**"大成若缺，其用不敝"**（《道德经·第四十五章》）。什么叫"大成若缺"呢？河上公解释说："大成者，谓道德大成之君也。若缺者，灭名藏誉，如毁缺不备也。不敝者，不尽也。"宋葛长庚《道德宝章》注说："自晦。"最成功者不居功自傲，韬光养晦，自隐其能，在凡俗世人看来，他们的人生好像存在着缺陷一样。

人生的大成往往都伴随着某种缺失的迹象。"天倾西北，地陷东南"。连天地都不全，圣人都不完美，更何况普通人呢！备受统治者推崇的"大成至圣先师"孔子，当年曾与盗跖论古，期能说服盗跖。不料被盗跖一顿抢白，在历史事实面前无言以对，神思恍惚，脸色苍白，驾车时"三失其辔"。所以大成若缺，完美则俗。正如断臂的维纳斯，据说有许多艺术家和雕塑家曾千方百计、挖空心思地想补上维纳斯的双臂，可是后来发现无论怎么样补却远没有断臂的维纳斯更具风韵。无论是比萨的斜塔，还是未完成的《红楼梦》……有时候，残缺竟能铸造奇迹。

道家讲究修炼成为真人，他们看重的是事物的"真"，而对所谓的"善"与"美"，保持着一种不置可否的态度。老子认为：**"天下皆之美之为美，斯恶矣；天下皆知善之为善，斯不善矣。"** 庄子在《德充符》篇中，写到了许多肢体残缺，奇丑无比的人，像王骀、申徒嘉、叔山无趾等。他们外表丑陋，但内心充实，摒弃世俗的价值观，而追求形体之外的更高的价值，可谓是道德完美的标志。相反，盛名于时的孔子，郑执政者子产，自命治国忧民的鲁哀公都甘拜下风。庄子认为，"德有所长而形有所忘，人不忘其所忘而忘其所不忘，此谓'诚忘'"。只要在德行上能超过别人，形体上的残缺就会被人遗忘。

正与反、内与外、成与败、真与伪，有时候是不统一的。假作真时真亦假，无为有处还无。有的现象可以如实地反映事物的本质，这是一种真相；有的现象却是虚伪的体现了事物的本质，这是一种假象。而有道之士功德越深厚，就越是藏而不露，无私无为。真知不言，真识不语，真智不争，真慧不用，真德不恃，真道不显。有时候，不得已曲中求全，假中存真，魔中行道，在淤泥中培育金莲，在浊世中"和其光，同其尘"。

老子告诉我们，**"功成名遂身退，天之道"**（《道德经·第九章》）。所谓智者，一定要从世俗名利的枷锁中解脱出来。持而勿盈，揣而勿锐，富而勿奢，贵而勿淫，功而勿满，名而勿骄，以"大成若缺"为境界，走运夷保泰的"中极图"正道。

在历史上，"功成身退"也是名臣们保全自身的一个重要方法，如范蠡、张良等急流勇退，得以全身；文种、韩信等贪恋权势，最终被害。而唐中期的邺侯李泌，他实现了"帝王之师"与"归隐山林"二者的完美结合，是继范蠡、张良后又一大智者。

李泌幼年便有"神童"的称誉，7岁的时候已经对儒、道、佛思想有很深的体悟。唐明皇听说了关于他的传闻，有一次在与宰相张说下围棋的时候宣他入宫。李泌到了跟前，唐明皇让张说和李泌各以"方圆动静"为题说一副对联，张说随口说道："方若棋局，圆若棋子。动若棋生，静若棋死。"不料李泌马上接着说："方如行义，圆如用智。动如逞才，静如遂意。"此联一出，唐明皇与张说惊叹不已，于是李泌一下子就出了名。

当时的另一个宰相兼大诗人张九龄，对李泌非常器重，把他看作是自己的朋友。李泌幼年曾有长歌云："天覆吾，地载吾，天地生吾有意无。不然绝粒升天衢，不然鸣珂游帝都。焉能不贵复不去，空作昂藏一丈夫。一丈夫兮一丈夫，平生志气是良图。请君看取百年事，业就扁舟泛五湖。"此诗狂放桀骜，大有太白之风。但张九龄见后，告诫他说："早得美名，必有所折。宜自韬晦，斯尽善矣。

藏器于身，古人所重，况童子耶！但当为诗以赏风景，咏古贤，勿自扬己为妙。"李泌听了，流泪相谢，就此不再出此狂言。

李泌长大以后，对《易经》《道德经》有着博大精深的研究，经常出没于华山、嵩山、终南山的绿林明月之间，寻仙求道，淡泊明志，孜孜不倦地追求道家高深的境界。与此同时，他又与玄宗、肃宗、代宗和德宗四朝皇帝保持着密切的联系，深受这些皇帝的敬仰和器重，都把他视为能够正确指导自己处理天下大事和皇宫私事的"帝王之师"。

事实上李泌也一直在扮演着"帝王之师"的角色，于幕后运筹帷幄。唐肃宗按其制定的战略行事，"安史之乱"才得以顺利地镇压下去。在他的大力推荐下，郭子仪得以成为功勋赫赫的中兴名将，在他的周旋下，李晟、马燧这些忠诚的名将得以存活，在他的策划劝说下，唐玄宗得以从四川回到长安养老。他排解了无数次皇宫里的冲突，处理了无数件安邦定国的大事。

大凡国家大事，肃宗都先咨询李泌，对他的恩宠也是无以复加，和他"寝则对榻，出则联镳"——睡觉时也在一个屋里，外出时并马而行。当肃宗皇帝乘车外出时，也让李泌坐在身边。因李泌谢绝了肃宗的宰相官职，只穿一身白衣，故而又有"白衣山人"之称。宴会上，因李泌不吃荤腥，唐肃宗亲自烧梨给李泌吃，皇帝的弟弟颖王等也联句献诗曰："先生年几许，颜色似童儿"（颖王）；"夜抱九仙骨，朝披一品衣"（信王）；"不食千钟粟，唯餐两颗梨"（益王）；最后肃宗亲自结句说："天生此间气，助我化无为。"臣子做到这个份上，实在是荣宠至极。

后来，李泌看到肃宁日益亲近小人，而自己正处在政治斗争的旋涡中心，怕有祸害，忽然变得庸庸碌碌，请求隐退，遁避到衡山去修道，实在是深得道家精髓的绝世高人。清代湘军将领李元度有《访邺侯书堂遗址诗》赞其："古今名士擅风流，前有留侯后邺侯。总为与人家国事，逃名同托赤松游。"

第六节　大方无隅

老子说：**"大方无隅。"** "方"者方正，"隅"就是最靠边的角落。中国传统文化认为"天圆地方"，大地是最大的方形，无边无际的大地，我们却很难找出它的棱边角落。当我们以开放性的心灵既广博宏大的宇宙意识，站在历史的角度观察问题，为天下生民谋求福祉时，就会发现，人世间的一切所谓看似合理的功名、利益之间的纷争，其实不过是为了获得像蜗牛的角那样的小利。这样费尽周折的"有为"，实在是毫无意义亦毫无价值可言。

当初，魏惠王与齐威王订立盟约，而齐威王违背了盟约。魏王大怒，打算派人刺杀齐威王，将军公孙衍知道后认为可耻，说："您是大国的国君，却用普通百姓的手段去报仇！我愿统带二十万人马，替你攻打齐国，俘获齐国的百姓，牵走他们的牛马，使齐国的国君心急如焚，热毒发于背心。然后我就攻占齐国的土地。齐国的大将田忌望风逃跑，于是我再鞭打他的背，折断他的脊骨。"

魏国的贤臣季子知道后，又认为公孙衍这种好战的做法可耻，说："建筑七八丈高的城墙，筑城已经七八丈高了，接着又把它毁掉重建，这是工匠们所苦的事。如今战争不起已经七年了，这是你王业的基础。公孙衍实在是挑起祸乱的人，不可听从他的主张。"

华子知道以后又认为公孙衍和季子的做法都不可取，说："极力主张讨伐齐国的人，是拨弄祸乱的人；极力劝说不要讨伐齐国的人，也是拨弄祸乱的人；评说讨伐齐国还是不讨伐齐国，一概是拨弄祸乱之人的人，他的本身就是拨弄祸乱的人。"魏王被搞糊涂了，问华子："既然如此，那将怎么办呢？"华子说："你还是顺着大道的规律去做罢！"魏王于是沉默不语。惠施知道后，他知道魏王并未领悟到华子的意思，于是他请来魏国的贤人戴晋人，让他对魏王讲解其中的道理。

戴晋人对魏王说："有叫蜗牛的小动物，大王知道吗？"魏王说："知道。"

戴晋人说："有个国家在蜗牛的左角，名字叫触氏，有个国家在蜗牛的右角，名字叫蛮氏，正相互为争夺土地而打仗，倒下的尸体有好几万，追赶打败的一方花去整整十五天方才撤兵而回。"

魏王说："咦，那都是虚妄的言谈吧？"

戴晋人说："让我为你证实这些话。你认为四方与上下有尽头吗？"

魏王说"没有止境。"

戴晋人说："自己的思想可以在无穷的四海之外遨游，而身子却在可以互相通达的四海之内，在这种情况下，比较事物的大小，是不是说大的没有边际，小的微不足道，可以忽略不计呢？"魏王说："是的。"

戴晋人又说："在这个通达的世界内有一个魏国，在魏国中有一个大梁城，在大梁城里有你魏王。如果与九州四海比大小，大王与那蜗角中的蛮氏有区别吗？"魏王沉思良久，终于认为："没有区别。"戴晋人就辞别而去，魏王心中怅然若有所失。

戴晋人离开后，惠施见魏惠王，魏王说："刚才那位先生真是个大智大慧的人，恐怕古代的圣贤也不足以和他相提并论。"惠子说："的确如此，同样是吹气发音，吹起竹管，就会有嘟嘟的洪亮之声；吹着剑首的尖端，只会有丝丝的微弱之声。尧与舜，都是人们所赞誉的圣人；但这种称誉和戴晋人的智慧相比，就好比吹剑发出的微弱的丝丝之声哪。"

大方无隅，"方"也可以理解为做人的"方正"与"规矩"。无论办什么事情都要有一定的规矩。如果没有了"规"和"矩"，很难想象木匠能造出精美的木器和家具来。但是，道家认为"上善若水"，讲究流转和变通之法。"方"的东西，投地即止，难以流转，很容易变得呆板，跟不上潮流，所以《淮南子》中有"智欲圆而行欲方"之说。桓宽在《盐铁论·论儒》云："孔子能方不能圆，故饥于黎丘。"慨叹孔夫子是个能方不能圆的人，所以才饿过肚子，做官也做不长久。

齐景公喜欢捉鸟玩，便派烛邹专门管理鸟儿，可是烛邹不慎让鸟飞逃了。景公大为恼火，下令杀死他。晏子说："烛邹有三条罪状，让我数落他一番。然后再杀，让他死个明白。"

齐景公高兴地说："好。"于是把烛邹叫进来。

晏子便一本正经地说："烛邹！你知罪吗？你为国王管鸟却让它逃走，这是第一条罪状；使国王为了鸟而杀人，这是第二条罪状；这事传出，让天下人认为我国重小鸟而轻士人，败坏我们国王的名誉，这是第三条罪状。你真是罪该万死！"

说完，马上请求景公下令斩杀。

可是景公此时却说："不要杀他了，我接受你的指教了。"

"大方无隅"的智慧还告诉我们，做人首先要讲究原则，要体现正直，要以"大方"为本。但是我们必须站在发展的立场，用变通的眼光看待问题，要注意讲究"善言无瑕谪"的策略性，在处理具体事件时不能过于刻板和迂腐，有时候绕道或多走几个弯，更容易到达目的地。在面对他人的过错时，如果能够杜绝"隅"的棱角伤人，而假以委婉劝解，往往比严词谴责更容易达到效果。真正的大方是无隅可伤人，无隅（边界）也是可以让人把握和抓住的。

第七节　大用无用

道家学派以其宏大坦荡、不拘细微、扫视环宇、逍遥无为而闻名于世。然而，正因为道之大，大到了常人之智难以形容、无法认识的程度，所以那些拘于人事、谨小慎微的世人很难理解，他们认为"道"虽然大，却大而无当，百无一用，毫无使用价值。庄子有感于此，在《外物篇》中说："知无用而始可与言用矣。"一个人只有深深地了解什么是"无用"，那么才可以同这个人去讨论什么叫"有用"。

一天，庄子遇见他的老朋友惠施。惠施对庄子说："庄周，你那一套学说大言炎炎，汪洋恣肆，但可惜好听而不中用。不然的话，当今列国诸侯，为什么不可以庄周之道料理朝政呢？"说完这番话，惠施圆睁着眼睛，聚精会神注视着庄子，看他如何反应。

庄子听了也不生气，微笑着说："没用？没用也好。一个人只有深深地了解'无用'，那么才可同这个人讨论什么叫'有用'。你看苍茫大地，无边无际，然而人只有这两只脚，在这辽阔的大地上横站竖立，最多只能占用两只脚掌大小的地方。这样看来，无论是公子王孙，天潢贵胄，还是庶民百姓，仆厮乞丐，凡是人，在一定的时间内，无论何处，都只能占据两足之地。那么，是否可以这样认为，既然人仅占两足之地，除了踏脚的地方，旁边的土地，反正一时也派不了用处，干脆就掘掉它，掘到黄泉，像深渊一样险峻。此时，我再问问你，这个人如临深渊，战战兢兢，还能动吗？还有用吗？"

惠施想一想，照直说："无用。"

庄子双手一摊，总结说："是呀，这个人之所以'无用'，是因为他没有余地可以动弹了。如果这个人现在要动弹，刚才看似'无用'的地方一下子又变得'有用'了。如此说来，'无用'转化为'有用'的道理不是很明白吗？——正像你出门的时候，屋子空闲着不住人，别人因它暂时'无用'而把屋顶扒了，你说行吗？要知道，现在的'无用'将来保不定'有用'，而如今的'有用'以后亦可能化为'无用'。"

"再说'有用'就一定好，'无用'就一定坏吗？林中的树木多因其良才'有用'而遭人砍伐，山中的老虎因其皮毛'有用'而遭人捕杀，世上的聪明人呢，因其出类拔萃，才华'有用'而被君王将相招至门下，勤劳国事，身心憔悴。然而哪天触犯龙颜，一声令下，就给刀斧手架出南门稀里糊涂砍了头。呜呼！世人皆知道'有用之用'，若非大哲，又岂知'无用之用'呢？"

按照常理来讲，庄子凭借他的智慧和能力，完全可以过上锦衣玉食的生活，楚王曾请他做丞相，他却拒绝了。为什么？他认为得不偿失。得到的是权欲与物欲的满足，失去的是人身自由。所以他宁愿蓬头垢面，却自由自在逍遥游于天地之间。他教给我们的生活秘诀是："吾将处乎材与不材之间""无用方为大用"。正是这种处世哲学，使庄子在世时似乎一无所用，然而其学术思想与人生境界却深远地影响和改变着后世之人，最终成就了最伟大的庄子。

成为无所不能的"通才"是大多数人的一种理想。但事实上，人的能力常常只偏重在某方面的表现上。我们不能以自己的才能去衡量他人的才能，不能因为他人没有自己的才能就认为人家没有才能。大用者大才的看不起有小才的是无知，有小才的讥讽大才为无才是可悲。庄子对他的学生说："大柱可以撞破城门却不能塞住洞口，用途不同也。骐骥骅骝等好马一日可以奔驰千里，但是它们捕鼠的本领却不如狸猫，这是技能有别。猫头鹰在夜里也能抓到像跳蚤一样的小东西，可以称得上是明察毫末了，但它在白天即使双目圆睁却看不见山丘一样大的东西，这是功能有限。可见贵贱有时，不由自主呀！"

在《封神演义》中，姜子牙跟随师父在山上修道，学到的都是经国济民的大学问，古今上下无所不知，天文地理无所不晓。七十二岁时他领受师命下山后，来到殷商京城朝歌，在朋友的帮助下成了家，并先后做了编笊篱自卖、磨面粉、做豆腐、卖猪羊等营生，然而，由于"才大无所用"，结果所有的买卖都做砸了。连妻子也无法控制对他的失望，指着他说："我原以为你是个人才，又学会了不起的道学，一定大有本领，指日发达。不料你竟是一个窝囊废！"谁又能想得到姜子牙还能在"逃亡"西歧的过程中，遭遇文王并被拜为国师，最后辅佐文王之子武王姬发完成"兴周灭商"大业后，受封为诸侯王呢？

世上的万事万物，都有各自的用处，小有小的用处，大有大的用处。小东西有小用而难以有大用，大东西有大用而难以有小用。各有其能，各有所同。关键在于我们持道之士，如何去为"用"。惠施对庄子说："魏王送给我一粒大葫芦种子，我把它种了下去，没想到培育出来的葫芦太大了，竟然能在里面存放五石粮食。我想用它来存水，可是这皮太脆，没有力量承受；我把它剖开当瓢用，可是它太大，没有水缸能够容纳它。它太大，大到了无所适用的地步，所以我一生气，就把它给砸碎了。"庄子笑笑说："以我之见，不是瓢大而无用，而是先生不懂得如何使用。现在先生有一个可放五石粮食的葫芦，为什么不把它剖开做成小舟漂浮于江湖之上，而却在那里为其没有用处而发愁呢？由此可见，先生还有不达事理的地方呀！"

老子告诉我们，**"圣人常善救人，故无弃于人；常善救物，故无弃于物"**。用人之道，不在乎其人才身份的贵贱和技艺的高低，关键在于我们如何使"用"，化常人之"无用"为"大用"。《淮南子·道应训》记载，楚将子发喜欢网罗有一技之长的人士。当时，楚国有位擅长偷窃的人前来会见子发，他对子发手下的人说："我听说子发将军要寻求一技之长的人士，我呢，是楚国集市上的小偷，愿以这偷窃的技艺充当子发手下的一名小卒。"子发听到禀报后，来不及束好衣带、戴正帽子就出来以礼接见这位小偷。子发身边的人看见后说："小偷是天下公认的盗贼，将军你为什么要如此礼待他？"子发解释说："这不是你们所能预知的事。"这事过了没多久，齐国兴兵攻打楚国，作为将领的子发率兵抵御齐军。然而楚军接连败退。楚国的贤良之士和大夫们都献计献策，竭尽诚心地想打退齐国，挽回败局，可是齐军就是越战越勇，日益强大。

在这关键时刻，那位集市上的小偷来到子发的军帐中请缨说："我的这点微不足道的技艺，愿为将军你表演表演。"子发说："好。"也不问清小偷说的话的意思是什么就派他去了。当天夜里，小偷就将齐军将领用的帷帐拆了来，连夜献给子发。第二天子发就将这帷帐派人送回齐军将领，并传话说："我们楚军中的一位士兵外出打柴，得到了将军的帷帐，特派人送还。"是夜，小偷又潜入齐军将领的营帐中偷走了他的枕头。天明时候，子发又派人将枕头送还给齐军将领。第三天晚上，小偷照例偷回了齐将的簪子，子发还是照例派人送还。这事一下子在齐军传开，引起一片惊慌，将军与手下的军官们商量，说："今天如果我们还不撤军，楚军恐怕就要来取我们的脑袋了。"于是，齐军不战而退。

第八节　大为无为

道家无为，而无不为。

老子说："**我无为，而民自化；我好静，而民自正；我无事，而民自富，我无欲，而民自朴。**"（《道德经·第五十七章》）无为而治是黄老道学治理天下的最高境界。什么才是"无为"呢？这种处事准则实行起来虽然比较容易，但要用言辞表述清楚却比较困难。《文子》告诉我们："所谓无为者，非谓引之不来，退之不往，谓其循理而举事，因资而立功，推自然之势也。"无为并不是不管不问，无所事事的意思。而是按规律办事，借助于内在的力量，抓住有利的时机去建功立业。

传说黄帝专心寻道，曾带领六位贤士前往具茨山，准备访问至圣大隗。到了泰隗山南侧，七个人都迷失了方向，不识路途。正在为难之时，正好看到一位牧童在放牛、牧马。黄帝于是上前问路："你知道具茨山在哪里吗？"

"知道。"

"那么你知道至圣大隗住在哪里吗？"

"也知道。"

黄帝暗暗称奇。他转身对随行的人说："这小童真不得了，不但知道具茨山所在位置，而且知道大隗的居所，他一定同大隗有非同寻常的关系，说不定他就是大隗，让我试探一番。"他又转向牧童："请问治理天下有什么好办法？"

小童泰然回答:"治理天下就像你我这样,各自相安无事,互不干扰。其实治理天下就如同治理自身,自身清虚无为,不打扰外界的事物,物即可自化,又何须什么方法呢?想当初,我年少的时候,曾漫游于喧嚣纷杂的尘世之内,患了风眩迷乱的病症,幸亏遇到一位见识高超的老人,他教导我说:'你应该乘坐变化常新的车子,昼作夜息地遨游于尘世之外,逍遥于襄城郊野的清静之地,病就会痊愈。'我遵嘱而行。现在我的病已经好了,而且我不仅身体远离尘嚣,心更游于物外,与道玄同,我想理政和治身的道理是相同的,不需再说了。"

黄帝感叹道:"看来治理天下实在不是我辈的事,事情应由百姓自己做。即便如此,我还要冒昧地问,治理天下的方法究竟是怎样的呢?"牧童摇头不语。黄帝一再坚持,牧童才勉强答道:"诚如你所言,治理天下即是牧养苍生,此非圣人所务。既然你一再坚持,我给你讲讲牧马的道理吧。牧马的关键是除去马群中的害马。害马,即不守本分的马。治天下犹如牧马。治天下的人要先治身,治身首要的是本分,守分便能顺其自然,任百姓自化。如果不守本分,强取功名,就和不守本分的马一样,成为害群之马。"

黄帝顿然醒悟,欲治理天下的首要任务并不是制定严刑峻法去管治百姓,而是治理自身,明确为政者自己的职责和本分,然后在此确定的范围内活动。无为而治的核心在于不强令百姓作为,而是让百姓选择他们自己的生活方式,"听民自化";否则不本分地"有为",自己就会成为首先被除去的对象。于是黄帝对牧童敬佩至深,再次叩拜行礼,口称遇到了"天师"大隗。

人的智能是有限的,若想眼观四海,胸怀天下,不掌握真理,仅凭自己有限的本领,就会被艰难所困。一个人的智慧,不能穷尽天下真理;一个人的勇敢,不能无敌于天下;这是很明显的道理。孔子也非常推崇"无为而治"。《论语·卫灵公》说:"无为而治者,其舜也与?夫何为哉?恭己正南面而已矣。"意思是说,能够以无为而使天下太平的人,大约只有舜吧?他做了什么呢?恭敬、端正地坐在朝南面的天子位上罢了。但是,舜真的是整天就坐在"南面之位",什么事情也不做,天下就自然和谐了吗?作为一国之君,坐在庙堂之上,就能对天下形势了如指掌,其奥妙之处又在哪里呢?

庄子在《天道篇》中明确地告诉我们:"夫帝王之德,以天地为宗,以道德为主,以无为为常……**上必无为而用天下,下必有为为天下用。**此不易之道也。故古之王天下者，知虽落天地，不自虑也；辩虽雕万物，不自说也；能虽穷海内，不自为也。天不产而万物化，地不长而万物育，帝王无为而天下功。"

要想大为者，必须以"无为"为行为标准。但是，"无为"并不是适合所有人的行为标准，而是适用于"上者""主者"。而"下者"与"臣者"的行为标准应该是与"无为"对立的"有为"。只有为君为王者的"无为"与为臣为民者的"有为"相结合、相统一，才能国泰民安。皋陶虽然是个哑巴，但他为帝舜主管刑法时，天下没有酷刑；师旷是个瞎子，但他做了宰相后，晋国没有乱政。不言语就能发号施令，不观望就能无所不见，这就是有道之士需要效法的。这也是黄老道学的理论根源。

欲大为者须"无为"。大为者行于可行，止于当止，审时度势，其智若愚。而那些善小为者，却总是以不知为知，新官上任三把火，处处显示自己的小聪明，喜欢与人进行政绩比赛炮制所谓"大手笔"，以其有为之心而劳民伤财。

曹参是汉高祖的同乡。在秦朝时候，他同汉高祖和萧何都是秦朝的小吏。后来跟着汉高祖起兵，立了功，当了当时齐国的丞相。他到任的时候，听说当地有个盖公"善治黄老言"。他派人把盖公请来。"盖公为言治道贵清静而民自定，推此类具言之"。曹参用"黄老术"治理齐国，他在齐国作了九年丞相，使"齐国大治"。

萧何死后，曹参出任汉朝中央政府的丞相。然而，自他上任后，万事无所变更，萧规曹随，既不颁布新法，也不推行新政，完全依照萧何以前的规划行事。皇帝刘盈为此批评曹参的"不作为"，曹参问刘盈："陛下自认在圣明英武方面，比先皇如何？"刘盈表示自己不如。"那么陛下认为我和萧相国，谁较贤能？"刘盈表示曹参不如萧何。曹参就说：正因为如此，"陛下只要垂拱而治，我也只要谨守职位，遵守既定的法令，不就可以了吗？"刘盈幡然醒悟。

第九节　大名无名

在道家看来，名利、财货是一个现实而富有诱惑力的东西，倘若人生在世一味去贪求这些东西，必然损害人的健康，破坏人的真朴之性，最终腐化社会与人生。然而，世人一方面渴望心灵的平和、自适，一方面又受种种的情欲嗜好所牵制，为追求名利地位而放弃了本属于自己的自由，以至于陷身于嗜欲的重围中不能脱身。故欲超越人生之困扰、障碍和纠缠，就必须超越名利观念。

面对功名利禄，老子主张要**"去甚，去奢，去泰"**。庄子说：**"至人无己，神人无功，圣人无名。"** "无己"就是忘掉自己的形骸、智虑，与宇宙万物大自然合为一体；"无名"即不图虚名，以实为本；"无功"即自然无为。如果我们能够抛弃大众所追求的功名、利禄、权势、尊位等等世俗价值观，做到"无己""无名""无功"，就可以打破了心灵上的种种隔阂和限制，将自身与外物相冥合的境界，使人的精神世界得到彻底解放。

杨朱在游历天下的过程中，来到鲁国。鲁国的孟氏非常好学，听说杨朱来到本地，便将杨朱接到家里请教。孟氏问道："在万物生灵中，做个普通的人已经很幸运了，为什么还要追求名声，名声有什么好处呢？"

杨朱回答说："凭借名声来致富。"

孟氏又问："有的人已经富有了，仍然不满足，费尽心力地追求名声，为什么还不罢休呢？"

杨朱回答："还要谋求显贵的地位。"

孟氏又问："已经显贵了，为什么还不罢休呢？"

杨朱回答："还要谋求死后的荣耀。"

孟氏又问："已经死了，还要名声干什么呢？"

杨朱回答："为了子孙后代的福泽绵续。"

孟氏更加不理解了："生前的名声怎么还对身后的子孙有好处呢？"

杨朱回答："你看那些争名之人，劳苦其身体，煎熬其心绪，不顾一切地博取名声。而名声显赫的人，不仅整个宗族都会受到恩泽，就连整个乡里都会获得利益，更何况自己的子孙呢？"

孟氏诘难道："我看情况恰好与此相反，大凡谋求名声的人一定廉洁，廉洁就必定贫穷；谋求名声的人一定谦让；谦让就不会得到高贵的地位，属于贱的层次。所以，争名的人既贫且贱，有什么好呢？"

杨朱回答说："我给你举两个例子你就明白了。当年管仲担任齐国国相的时候，却不刻意博取名声，君主淫逸他也淫逸，君王奢侈他也奢侈。顺应君王的意愿，言听计从，因此政治得以推行，国家得以称霸。由于生前没有争得名声，管仲死了以后，他的家族就败落了。田成子担任齐国国相的时候，君王骄横他就谦虚，君王聚敛他就施舍，老百姓都投奔他，因此他就夺取了齐国的政权，子孙坐享其成，到现在还没有中断。"

孟氏又说："照你这么说，真名声使人贫贱，假名声反倒使人富贵啰。"

杨朱总结说："真实不会有名声，名声没有真实的。所谓名声，本来就是虚伪的东西罢了。从前，尧、舜假装着要把君位让给许由、善卷，结果不但没有失掉政权，反而长久地坐着君王的宝座；伯夷、叔齐真的要把孤竹国的君位让出去，结果国家灭亡，饿死在首阳山上。真实和虚伪的区别，从这些例子也就看清楚了。"

杨朱认为，名声都是虚伪的东西，不可为追求虚名而害了实利。正人君子为名伤身，鄙俗小人求利害己，而不顾一切地求名、求利都是一种在欲望驱动下的"情溺"行为，都不能脱俗。而真正的体道之人，虚其心而实其腹，忘我而见真我，无名而有大名。

《庄子·田子方》中记载，有个叫肩吾的人向孙叔敖问道："你三次出任令尹却不显出荣耀，三次被罢官也没有露出忧愁的神色，起初我对你确实不敢相信，如今看见你容颜是那么欢畅自适，你的心里究竟是怎样的呢？"

孙叔敖说："我哪里有什么过人之处啊！我认为官职爵禄的到来不必去推却，它们的离去也不可以去阻止。我认为得与失都不是出自我自身，因而没有忧愁的神色罢了。我哪里有什么过人之处啊！况且我不知道这官爵是落在他人身上呢，还是落在我身上呢？落在他人身上吗？那就与我无关；落在我的身上吗？那就与他人无关。我正心安理得悠闲自在，我正踌躇满志四处张望，哪里有闲暇去顾及人的尊贵与卑贱啊！"

孔子听说这件事后，评论说："古时候的真人，智慧的人不能游说他，美人不能使他淫乱，强盗不能劫持他，伏羲和黄帝不能与他亲近。死生是件极大的事情，却不能影响他，何况是爵禄呢！像这样的人，他的精神穿过大山而不受阻碍，进入深渊而不受淹没，处于卑贱而不觉困顿，他的精神充满天地之间，他越是给予别人，自己反而越加充足。"

老子说：**"天下万物生于有，有生于无"；"君子盛德若无，良贾深藏若虚"**。大名者无名，如果人人都追求出名，追求有我，追求当"有名英雄""知名富豪"，那么，谁来当"无名"的大英雄，谁来当"不名"的隐性富豪呢？如果人人都追求在人生的舞台上争当"主演"，谁将在幕后担当"无名"的总导演、总策划？

在复杂纷纭，瞬息万变的商业世界里，面对是非、竞争、名利、得失、尊卑等一切现象，我们只有保持一颗清醒的、纯朴的、欢乐的心，以"无我""无名""无功"而做"逍遥游"，则可以"天地与我并生，万物与我为一"，"乘天地之正，而御六气之辩，以游无穷"。获得宇宙天地的大智慧，与万物永恒同在！

附录　养生篇

第一节 四时养生法

四时阴阳者，万物之根本也。是也，圣人春夏养阳，秋冬养阴，以从其根。万物沉浮于生长之门，逆其根，则伐其本，坏其真矣。故，阴阳四时者，亦为万物之始终也，死生之根本也，逆之则招灾害生，从之则苛疾不起，是谓道也。

故智者之养生也，必须四时而适寒暑，和喜怒而安居处，节阴阳而调刚柔，如是则邪僻不至，长生久视。

春季养生法

阳春三月：春归大地，冰雪消融，阳气升发，万物复苏，大地一派生机。人体阳气也顺应自然，向上向外疏发。为了应顺天地自然，在这种自然环境下，人应该晚睡早起，起床后到外面走走，披头散发，宽衣松带，不要让身体受到拘束，使精神能像春天的草木一样产生一种积极向上的力量。在风和日丽的春天，不要守舍不出，可以踏青问柳，游山玩水，观花赏景，陶冶情操，以使自己精神愉快、心情舒畅，与自然融为一体。

对待万事万物，也要顺应春天生发的特点，该发生的就让其发生，不要伤害；

该给予的就给予，不要剥夺；该激扬的就激扬，不要惩罚。这是通过适应自然界"生"的特点达到人体养气的目的，是春季养生的至真之道。如果反其道而行之，将会损伤肝气；到了夏天，还会发生"寒变"的毛病，如此就"奉长者少"了。

春三月，每天在深夜和清晨，面向东方平坐，叩齿三次，闭气九息，想象自己吸引东方震宫的青气入口，和着口中的唾液吞入丹田。每叩齿三通，闭气一息，咽津一次，共咽九次。如此可以补养肝虚受损，使自己享受到肝神青龙所赋予生命的生机与繁荣。

夏季养生法

在一年四季中，夏季是阳气最盛的季节，气候炎热而生机旺盛。对于人来说，此时是新陈代谢旺盛的时期，人也精神百倍。为了顺应天地自然，养生者应当夜睡早起，饮食清淡而饱，不要为白天时间的增长而感到困扰，要以运动的方式来疏泄其气，使筋骨强健而又无郁怒于心。此时，在精神行为上不要轻易动怒，"若所爱在外"，这些都是适应夏季的养生之道。如果反其道而行之，将会损伤心气；到了秋天，还会发生"疟疾"的毛病，如此就"奉收者少，冬至重病"了。

对于夏天的养生之道，丘处机《摄生消息论》认为："夏日天暑地热，若檐下过道，穿隙破窗，皆不可纳凉，以防贼风中人。饮食宜温软，不令太饱，畏日长永，但时复进之。渴宜饮粟米，温饮豆浆热水，生冷肥腻，尤宜减之。若需要食瓜果之类，宜虚实少为进之。"这些都是宝贵的养生经验，符合夏季"养阳"的精神。在纳凉方面，尤应注意不要因为贪凉而睡在穿风的走廊过道，以及露天空旷等处。不能只顾眼前舒服，过于避热趋凉，而导致暑热与风寒之邪乘虚而入。

秋季养生法

秋三月，是草木自然成熟的季节。《素问·四气调神大论》指出，秋天为天气以急，地气以明，大地处于收容平定状态的季节。为了顺应天地自然，养生者应该鸡叫而起，天黑而睡。此外，在精神行为上要使志安宁，收敛神气，使肺气清降，避免秋天肃杀之气的侵害。这些都是适应秋季的养生之道，如果反其道而行之，将会损伤肺气；到了冬天，还会发生"飧泄"的毛病，如此就"奉藏者少"，供给冬天潜藏的能力也就差了。

《管子》指出："秋者阴气始下，故万物收。"因此，秋季养生不能离开"收养"这一原则。也就是说，秋天养生一定要把保养体内的阴气作为首要任务。正如《黄帝内经》里说："秋冬养阴。"所谓秋冬养阴，是指在秋冬养收气、养藏气，以适应自然界阴气渐生而旺的规律，从而为来年阳气生发打基础，不应耗精而伤阴气。

冬季养生法

冬三月，草木凋零，冷冻虫伏，是自然界万物闭藏的季节，人体的阳气也要潜藏于内。这时，应该早睡晚起（日出后起床，日落时睡觉），使意志如伏似藏，应该饮食多补，避寒就温，不要让皮肤开泄出汗，使阳气藏而不泄，这就是适应于冬天的养藏之道。此时，在精神行为上要神气内守，使志若伏若匿。如果与冬天之气相违逆，那么就会使肾气消沉而功能衰减。一旦到了春天，就会得"痿厥"病。因为冬天闭藏的基础差，供给春季养生的能力就差。

有关冬季的养藏之道，丘处机的看法是，天冷应当避寒就暖，但也要适可而止，能不烤火则不烤火，否则热气逼进体内，反而不妙。为此，如能做到"宜居处密室，温暖衣衾，调其饮食，适其寒温，不可冒触风寒"就可以了。如系老年人，大冷天不要一早出门，以避霜寒的侵犯。如有条件，早起饮一小杯醇酒活血祛寒，晚上吃上点消炎凉膈的药，不使热气上涌，那就更理想了。

第二节 情志养生法

当前,由于商业竞争格局的不断变化波动,企业家的精神压力也在不断加剧,人类已进入了情绪负重的非常时代,由精神因素引起的心身疾患已经成为当代人类社会普遍存在的多发病和流行病。针对于此,世界卫生组织给健康下的定义是:健康不仅仅是没有疾病,而且是"个体在身体上、精神上、社会上完好的状态"。

人的心理活动,被养生学家统称为情志。七情是"喜、怒、忧、思、悲、恐、惊"七情,是指人接受外界刺激后产生的正常的七情情绪;五志是五脏"心、肝、脾、肺、肾"所藏的五种精神活动,即心主喜,肺主悲,脾主思,肝主怒,肾主恐。这些情志活动反映了五脏功能。五脏功能正常,情志就正常,如果情志激动过度,就可能导致阴阳失调、气血不和、伤及五脏,而引发各种疾病。

《素问》指出:"余知百病生于气也。怒则气上,喜则气缓,悲则气消,恐则气下,寒则气收,炅则气泄,惊则气乱,劳则气耗,思则气结。"其中除了寒、炅(热)、劳与情志致病无直接关系之外,其余均为情志偏极的病机特征。因此情志养生法,就是将这些情志的变化控制在正常的范围之内,使人的心情保持平和、舒畅,"神清志平,百节皆宁,养性之本也"。

喜则气缓

喜，指欢喜、高兴。愉悦的心情在一定程度上来说对人体是有益的，但是如果是突然的狂喜，就会使心气涣散。太高兴、太兴奋了，往往气就散掉了。心主血脉，心气虚则不能行血，血运无力导致血液瘀滞于心脉，出现心悸、心痛、中风甚至死亡。

《儒林外史》里面有一个故事"范进中举"。范进考举人老考不取，到五十多岁还考不取，屡考屡败。最后一次在他自己都不抱任何希望的时候，却突然接到通知考中举人了，这时候他是大喜过望，结果没想到大喜之后就疯了。这是典型的喜伤心的病例。心藏神，心主神明，心是管思维意识、神志活动的。正常的喜乐，使精神愉快，心气舒畅。可是狂喜极乐，会使心气弛缓，精神涣散，丧失神志，所以人千万不要大喜过望。

怒则气上

怒，即生气。适度的生气有利于气机的宣泄和情志的调畅，对身体是有益的。但是若暴气暴怒激发肝气，就会使之郁勃上冲，并引起气血奔迫于上，出现头胀头痛，面红目赤，肝区疼痛，烦躁易怒，甚至打人毁物。或者气极反静，不言不语，俗称生闷气，这更有害健康，重者会因气厥而四肢抽搐，甚至昏厥死亡。

《三国演义》中那个"妙计安天下"的少年周郎，文韬武略，英姿勃发，因为诸葛亮三番五次识破自己的计谋，竟然被气得吐血而亡，这是"怒伤肝"。

忧则气乱

忧，是指忧愁、苦恼。人在遇到烦心事的时候适当地忧愁担心无可厚非，但是忧虑太过，表现为终日忧心忡忡，郁郁寡欢，轻者愁眉苦脸、闷闷不乐、少言少语、郁郁寡欢、意志消沉、独坐叹息，重者难以入眠、精神萎靡或紧张、心中烦躁，就会"忧则气乱"，因气机紊乱而导致脏腑功能失调，出现心悸、胃痛、食欲减退、失眠等种种不适。

思则气结

思，即思虑。《黄帝内经》说："思则伤脾。"每个人在遇到问题时都要思考，但思虑过度会影响脾胃，一个人多愁善感，老是在考虑问题，考虑得太多往往不思饮食，或者饮食不和，也会导致多种病症。

脾是主运化的，饮食水谷精微到了脾胃的时候，就要靠脾胃的运化。运化就是运输、运送和消化、变化的意思。脾胃把吃进去的水谷消化成有营养作用的精微物质和无用的糟粕，并把其中的精微物质运送到全身。脾的运化功能，除了运化水谷之外，还能运化水液。而过度思虑最易伤脾气，脾胃运化失职，就会造成食欲减低、胃脘涨满、腹胀腹痛等。现代医学研究证实，长期从事脑力劳动、工作压力过大的人，易患消化道溃疡病，这和中医学的"思虑损伤心脾"的理论是不谋而合的。

惊则气乱

惊，指惊吓。正常人若耳闻巨响、目睹怪物、夜做噩梦等都会受惊，但是很快就能恢复。心气虚的人受惊后可表现为颜面失色、神飞魂荡、目瞪口呆、冷汗渗出，肢体运动失灵，儿童受到过度惊吓可能导致抽搐。由于"惊则气下"，受惊的人还会出现大小便失禁。经常受惊，会损伤人的胆气，使人的胆子越来越小，即使受到外界的一点刺激都会让人心惊胆战，成了俗话所说的"惊弓之鸟"。

恐则气下

恐，是指恐惧不安、心中害怕。我们常将"惊""恐"并提，但是二者又不完全相同，惊多自外来，恐常由内生，恐常由惊转变而来。"恐伤肾"，是指过度恐惧而使肾气失固，气泄于下。恐惧感是一种在突发事件及异常情况下所感受到的不安全感，使机体处于应激状态。如果惊恐不能自制，则可因人而异出现两便失禁、精滑遗泄等"气下"症状，乃至于坐卧不安，骨酸痿软，不孕不育等"伤精"症状，严重的会发生精神错乱、癫病。

悲则气消

悲，是指悲伤。遇到难过的事情，因悲伤而哭泣是人们正常的情感反应。适当地哭泣可以使郁结之气抒发消散，对身体是有益的。现代医学也证实当人悲伤时流泪可以排出体内的毒素，有益缓解不良情绪，因此"男儿有泪也要弹"。任何事物都有极限，悲哀太甚或时间过长，就会损伤肺气，出现气短、心悸、胸闷，在精神上表现为意志消沉、悲观厌世，导致形体憔悴、毛发枯萎、精神不振、生气索然等病态表现。现代科学证明：过度悲伤的人，比其他人更容易得癌症。

众多疾病都是源于不明了自己的性格情理，不懂情志养生，不能做到很好的调畅情志。如果我们能够以《黄帝内经》的"法于阴阳，和于术数"为旨要，坚持做到"志闲而少欲，心安而不惧，形劳而不倦""呼吸精气，独立守神"，自然就可以"恬淡虚无，真气从之，精神内守，病安从来"。

第三节　存思养生法

存思养生法作为道学中的一项重要修炼内容，起源于汉代末年，广泛流传于唐代，对后世道家炼丹术有着直接的影响，并为中国佛、医、儒以及印度瑜伽等广泛采用。存思，一名"存想"，简称"存"，道教修炼方术之一。要求闭合双眼或微闭双眼，存想内观某一物体或神真的形貌、活动状态等，以期达到集中思想，使身心不分离，并洁净身心的目的。

存思术起源很早。《太平经钞》称："入室存思，五官转移，随阴阳孟仲季为兄弟，应气而动，顺四时五行天道变化以为常矣。"《云笈七签》卷四十三《老君存思图十八篇》曰："修身济物，要在存思。存恩不精，漫澜无感；感应由精，精必有见；见妙如图，识解超进；神气坚明，业行无倦。"葛洪《抱朴子内篇》也具体记载了存思老君、存思己身形体、五脏等方法。

存思养生法在方法上有许多门类。就姿势而言，可以"端坐存思"，也可以"卧法存思"。《云笈七签》说："坐朝者，端坐而修礼也。凡有公事妨碍，或在非类间，不得束躬，上堂展敬，但自安坐，不使人知……凡行经山水，积日舟车，舟车之中，山水之际，步涉登陟，舍往相须，疲倦止息，皆依时存礼，隐显随宜，存思精审，自然忘劳。"可见，端坐存思不仅随时随地，而且效果颇佳，又不会让旁人知晓而产生误会。

存思对象很广泛，包括存思人体（五脏、丹田）及神真（身内神和身外神）、身外事（日、月、五星，云雾、气、炎火）、事理和问题等。

存思人体神真

道家认为人体的各个部位都有神存在：上自头上泥丸，下及全身百节，都有神灵居住。发神黑白相兼，苍苍然有华彩之色，居住在人的脑袋最上端。人的真精神名叫泥丸，会聚在人的大脑中，眼睛能否光明都在于他的身上。人的鼻子堪称天中之岳，高高耸起，像大山一样，神气从中通达天界，吸入呼出永不枯竭。人的耳朵虚空善听，耳窍深幽静隐，耳神居住在里面。人的舌头专门职司吞咽口水，品正事物的味道，性命得通。人的牙齿神乎其神，尖利无比，像剑刃一样锋利。人脸面的神以泥丸神为宗主，天上有九宫，而人首也有九宫，中宫就是泥丸宫，旁边陈列的都是真人之房。九宫真人都穿着紫色云裳，轻盈欲飞。所以说，要修炼大道，不需要远索他求，只要存思泥丸当中一部九真之神，持之以恒，毫不懈怠，就会获得长寿健康。

人的心神属火，颜色是红色的，是五脏的主宰。人的肺神是白金色的，相当于五脏的保护伞，性质清虚能够产生元气。人的肝神是青色的，其中蕴含着人体的精华。人的肾神属于水，颜色是玄色的，其中蕴藏着人体的精液并主导人的生育。人的脾神属于中央土，有常不变。人的胆神属于木，好像青龙一样光耀，人的谋略和权威都处于胆。所以说人体的五脏六腑掌管着人的全身，缺一不可。修炼大道总在于人的心内元神，然后运转身中的精气，就好像天经地纬轮转一样，往来不息，昼夜不断，存无守有，凝结成丹，自然长生久视之道得矣。

存思身外神真

即存思道教各神的名讳、相貌、服饰、居所等。《云笈七签》有存思三宝之说。即："师宝者，得道人为我师也；经宝者，自然妙文师所传也；道宝者，无形之形，即太上，是窈冥中精应感，缘时成数，分形散体，不可思议。"

《抱朴子·内篇》则以存思道教创始人老子为例："有所思存……但谛念老君真形，老君真形见，则起再拜也。老君真形者，思之，姓李名聃，字伯阳，身长九尺，黄色，鸟喙，隆鼻，秀眉长五寸，耳长七寸，额有三理上下彻，足有八卦，以神龟为床，金楼玉堂……见老君则年龄延长，心如日月，无事不知也。"

存思日月法

存思日光法：《云笈七签》曰："凡存心中有日象，大如钱，在心中，赤色。有光芒从心中上出喉，至齿间，即不出，却回还胃中。如此良久，临目存见心中胃中分明，乃吐气，讫；咽液三十九过，止。一日三为之，日出时、食时、日中时，行之，一年除疾，五年身有光彩，十八年得道。"

此法在白天操练，取坐或站式，以鼻吸满气后，闭气不息，存想心中有个红色的太阳如铜钱大，从心中发出9条紫色光芒，向上出喉，到齿间，不得出气，又下回到胃中。稍停留一段时间后，两眼内视，存想心中、胃中光明透亮，便吐气，再咽漱津液39次而止。每日练3次，日出时、吃早餐时和日升中天时各行一次。

存思月光法：《云笈七签》云："存月光白色，芒亦至齿而咽，入胃。"存思月光时，宜在晚间，取站立或坐姿，以鼻吸满气后，闭气不息，存想泥丸（脑中）有个月亮，发出10条白色光芒，从脑中下入喉，不得从齿间漏出，至胃中。片刻后，两眼内视，观想脑、胃中光明透亮；然后以口慢慢吐气，再咽漱津液39次而止。每夜可练1~2次。

存思事理法

这种存思不是胡思乱想，而是按照道学之理去分析、推断。《抱朴子·内篇》说："夫玄道者，得之者内，守之者外，用之者神，忘之者器，此思玄道之要言也。"就是存思事理之法。

存思养生法有什么效果呢？首先，存思能够使人入静，以静制动，是修身济物之要，延年益寿之方。其次，存思还可以用于治病。孙思邈《摄养枕中方》说："道人疾，闭目内视，使心生火，以火烧身，烧之令尽，存之使精神如仿佛，疾即愈。若有痛处，皆存其火，烧之秘验。"这就是说，通过存思养生法，可以调整和促进身体机能，达到养生、防病的目的。

第四节　服气养生法

服气，又称食气、代谷、行气，是古代道家的一种养生仙术。道家认为，精气是生命的根本，没有精气便没有生命，而人体内之气与天地之气相通，服用精气是养生长寿乃至成仙的手段。因此，服气是人与自然界万物进行能量交换的过程，服气的目的就是要采万物精华之气以服之，以便修炼、养生、长寿。

服气之术早在秦汉之际就已流行，与药饵、房中术同为当时仙道的三大养生技法。服气之术之所以为方士所青睐，就在于当时人们已认识到人之饮食品种差异关系到人体的生理与心理特质。《淮南子·堕形训》就指出："食水者善游能寒，食土者无心而慧，食木者多力而拂，食草者善走而愚，食叶者有丝而蛾，食肉者勇敢而捍，食谷者智慧而夭，食气者神明而寿，不食不死而神。"也就是说"食谷者智慧而夭"不能长生，是由于人吃了五谷杂粮，在肠中积成粪便，秽浊充塞体内。因此，如果能通过一定技法纳气、采气、食气，就可做神清气爽精旺而寿长。

服气的主要内容有三点，即调节呼吸；存想万物在人心中；顺应四时阴阳变化规律。如服六气，在一年中有六气，一日中也有六气，朱熹《楚辞集注》认为，六气是"春食朝霞，日始欲出，赤黄气也；秋食沦阴，日没以后，赤黄气也；冬饮沉服，北方夜半气也；夏食正阳，南方日中气也；并天地、玄黄之气，是为六气。"一般来说，行气时，均要求凝神净虑，抟气致柔。呼吸吐纳，要做到轻、缓、匀、长、深。轻,即呼吸轻细;缓,指进出气舒缓;匀,呼吸节拍有致,不时粗时细;长,呼吸之间间隔时间长;深,即要求使吸入之空气渗入脏腑百脉,渗透组织深部。据称行气既久,可以达到鼻中无出入之气的最佳境界。

服气,主要指的是吸收天地间的生气或日精月华,服外气以养生。《云笈七签》卷三十六《食气法》中有关于服气法的记述:"养生之家,有食炁之道。夫根植华长之类,蚑行蠕动之属,莫不仰炁,以然何为能使人饱乎?……《仙经》云:"食炁法,从夜半至日中六时为生炁,从日中至夜半六时为死炁,唯食生而吐死,所谓真人服六炁也。"这里,首先说明了一切动物、植物,都是仰仗气而生存,所以人也可以单凭食气而生存。然后介绍食气时,应注意生气和死气,一天之中,从夜半到日中六时为生气盛行之时,从日中到夜半六时为死气盛行之时,所以食气时,必须食生气,而不能食死气,只有生气才是天地日月之精华。

申天师服气要诀

见于《云笈七签》卷五十九。申天师,名元之,唐开元间著名道士,游历名山,采集方术,有修真度世之志。后被征至开元观,厚加恩渥。

具体练法:半夜之后,五更已来,睡醒后,以水漱口,仰卧,伸手足,徐徐吐气10~20次。候内中谷气消尽,心静定后,即闭气,忘情,将心意放到脐下气海之中,寂然不动,咽气两三次便闭气,用意念引导向丹田中,渐觉气作声,待气行讫,即开口徐徐吐气。又闭口咽之。如是二三十次,皆依前法,觉气饱,即冥心忘情,清除思虑,久久习之,觉口中津液甘香,食即有味,是功法生效之象征。

凡欲行此道,先须忘身忘本,守元抱一,兀然久之,澄定而后行之,玄妙之要即在于此。

服日气养生法

本法为南北朝时道教上清派的传统功法,陶弘景在《上清握中诀》收录此法。《胎息秘要歌诀》曰："平旦，伺日初出，乃对日，坐立任意，叩齿九通，瞑目握固。存日中五色流霞，皆来接身，下至两足，上至头顶。又令光霞中有紫气，如目童，累数十重，与五色俱来，入口吞之，四十五咽气。又咽液九过，叩齿九通。"

服月精养生法

《胎息秘要歌诀》云："伺月初出，对月坐立任意，叩齿十通，冥目握固，存月中五色流精，皆来接身，下至两足，上至头顶。又令光精中偶黄气，如目童，累数十重，与五色俱来，入口吞之，五十咽气。又咽液十过，叩齿十通。"

道家认为，人通过服气，可以带来种种神效。对此，《抱朴子内篇》有诸多记述。如在《至理》篇中说："服药虽是长生之本，若能兼行气者，其益甚速，若不能得药，但行气而尽其理者，亦得数百岁。"葛洪认为最上乘的仙术是服食金丹，但这里同时说，如果服药时能兼行气，其效果就更好。而且，如果没有金丹大药，但是你能尽得行气之理，也可以活上数百岁。

服气为什么会使人长寿乃至成仙呢？古人认为"气和"是长寿的条件。在《管子·内业》中道家学者宋形、尹文写道："凡人之生也，天出其精，地出其形，合此以为人。和乃生，不和不生。"气和才能使人长寿。并进一步指出："察和之道，其情不见，其征不丑。平正擅匈，论治在心，此以长寿。愤怒之失度，乃为之图。节其五欲，去其二凶，不喜不怒，平正擅匈。……凡人之生也，必以平正，所以失者，必以喜怒忧患。"因此，"气和"就是要胸怀和平中正，心中和气充满，节制五欲，除去内心刺激。

现代医学研究表明，服气可以用于减肥和养生保健。对于肥胖症、食积腹痛、泻泄、慢性胃炎、胃及十二指肠溃疡、慢性结肠炎、习惯性便秘等消化系统疾病，以及糖尿病、痔疮都有一定的防治作用。但对消耗性疾病、严重器质性疾病者来说，则不宜修习服气养生法。

第五节　导引养生法

　　导引，亦作"道引"，是肢体运动与呼吸吐纳相配合的一种健身治病的道教养生术。导引术起源于上古，原为古代的一种养生术，早在春秋战国时期就已非常流行，为当时神仙家与医家所重视。庄子在《刻意篇》中说："熊经鸟伸，为寿而已矣，此导引之士，养形之人，彭祖寿考者之所好也。"意思是说，像熊一样攀爬树木并悬挂在半空，似鸟一样展翅而伸腿，这是长寿的需要，是学习导引、锻炼身体、保养体形，做到如彭祖一样长寿之人的追求。

　　道家素重导引功夫，意图借此益寿长生。《抱朴子·内篇·别旨》中说："或伸屈，或俯仰，或行卧，或倚立，或踯躅，或徐步，或吟或息，皆导引也。"这几乎是把所有的肢体活动都看成了导引。不过，导引与一般的肢体活动还是有区别的，如《云笈七签》卷三十六《云鉴导引法》中就说："导引之道，务于祥和，仰安徐，屈伸自有节。"即导引之时，首先精神上必须祥和，身体俯仰之时，也要不徐不疾，肢体伸曲时，也必须有节奏和节制。

　　三国时期的华佗把导引术式归纳总结为五种方法，名为"五禽戏"，即虎戏、鹿戏、熊戏、猿戏、鸟戏，比较全面地概括了导引疗法的特点，且简便易行，对后世医疗和保健都起了推进作用。

马王堆帛画《导引图》

十二段锦是由十二节动作组合而成的健身运动方法。原见于明代朱权（仙）《活人心法》中，名为"八段锦导引法"。后冷谦《修龄要旨》中称之为"八段锦法"，但实际内容与一般所称的"八段锦"有很大的不同。由于其全部动作进行时均取坐势，所以又有"坐式八段锦"之称。清代徐文弼《寿世传真》中将此法易名为"十二段锦"，并对每节动作予以说明。

第一段锦：闭目冥心坐，握固静思神。

方法：盘腿而坐，轻闭两眼，排除心中一切杂念和不良信息。坐姿要求脊梁挺，腰最好微向前塌，双手握固静思，自然调息，神不外驰。

握固：抱拇指而握，令神不外驰，以固精气。

静思：静心息虑，精神内守。

第二段锦：叩齿三十六，两手抱昆仑。

方法：上下牙齿轻轻相叩36次，同时以两手十指交叉，抱住后脑（此时两手掌紧掩耳门，呼吸九次，气息微微，不使有声，与叩齿同步进行。叩齿有固齿的作用，抱住后脑有集中思想的作用。

昆仑：《黄庭外景经》云："子欲不死修昆仑。"梁丘子说："昆仑者头也。"

第三段锦：左右鸣天鼓，二十四度闻。

方法：上式毕，呼吸九次。放下所叉之手，两手掌掩在两耳处，食指叠于中指之上随即用力滑下，弹在后脑上，如击鼓之状，左右食指同时弹24次，轻重要适度。

第四段锦：微摆撼天柱。

方法：两手轻按在膝盖上，低头扭颈左右侧视，肩也随之左右摇摆，各做24次。

天柱：即后颈。

第五段锦：赤龙搅水津，鼓漱三十六，神水满口匀，一口分三咽，龙行虎自奔。

方法：以舌轻抵上颚，满口搅动，便生津液，鼓漱于口中（36次），然后分三次咽下，要汩汩有声。即会引动体内的阴、阳之气自动运行。

神水：指津液，清凉而透明。龙：《道枢·指玄篇》谓："龙者，心液正阳之气也。"虎：《道枢·指玄篇》谓："虎者，肾中真一之水也。"又指"元精"。

第六段锦：闭气搓手热，背摩后精门。

方法：吸气后停闭不呼出，用两掌相搓至热，急分开按摩背后精门，一面摩擦一面徐徐呼气。做26次，做完后收手握固。

精门：指后腰两边软处（实际上其内部即左右二肾）。

第七段锦：尽此一口气，想火烧脐轮。

方法：吸气后闭气，用意念引导此气下行至丹田（指脐下一寸三分处），想着丹田处有一团火在熊熊燃烧，丹田部位越来越热，则将气从鼻徐徐放出，做21次。

第八段锦：左右辘轳转。

方法：弯曲两臂（如火车的连杆状），先以左手肩圆转36次，然后换右手依次行之。

第九段锦：两脚放舒伸，叉手双虚托。

方法：两脚并拢、前伸，两手指交叉反掌向上托，托时要用力，好似向上托重物一样（注意两臂伸直，不能弯），托后放下，收于胸前，连托九次，体质好的可以托18次。

第十段锦：低头攀足顿。

方法：两手向前伸，握住双足，用力扳，扳时身体前倾，头向下低，做12次。

做完后收脚盘膝而坐，收手握固。

第十一段锦： 以候神水至，再漱再吞津，如此三度毕，神水九次吞，咽下汩汩响，百脉自调匀。

方法： 再做"赤龙搅海"（即以舌在口中搅动），待津液满口时，再鼓漱36次，分为六次咽，此时在第五段锦时一度，此次两度，所以说"如此三度毕，神水九次吞"。

第十二段锦： 河车搬运毕，想发火烧身。旧名八段锦，子后午前行。勤行无间断，万病化为尘。登仙无歧路，长寿益终生。

方法： 心想脐下，丹田中似有热气如火。闭气如忍大便状，将热气运至谷道（即大便处），升上腰间、背脊、后颈、脑后、头顶止。又闭气从额上、两太阳、耳根前、两面颊，降至喉下、心窝、肚脐下丹田止。想是发火烧，通身皆热。

提示： 十二段锦一般以全套操练为宜，适用于各种慢性病患者治疗与康复。凡体质不很虚弱，无明显活动障碍者，均可操练。

导引之术是道家修炼及预防疾病的重要手段之一，历代高道大德其寿多高，与其行导引之术有关。关于导引的作用，《抱朴子》云："夫导引疗未患之疾，通不和之气，动之，则百关气畅；闭之，则三宫血凝，实养生之大律，祛疾之玄术矣。"人通过导引，可以调和体内阴阳，促进消化，具有除风邪、益血气、疗百病以致延年益寿的功效。

第六节　静坐养生法

道家修炼崇尚"坐",通过静坐忘却自身形体,摒弃聪明才智,与大道相化合一而"坐忘"。孔子的学生颜回,擅长静坐,在《庄子·大宗师》中有这样一段对话,颜回说:"我进步了。"孔子说:"怎么进步了?"颜回说:"我忘掉礼乐了。"孔子说:"很好,但是还不够。"过了几天,颜回又见孔子说:"我进步了。"孔子说:"怎么进步了?"颜回说:"我忘掉仁义了。"孔子说:"很好,但是还不够。"又过了几天,颜回又见孔子说:"我进步了。"孔子说:"怎么进步了?"颜回说:"我坐忘了。"孔子惊奇地说:"何谓坐忘?"颜回说:"忘记了肢体的存在,不用耳目视听,精神超然于形体之外,没有欲望,和大道融通为一,这就是坐忘。"

庄子认为"坐忘"就是:"堕肢体,黜聪明,离形去知,同于大通。"当然堕肢体并非真的要毁掉身体,或者是弄得缺胳膊少腿,而是要脱离形骸而任精神逍遥遨游。郭象注解说:"坐忘不是忘记周围所有存在的事物,而是忘记事物存在的迹象和事物存在的理由,内心感觉不蓟它的一身,外界不认识有天地,然后旷然与变化为体而不通。"所以《道枢·坐忘篇》说:"坐忘者,长生之基也。故招真以炼形,形清则合于气;含道以炼气,气清则合于神。体与道冥,斯谓之得道者矣。"

唐朝时的知名道学大师司马承祯,字子微,道号道隐,又号白云子,他继承了老庄的正统思想,专门研究坐忘之术,一生历经太宗、高宗、中宗、武后、睿宗、玄宗六朝，享年八十九岁。司马承祯自少笃学好道，无心仕宦之途，他师事于嵩山道士潘师正，得受上清经法及符箓、导引、服饵诸术。后来遍游天下名山，隐居在天台山玉霄峰，自号"天台白云子"。与陈子昂、卢藏用、宋之问、王适、毕构、李白、孟浩然、王维、贺知章为"仙宗十友"。武则天闻其名，召至京都，亲降手敕，赞美他道行高操。唐睿宗景云二年（711）召入宫中，询问阴阳术数与理国之事，司马承祯回答道："为道日损，损之又损，以至于无为。夫心目所知见，每损之尚不能已，况攻异端而增智虑哉！"睿宗又问："治身则尔，治国若何？"他回答："国犹身也，故游心于淡，合气于漠，与物自然而无私焉，而天下治。"睿宗感慨道："广成之言也！"赐以宝琴及霞纹帔。开元九年（721），唐玄宗派遣使者迎司马承祯入宫，亲受法箓，成为"道士皇帝"。

司马承祯对道家内丹功的研究早于钟离权、吕洞宾，在唐代的社会影响力也高于钟、吕。他对后人最大的贡献莫过于《坐忘论》。司马承祯在《坐忘论》中将坐忘修炼过程分为七个阶段：一敬信，二断缘，三收心，四简事，五真观，六泰定，七得道。

敬信：信是道之根，敬为德之蒂，根深则道可长，蒂固则德可茂；故修道的首要功夫是敬信，尊重并信任大道的存在，深信这种方法能够获得修养的成功。

断缘：就是要断有为俗事之缘，要求弃事、无为、心安，旧缘渐断，新缘莫结。这样才能心弥近道，至圣至神。

收心：心是一身之主，百神之帅，静则生慧，动则成昏，所以"学道之初，要须安坐，收心离境，住无所有"。要保持本心清静，远离外境，不为尘俗所染。这是正式进入有为的静坐阶段，刚开始时必须安心静坐，收出放纵游离的心，远离外界事物的干扰，做到住无所住。只有这样，才能不着一物，自入虚无，心与道合。长久地练习，就会"在物而不染，处事而不乱"，达到"动亦静，静亦静"的地步，也就是达到了真正静定的境界。

简事：修道者应处事安闲，应物而不为物累。在现实生活中，考虑问题太多会伤害脑筋，有损智力；繁杂的事务过多会劳损形体，身心不能够安定，从而无法修炼大道。修道者应"知其闲要，较量轻重，识其去取，非要非重，皆应绝之"。这是对坐忘收心的进一步保证。

真观：即用心去观察世相，要善于洞察事物，认清它懂得虚幻不实，不为外物所迷，不为尘世所累。因为在炼养过程中，心中会产生不良情绪，人世间的烦闷苦恼会威逼胁迫心灵，使心难以安定，所以必须用真观来加以对付。总的来说就是不生得失之心，做到"有事无事，心常安泰。与物同求，而不同贪；与物同得，而不同积。不贪，故无忧；不积，故无失。迹每同人，心常异俗。"

泰定： 就是"无心于定，而无所不定。"是在私欲俗念完全消尽之后，即将要得道的境界。此时，"疾雷破山而不惊，白刃交前而无惧，视名利如过隙，知生死若溃痈。"司马承祯称达到这个地步为"出俗之极地，致道之初基"，去"得道"不远了。

得道： 得道的标志是形神统一，修成长生不老的"真身"。此时人身含光藏辉，一切俱全，凝神宝气，别无二心，神与道合，这就是得道。得道以后，六根洞彻明达，通晓天地间的人事物理。

坐忘的根本就是坐而忘之，前提条件就是要坐。道家在静坐时，要求扫除一切杂念，宽衣放带，使身体不受束缚，血脉自然流通无阻。入坐时，身如槁木，心似寒灰，两目下观鼻尖，意念集中于两目中间。待心气静和，含眼光，凝耳韵，舌抵上颚，调鼻息，使身心全忘。在12个时辰中，无论住、行、坐、卧，都能保持心如泰山一样稳定，毫不动摇。这才是道家真正的打"坐"境界。

第七节 睡眠养生法

道家养生十分注重坐卧，认为"坐"是长生之基，可以"招真以炼形，形清则合于气；含道以炼气，气沮则合于神"。而"卧"则可以使心气不损，精神不散（《三元延寿参赞书》）。所以，"为道之百编，而卧最为首"。

现代医学研究证明，人的睡眠质量受到种种因素的影响，如环境、身体、心情、体位等。环境指声音、气温、光照、空气、干湿度等；身体指人的身体健康状况；心情指精神上或者情绪上是否稳定；体位指睡眠时的姿势。

道家把睡眠作为养生的一种手段，并且提出了诸多的睡眠方法。李鹏飞在《三元延寿参赞书》中规定了许多睡眠宜忌，例如：久坐伤肉，久卧伤气；坐勿背日，勿当风湿，成劳；坐卧于冢墓之旁，精神自散；卧出而风吹之，血凝胃为痹，凝于脉为血行不利，凝于足为厥；烛灯而卧，神魂不安；舒卧招邪魅；卧勿以脚悬踏高处，久成肾水，虚损足冷；卧不可戏将笔墨画其面，魂不归体；卧处头勿安火炉，日久引火气、头重、目赤、鼻干、发脑痈、疮疖；卧习闭口，气不失，邪不入，若张口，久成消渴，失血色；夜卧勿覆头，得长寿；濯足而卧，四肢无冷病；醉卧当风，使人发喑；雷鸣时仰卧，星月下裸卧，当风中醉卧，以人扇之，皆不可；饱食即卧，久成气病，腰痛，百疴不消，成积聚；汗出不可露卧及浴，使人身振，寒热，风疹；坐卧边有隙风，急避之，更不宜体虚老年人……这些浅显的道理，都是人们在日常生活中需要注意的方面。

道家陈抟老祖睡卧养生法，是由陈抟创编的一套采用睡卧方式的静功养生术，是道家至高无上聚气凝神的内丹修持之法。

陈抟，字图南，自号扶摇子，唐宋著名养生家。他在青少年时代就勤奋好学，博览群书，曾应考进士未举，仕途的理想破灭后，他选择了"以山为乐"的道路。陈抟好读易经，手不释卷。他一生修道，编写了导养、还丹为主要内容的《指玄篇》八十一章，并致力于导养之道。他还进一步发展了道教修炼之法，创作出《无极图》等一系列图式，以"顺以生人""逆以还丹"的理论体系来探究生命的起源，寻找延年益寿之方，因此被后世道教徒尊奉为"陈抟老祖"。

934—936年，陈抟隐居在武当山九室岩，服气辟谷，每天只饮酒数杯。936—944年，陈抟返回故里四川，专学锁鼻术。唐明宗久闻其高名，曾亲自下诏请他，赐陈抟三名宫女，陈抟写了一首诗拒绝了，又隐居武当山。每天在岩洞里精诚修道，一直修了20多年，后来又迁居华山，当时他已70多岁，常闭门大睡，专修服气辟谷，数日不起，时人称"陈抟高卧"。

周显德三年（956）十一月，周世宗"以四方未服，思欲牢笼英杰，且以抟曾践场屋，不得志而隐，必有奇才远略，于是召到阙下"，问以飞升黄白之术。抟答曰："陛下为天子，当以治天下为务，安用此为？"世宗不责之，命为谏议大夫，固辞不受。

宋太宗时，两次招陈抟进京。太宗向陈抟请教了许多问题，其中包括道教功夫的"八素九真之要诀"，陈抟在宫中只求一间安静的房屋，以便修道，太宗就赐他建隆观，结果他竟一睡月余，醒后又告辞求去。

陈抟修身养性，以睡卧法名扬四海，其法流传至今。

方法：在日间或静夜无事之时，先端身正坐，叩齿36次。然后宽衣松带侧卧，一腿自然伸直，另一腿微屈，置于直腿之上，两膝相并；两手十指如钩，一手拇指尖捏无名指第一节横纹处而掩脐，另一手食指、中指伸直相并，无名指、小指屈于掌心，拇指压住无名指指甲而曲肘枕头下。眼对鼻，鼻对脐，唇齿轻合，舌抵上腭，闭目内视丹田。行胎息法，即调整呼吸，可采用数吸气（或呼气）次数自1~100，反复进行，使呼吸绵绵微微，虚静无念。如此静卧，保持状态在数小时。

收功时，起身前两手互相搓摩发热，再按摩头面部和胸部，最后揩两眼，然后静卧数分钟，再慢慢起身。

陈抟的睡卧养生法是一种内丹修炼法，通过安卧，达到全身放松，静养凝神聚气，使元气在体内运行畅通。他认为，睡有"睡道"——"留藏金息，饮纳玉液，金门审而真气运转于丹池，神水循环于五内，呼丁甲以直其时，召百灵以卫其室，然后吾神出于九宫，姿游青碧……故其睡也，不知水月之迁移，安愁灵谷之改变。"

周履靖《赤凤髓》诗云："玄牝通一口，睡之饮春酒。朝暮谨行持，真阳永不走。"陈抟长寿118岁，这与他修持睡卧养生法不无关系。睡卧养生法能消除日常生活中的杂念，从而达到摄心凝神，去除尘缘，而"致虚极，守静笃"的境界，所以有利于身心安宁。

本睡卧养生法简单易行，适用于各种慢性疾病，尤其对于各种虚痨症及虚实夹杂症、功能性病症、心理疾病更为实用，如失眠、神经衰弱、内分泌失调、焦虑症、更年期综合征、胃、肠功能紊乱、冠心病、高血压等。

第八节　膳食养生法

食为性命之基。中国的膳食烹饪与养生有密切的联系，在几千年前有"医食同源"和"药膳同功"的说法。

饮食自古皆为养生之大要。《养生大要》称："一曰啬神，二曰爱气，三曰养形，四曰导引，五曰言语，六曰饮食，七曰房室，八曰反俗，九曰医药，十曰禁忌。"在道家看来，膳食的本质不仅仅是享受美味，而是补充生命能量，膳食中更能体现道之博大精深、微妙至乐。

《千金翼方·养生食疗》载："安身之本，必须于食。救疾之道，惟在于药。不知食宜者，不足以全生，不明药性者，不能以除病。故食能排邪而安内脏腑，药能恬神养性以资四气。"孙思邈说："食能排邪而安脏腑，悦神爽志，以资血气。若能用食平疴，释情遣疾者，可谓良工。长年饵老之奇法，极养生之术也。"

道家膳食养生术，又称道膳。国际道商文化研究院对道膳的定义是：道膳是指综合运用道家思想理念与文化元素，具有健康养生功能，或依据一定的道教仪轨进食的膳食体系。

道膳深受道家学说的影响。道家崇尚道法自然，道膳亦要取材于自然之中。这个"自然"有三层意思：一是道膳的食材要生长在自然环境中，这种自然环境绝非今天常见的大棚温室培育，而是要在有山有水的自然灵秀之地。道家认为，欲得道成仙，必须选择高僻幽深之灵山修炼，以求蓬莱神仙奇药，升天成仙。《金丹》篇称道士合作神药，必入名山。所谓福地仙山产灵药，"幽质潜凝，开洞府于名山。"只有在灵气充沛的特殊自然环境中，自然产物才会有意想不到的效果。其二，要求食材的天然属性与自然造型，如人参、何首乌的人形，灵芝的菌盖如肾形等。其三，要求食材的撷取采摘时间要符合自然时令。

道家极力推崇和输出"不食人间烟火"的饮食理念，"不食人间烟火"的核心并非是杜绝饮食，而是所食乃非普通的、超凡脱俗的具有高能量、高品质的珍馐食饮。道家认为人是禀天地之气而生，所以应"先除欲以养精、后禁食以存命"。《内经》言："五谷营养之，五果辅助之，五内补益之，五菜充养之，五味入内，或散、或收、或缓、或坚、或软。五味入内，各归所喜，酸先入肝，苦先入心，甘先入脾，辛先入肺，咸先入胃。"在日常饮食中禁食鱼羊荤腥及辛辣刺激之食物，以素食为主，并尽量地少食粮食等，以免使人的先天元气变得混浊污秽，而应多食水果，因为"日啖百果能成仙"。

道经记载："（神农）因想人之受害致疾，有内因外因，须得饮食之物入于肠胃，使其性达于脏腑及于四肢，始能攻治。""（轩辕）帝因虑身世无常，遂往峨眉访泰壹求医道，问保和要旨。"始得道家膳食养生（道膳）之法要。

彭祖是道家导引炼形与膳食服饵的代表人物，他善于通过道膳来进行食疗。屈原《楚辞·天问》："彭铿斟雉，帝何飨？受寿永多，夫何久长？"相传，帝尧之时，洪水滔天。作为当时部落首领的尧帝指挥治水，由于长期心怀部落和部众安危而积劳成疾，卧病在床。数天滴水未进，生命垂危。就在这危急关头，彭祖根据自己的养生之道，立刻下厨做了一道野鸡汤。汤还没端到跟前，尧帝远远闻见香味，竟然翻身跃起，食指大动，随后一饮而尽，次日容光焕发。此后尧帝每日必食此汤，虽日理万机，却百病不生。后来，彭祖因善调制味道鲜美雉羹，治好尧帝厌食症，而受封于大彭（今江苏省徐州市）。雉羹也成为我国典籍中记载最早的名馔，被誉为"天下第一羹"。彭祖为尧烹制的"天下第一羹"，就是将野鸡煮烂，与稷米同熬而成的一种上古汤羹。《本草纲目》记载，稷米有"益气、补不足、作饭食，安中利胃宜脾，凉血解毒"之功效；雉具有"补中、益气力、止泄痢、除蚁瘘"等功效。两者合二为一，对人体作用可窥见一斑。

《道德经》说："五色令人目盲，五音令人耳聋，五味令人口爽。"爽，即伤害之意。正所谓"高飞之鸟，死于美食；深泉之鱼，死于芳饵。"人的身体既因五谷供养而生存，又因五谷毒害而死亡，这就是人反而被万物所盗而死亡的根源。

道膳理论认为："能吃皆为食，会吃者养寿，不会吃者损寿。"《素问·痹论》说："饮食自倍，肠胃乃伤。"意思是说，吃得太多，超过了肠胃正常的消化功能，致使食物长时间停留在肠胃里。脾胃功能因为负担过重，脾不能及时输布和吸收营养物质，脾胃就会受到损伤，影响消化。其结果是气血生化之源不足，难以供给人体生命所需的营养，从而导致疾病的发生。

道膳首重调和五味，平衡阴阳。老子告诉我们："治大国若烹小鲜"。治身亦是如此。根据各种食物的不同属性，按照阴阳五行的关系相配合以滋养人的五脏，平衡人的阴阳。五味：辛、酸、甘、苦、咸。而"五味入胃，各归所喜，酸入肝，苦入心，甘入脾，辛入肺，咸入肾"。五味调和，阴阳平衡，则可滋养五脏。五味不调，阴阳失衡，就会伤及五脏。我们只有去除杂思多欲，清静身心，再调和"七情六欲"的五味，以"中和"思想颐养情志，柔和身心。就可使人阴平阳秘，精神内守，经脉顺畅，气血无滞，腠理固密，骨健筋柔，意气飞扬。从而达到养生、健康、长寿的目的。

《黄帝内经》说："五味之美，不可胜极"；《文子》亦说："五味之美，不可胜尝也"。五味之美确实能给人带来美好愉悦的感官享受。但是，道膳讲究调和之美。正所谓："道至淡也，无味能安淡泊，是'味无味'也。"追求"清虚淡远"的道家人士对于饮食的调味要求是，"体欲常劳，食欲常少，体劳无极，食欲无过，去肥浓，节碱酸，能中和者，必久寿也"。这也是与道家文化"损之又损，以至于无为"的内核是相通的。

《黄帝阴符经》告诉我们："食其时，百骸理；动其机，万化安。"膳食之道，必须要清楚地掌握和顺应食材的天然性能，并且不能违反时令，这样才有助于养生。伴随着现代科学技术的发达，反季节的大棚蔬菜越来越趋于常态化，各种转基因食物也越来越多，这些违反食物天性、违反自然时令的食材，是制作道膳所不能取的。

将生命修炼提到中心位置，以健康长寿为己任的道膳，已经成为了当代乐享的独具东方道家文化特色的高尚饮食之一。

第九节 生活养生法

老子说:"**故贵以身为天下者,可以寄天下;爱以身为天下者,可以托天下。**"只有重视自己生命而又献身于天下的人,才可以把天下寄付于他;只有善于养生而又博爱天下的人,才可以把天下托付给他。然而,一项对中国 3539 位企业家的调查显示,90% 的人表示工作压力大;76% 的高管们认为工作状态紧张;1/4 患有与紧张相关的疾病,而上海、北京、广州三地的企业高管是 CFS(慢性疲劳综合征)罹患率最高的。

1999 年 5 月 4 日,"中国火腿肠大王"春都集团董事长高凤来,在实现了春都 A 股上市交易并从股市募集走 4 个亿的现金后,心脏突然停止了跳动;2001 年 7 月 31 日,率先掀起国内啤酒并购狂潮的啤酒业铁腕人物"拼命三郎"青岛啤酒集团老总彭作义逝世;2004 年 4 月 8 日晚,54 岁的爱立信(中国)有限公司总裁杨迈由于连日超负荷的工作猝死;2004 年 11 月,38 岁的浙江均瑶集团董事长王均瑶患肠癌逝世;2006 年 1 月,37 岁的上海中发电气(集团)有限公司董事长南民患急性脑血栓逝世;2008 年 7 月 22 日,39 岁的北京同仁堂(集团)有限公司董事长张生瑜患心脏病逝世……如何在"惜金"的同时"惜身",成了当代企业家面临的主要课题之一。

影响企业家健康的主要因素并不完全在那些疾病本身,在很大程度上,不能及时监控、管理和治疗早期症状所引起的病症发展、繁重工作带来的心理压力、"心动身不动"的生活方式造成的体质下降、饮食结构不合理造成的营养失衡、不能劳逸结合并有规律生活等问题，才是真正的罪魁祸首。福建经协集团总裁方益全认为，企业家要善于自我调节，要保持良好的精神状态。工作忙也只是相对的，只要协调好，不怕抽不出时间来锻炼。他表示，他不管多忙每天都要抽出一定的时间来锻炼，哪怕只是走走路。

其实，养生并不是靠一个月或者一年就可以达到延年益寿的效果。它需要具备持之以恒的信心和循序渐进的方法。健康的身体离不开良好的生活习惯和心理素质，良好的生活习惯意味着合理地安排工作、休息、娱乐和饮食。但在现实生活中，不少人并不注意这方面的培养，往往凭感觉随心所欲，许多行为都是以损害健康为代价的。养生其实就在我们的衣食住行中，我们需要及时地调整自己的生活习惯，使养生成为我们生活的一部分。

美特斯邦威的老总周成建，自21岁从农村进城发家致富之后，出门有专车有司机，除了动脑子身体没什么活动，1.7米多的身材胖到160多斤，还徒增了"三高"隐患。这让做了20年农民的周成建非常不爽且后怕，于是从2000年开始，他强迫自己运动，现在每天都坚持跑5公里，即使生意场上必须要他应酬，他也会不管不顾地回家换衣服先跑上5公里再说，哪怕第二天再向客户解释道歉，因为一不跑步他就浑身难受。

穿衣养生法： 衣着服饰对人体的影响主要与衣服的宽厚、质地、颜色等密切相关。古人很注重衣着与养生的关系，认为衣着应该以合体、舒适为原则，要根据季节的变化及时换衣。养生家认为，服装宜宽不宜紧，并提出："春穿纱，夏着绸，秋天穿呢绒，冬装是棉毛。"内衣应是质地柔软、吸水性能好的棉织品，可以根据不同年龄、性别和节气变化认真选择；同时，还特别强调"春不忙减衣，秋不忙增衣"的春捂秋冻养生措施。

饮食养生法： 由于现代人生活节奏快，精神压力和工作压力致使他们的生活不太规律，有些人忽略了自身的健康，要么一天不吃，要么一顿就大吃大喝，完全不顾身体是否可以吸收，所以饮食生活一定要有节制，要定时定量。在日常饮食方面，最好进热食，但要注意燥热之物应适可而止，以免使内伏的阳气郁而化热。宜多吃瘦肉、禽蛋、鱼类、豆类等含优质蛋白的食品，以增加营养；多吃牛、羊、狗肉等高热量的食品，以温补阳气增强御寒能力；还应多吃蔬菜、水果等含多种维生素的食物，以防皮肤皲裂；多食热粥，如益气养阴的大枣粥、健脾养胃的茯苓粥、益精养阴的芝麻粥等。

起居养生法：起居作息要符合自然界阳气消长的规律及人体的生理常规，其中最重要的是昼夜节律。如果不注意睡眠的规律性，今天精力充沛就玩个通宵达旦，明天体力透支，精神不济就睡个昏天暗地，这样人体的生物钟就会遭到严重破坏，就会引起早衰和损寿。只有养成有规律的起居方式，才会拥有一个健康的体魄。

在古代，人们把早起梳头当作一件养生要事。古代养生家把木梳称为"木齿丹"，说每日清晨梳千下，则可以固发去风，容颜悦泽。现代医学证明，梳头不仅可以清洁美容，而且的确具有保健功效。因为头为诸阳之首，会聚人体许多重要穴位，如百会、率谷、上星、太阳、玉枕、风池、翳风、翳明等。梳头时会刺激这些穴位，从而达到清肝明目、祛风止痛的作用；同时，梳头还可以改善头皮的皮下血液循环，改善皮肤的营养，使头脑保持清醒，消除紧张和疲劳。

道家在讲求梳头的同时，还注重浴足。宋代陶谷《清异录》称郭尚贤每天晚上睡觉前都要洗脚，认为这是保养太平的有效措施。温革《琐碎录》说："足是人之底，一夜一次洗。"诗人陆游更是把洗脚视为颐养天年的手段和乐趣，曰："老人不复事农桑，点数鸡豚亦未忘。洗脚上床真一快，稚孙渐长解烧汤。"这是因为人体足部有许多关键穴位，如涌泉、太白、节纹、独阴等，洗脚可以调理气血，强肾壮阳，理脾健胃、安神养怡。

读书养生法：古代养生学家认为"书卷乃养生第一妙物"。人衰老的本质是细胞的衰老，尤其是脑细胞的衰老。大脑用则进，不用则退。《黄帝内经》上说，聚精会神是养生大法。读书必须聚精会神，其实就是在用脑，相当于大脑在做运动，可使脑机能得到锻炼，所谓"脑强必多寿"，人当然可以延年益寿。

音乐养生法：我国医学在很早的时候就有很多利用音乐治疗疾病的例子。喜欢听音乐的人，在忙碌的工作中，当大脑感到劳累时就忙里偷闲听听音乐，放一些舒缓的音乐，劳累的大脑就倍感轻松。音乐还有增强大脑神经的功能，可开发智力。速度舒缓的音乐能够对紧张的情绪起到放松作用，当音乐停止后，心跳的节奏和血液的循环系统就可以得到进一步的调整。安静的音乐可以使人的呼吸器官放慢呼吸的速度，使人的血压降低，有助于肺部有效的工作。在过度劳累或心烦时，常听些轻松音乐，可使它成为大脑的"维生素"。

旅游养生法： 在古代，"云游四海""四海为家"是很多人所推崇的生活方式。在当今社会，旅游也成为人们生活中很重要的组成部分。作为一种娱乐性的体育运动，旅游能够活动人的筋骨、推动气血的运行、增强脏腑的功能，提高人体抵抗力等。养生家认为，旅游既可以领略祖国的大好河山，还可以增长阅历、开阔心胸。因为人在观赏美景的同时，自己也会融入其中，生活中的种种烦恼、不快也都会随之消失，是一种很好的养生方法。

《道商智慧》是首部系统阐述"道家商业学"的专著。本书首次以图象的形式，秉承"至易至简"的原则，从企业家思想与商业谋略的角度对《道德经》进行大破译。全书从总篇、道篇、德篇、法篇、术篇、丹篇、境篇、养生篇进行了系统的阐述，融学术性、知识性、实战性、趣味性于一体。本书通过大量的案例和故事来阐道，既有学术思想性，又有实战指导性，既有经营企业之道，又有经营健康之法，是一本不可多得的企业经营、管理人员枕边书。

图书在版编目（CIP）数据

道商智慧 / 李海波著 . 一北京：

化学工业出版社，2016.9（2024.3 重印）

ISBN 978-7-122-27651-3

Ⅰ.①道… Ⅱ.①李… Ⅲ.①道家－哲学思想－应用－企业管理 Ⅳ.①F270

中国版本图书馆 CIP 数据核字 (2016) 第 165200 号

责任编辑：周天闻　龚风光	装帧设计：今亮后声 HOPESOUND pankouyugu@163.com
责任校对：陈　静	

出版发行：化学工业出版社（北京市东城区青年湖南街 13 号　邮政编码 100011）

印　　装：高教社（天津）印务有限公司

710mm×1000mm 1/16　印张 20$\frac{1}{2}$　字数 330 千字　2024 年 3 月北京第 1 版第 4 次印刷

购书咨询：010-64518888	售后服务：010-64518899
网　　址：http://www.cip.com.cn	

凡购买本书，如有缺损质量问题，本社销售中心负责调换。

定　价：59.80 元	版权所有　违者必究